Ingo Bosse

Behinderung im Fernsehen

Gesundheit und Gesellschaft

Herausgegeben von
Prof. Dr. Elisabeth Wacker

Ingo Bosse

Behinderung im Fernsehen

Gleichberechtigte Teilhabe als Leitziel
der Berichterstattung

Mit einem Geleitwort von Prof. Dr. Elisabeth Wacker

Deutscher Universitäts-Verlag

Bibliografische Information Der Deutschen Bibliothek
Die Deutsche Bibliothek verzeichnet diese Publikation in der Deutschen Nationalbibliografie;
detaillierte bibliografische Daten sind im Internet über <http://dnb.ddb.de> abrufbar.

Dissertation Universität Dortmund, 2005

1. Auflage Mai 2006

Alle Rechte vorbehalten
© Deutscher Universitäts-Verlag | GWV Fachverlage GmbH, Wiesbaden 2006

Lektorat: Ute Wrasmann / Dr. Tatjana Rollnik-Manke

Der Deutsche Universitäts-Verlag ist ein Unternehmen von Springer Science+Business Media.
www.duv.de

Das Werk einschließlich aller seiner Teile ist urheberrechtlich geschützt. Jede Verwertung außerhalb der engen Grenzen des Urheberrechtsgesetzes ist ohne Zustimmung des Verlags unzulässig und strafbar. Das gilt insbesondere für Vervielfältigungen, Übersetzungen, Mikroverfilmungen und die Einspeicherung und Verarbeitung in elektronischen Systemen.

Die Wiedergabe von Gebrauchsnamen, Handelsnamen, Warenbezeichnungen usw. in diesem Werk berechtigt auch ohne besondere Kennzeichnung nicht zu der Annahme, dass solche Namen im Sinne der Warenzeichen- und Markenschutz-Gesetzgebung als frei zu betrachten wären und daher von jedermann benutzt werden dürften.

Umschlaggestaltung: Regine Zimmer, Dipl.-Designerin, Frankfurt/Main
Druck und Buchbinder: Rosch-Buch, Scheßlitz
Gedruckt auf säurefreiem und chlorfrei gebleichtem Papier
Printed in Germany

ISBN-10 3-8350-6032-5
ISBN-13 978-3-8350-6032-6

Geleitwort

»No news is good news«, so beruhigt man Menschen gerne, die sich wegen fehlender Nachrichten sorgen. Aber ist »Keine Nachricht« tatsächlich gut? Ist es besser nicht in den Schlagzeilen zu sein, als wenigstens eine »schlechte Presse« zu haben? Oder sollte man lieber in aller Munde sein, als nicht der Rede wert? Besser im Licht der Öffentlichkeit stehen, als totgeschwiegen zu werden?

Dieses Buch widmet sich einer Bevölkerungsgruppe, die lange Zeit am Rand der Gesellschaft stand, deren Lebenswert sogar von Staats wegen zur Disposition gestellt werden durfte. Auch wenn nach der dunklen Zeit des Nationalsozialismus nun grundgesetzlich verankert ist, dass niemand wegen einer Behinderung diskriminiert werden darf (vgl. GG Art. 3.3), so bleibt die Frage des »Drinnen und Draußen« in einer differenzierten Gesellschaft doch aktuell. Sie ergeht an alle Akteure im Wirtschafts-, Bildungs- und Wissenschaftssystem, der Politik, dem Recht, der Kunst, der Religion und nicht zuletzt auch an die Massenmedien. Forschungen zur Rehabilitation, die genuin an den Schnittstellen zwischen Gesundheits- und Sozialsystem angesiedelt sind, prüfen Inklusion oder Exklusion und damit die Lebensqualität etwa jedes zehnten Bundesbürgers, die durch Teilhabe in den gesellschaftlichen (Teil-)Systemen eröffnet ist.[1] In der mit dem Dissertationspreis der Universität Dortmund gewürdigten Studie »Behinderung im Fernsehen« steht das Bild von Menschen mit Behinderung im Boulevardfernsehen auf dem Prüfstand:

Welchen Beitrag leisten Massenmedien zur Integration und Rehabilitation von Menschen mit Behinderung? Welche Ziele stecken sie sich, wenn sie informieren und dabei Meinungen generieren? Stoßen sie inhaltliche Diskussionen an, die notwendige Reformen in der Gesundheitsförderung und Rehabilitation vorantreiben? Respektieren sie dabei die Menschen, die als chronisch krank oder behindert klassifiziert werden? Oder erschöpfen sie sich in Beiträgen zur deutschen (Dauer-)Debatte darüber, welche gesellschaftlichen Lasten untragbar oder unerträglich scheinen bzw. mit welchen Methoden man mehr Geld in das chronisch überbeanspruchte Sozialbudget spülen möchte? Vor allem: Wie kommen die Menschen zur Sprache und ins Spiel auf den »Marktplätzen« der Meinungsmacher?

Diese Fragen sind für die Rehabilitationswissenschaft relevant. Denn in einer durch Kommunikation geprägten Gesellschaft, die auf Wissenserwerb, Wissenstransfer und Wissenserweiterung angelegt ist, kann es nicht ohne Folgen bleiben, ob

---

[1] Wansing, Gudrun (2005): Teilhabe an der Gesellschaft. Menschen zwischen Inklusion und Exklusion. Wiesbaden.

und wie Menschen in die Kommunikation eingebunden sind und ob und wie über sie kommuniziert wird. Die Massenmedien stellen dafür – zum Gebrauch für jedermann – in ausgewählten Formaten mundgerecht aufbereitetes gesellschaftliches Deutungswissen bereit. Mit ihrer Leitorientierung geben sie vor, ob zukünftig eine Vielfalt der Verschiedenheit, Solidarität unabhängig von Heterogenität oder der Druck zur Gleichförmigkeit und Anpassung im öffentlichen Bewusstsein mit den Zielen der Rehabilitation verbunden sein werden. Gerade im Medium Fernsehen wird mit ganz konkreten Beispielen vermittelt, wie »Behinderung« wahrgenommen und bewertet wird. Denn seine Nachrichten befruchten in besonderer Weise das »Tacit knowlegde« der Bevölkerung[2] über einen Personenkreis, mit dem eine tägliche Begegnung weniger unmittelbar, als vielmehr vermittelt durch Institutionen der Fürsorge stattfindet.

Deswegen folgt in der Reihe »Gesundheit und Gesellschaft« dem ersten Band, der sich mit der »Macht des Geldes«[3] befasst hat, nun ein zweiter mit dem Fokus auf der »Macht der Medien«. In den Medien präsent zu sein und über sie mit den passenden Botschaften multipliziert zu werden, ist ein wesentlicher Maßstab für gesellschaftliche Relevanz.

Auch dieser Band ist im Dialog verschiedener Fachdisziplinen entstanden: Aus der Kommunikationswissenschaft sind Kenntnisse zu Öffentlichkeit, Massenmedien und insbesondere zum Fernsehen und seinen Boulevardmagazinen eingeflossen. Die Rehabilitationswissenschaft bot ihre Konzepte zur Eingliederung in die Gesellschaft und ihre Leitbilder zum Zusammenwirken mit Menschen mit Behinderung an. Auf die Schnittmengen nimmt die Arbeit Bezug. Sie fragt nach der Quantität und der Qualität der Berichterstattung über einen Bevölkerungskreis, dem öffentliche Aufmerksamkeit meist wegen seiner Abweichung von einer vorgeblichen »Normalität« oder aus Mitleid wegen einer vermuteten Lebenslast zuteil wird.

In der »European Social Charter« von 1996[4] wird allen Bürgern Europas zugesichert, dass sie

- vor sozialer Isolation bewahrt werden,
- in die Kommunikation eingeschlossen sind und
- die Chance erhalten, nach ihrem persönlichen Lebensstil zu leben.

Wenn diese Inklusions-Verheißung anhand der Darstellung der Menschen mit Behinderung in Infotainment-Magazinen geprüft wird, so ist dies mit der Frage nach

---

[2] Searle, J. (1995): The Construction of Social Reality. New York.
[3] Bd. 1: Elisabeth Wacker, Gudrun Wansing, Markus Schäfers (2005): Personenbezogene Unterstützung und Lebensqualität. Teilhabe mit einem Persönlichen Budget. Wiesbaden: DUV.
[4] Vgl. Council of Europe – CETS no. 163 (1996): European Social Charter (revised). Straßbourg 3. Mai 1996.

dem Menschenbild verbunden: Sind Menschen mit Behinderung Teil des öffentlichen Diskurses und damit der »Kommunikationsbedingungen, unter denen eine diskursive Meinungs- und Willensbildung eines Publikums von Staatsbürgern zustande kommen kann«[5] oder sind sie lediglich Gegenstand der Aufmerksamkeit, insofern die Sensation ihrer Besonderheit Nachrichtenwert besitzt?

Auf diese Fragen sucht die Arbeit ebenso eine Antwort wie sie aufmerksam macht auf das Bild der Welt, das im Auge des Medienbetrachters erst entsteht. Die »Wahrheit über Behinderung« ist daher nicht Untersuchungsgegenstand, wohl aber sind es Bedingungen und Konsequenzen bestimmter Formen ihrer Darstellung. Denn welche strukturierten Themenfelder im öffentlichen Raum der Medien erzeugt werden und wie sie zur Sprache kommen bringt den öffentlichen Diskurs erst hervor, den Habermas anspricht. Dabei wird deutlich, dass es sich lohnt in Kontexten zu denken, aber auch, dass die Forderung der Behinderungserfahrenen selbst »Nichts über uns ohne uns«[6] in den Medien noch umgesetzt werden muss.

Elisabeth Wacker

---

[5] Habermas, Jürgen (1990): Strukturwandel der Öffentlichkeit. Untersuchungen zu einer Kategorie der bürgerlichen Gesellschaft. Frankfurt/M., 38.
[6] „Nothing about us without us" Motto der internationalen Selbsthilfebewegung "People First" (vgl. Wacker, Elisabeth et al. (Hg.)(2005): Teilhabe. Wir wollen mehr als nur dabei sein. Marburg).

Vorwort

Diese Arbeit wurde im Sommersemester 2005 unter dem Titel »Teilhabe und TV. Zum Bild von Menschen mit Behinderung im Boulevardfernsehen« von der Fakultät Rehabilitationswissenschaften der Universität Dortmund als Dissertation angenommen. Nun liegt sie als 2. Band der Reihe »Gesundheit und Gesellschaft« vor.

Dass dies interdisziplinär angelegte Werk entstanden ist, daran hatten zahlreiche Menschen teil. Für ihre Unterstützung möchte ich mich an dieser Stelle herzlich bedanken:

Mein erster Dank gilt Frau Prof. Dr. Elisabeth Wacker. Von ihr habe ich nicht nur das wissenschaftliche Handwerkszeug gelernt, sondern auch, über die eigene Disziplin hinaus zu denken. Ihr Fördern und Fordern hat mich über die Jahre begleitet und unterstützt. Meine Herangehensweise an das Thema wurde wesentlich durch sie geprägt. Für die Möglichkeit zur interdisziplinären Diskussion danke ich Herrn Prof. Dr. Horst Pöttker vom Institut für Journalistik der Universität Dortmund. Die Zusammenarbeit konnte wesentlich dazu beitragen, einen behindertenpädagogischen Tunnelblick zu vermeiden. Frau Prof. Dr. Renate Walthes hat die Arbeit kritisch und mit viel Liebe zum Detail im Doktorandenkolloquium begleitet. Ihr wie auch den anderen Teilnehmern dieses Plenums mein herzlicher Dank. Dieser gilt auch der Universität Dortmund, die mich großzügig mit einem Stipendium unterstützt hat. Nicolai Schwarz und Marion Berner sei gedankt für ihren Fleiß beim Setzen der Arbeit, was mich sehr entlastet hat. Bei Verena Siekmann bedanke ich mich für das Korrekturlesen und dafür, dass ich während der Zeit sportlich fit bleiben konnte.

Die Beschäftigung mit der Macht der Medien, mit der Frage, wie die Berichterstattung über Menschen mit Behinderung im Fernsehen ausgestaltet ist, bedeutete für mich hunderte Stunden der Auswertung und Analyse. Dabei habe ich häufig mitgefiebert, mich ebenso häufig geärgert und vor allem versucht, die manifesten und latenten Botschaften, die sich dem Zuschauer darbieten, mit wissenschaftlicher Gründlichkeit zu erfassen. Meine eigene soziale Teilhabe an den Systemen Kunst, Kultur und soziale Beziehungen war auf Grund dieser intensiven Bearbeitung häufig stark eingeschränkt. Allen Freunden und meiner Familie möchte ich daher besonders für ihr Verständnis für meine »Eigenexklusion« und ihre stetige Unterstützung danken, hervorheben möchte ich meine Eltern und vor allem Peter Schröder.

Ingo Bosse

Inhaltsverzeichnis

Abbildungsverzeichnis XV
Tabellenverzeichnis XVII
1. Einleitung 1

Teil I – Öffentlichkeit und Massenmedien

2. Öffentlichkeit: Strukturen, Funktionen und Aufgaben
   in der Mediendemokratie 7
   2.1 Öffentlichkeitsmodelle 9
   2.2 Öffentlichkeit aus Sicht der Systemtheorie 11
3. Massenmedien: Aufgaben und Funktionen 15
   3.1 Nachrichtenfaktoren 18
   3.2 Zur Integrationsfunktion von Massenmedien 23
4. Zum gesellschaftlichen Stellenwert des Fernsehens 28
   4.1 Das duale Rundfunksystem 30
       4.1.1 Privater Rundfunk 31
       4.1.2 Öffentlich-rechtlicher Rundfunk 31
   4.2 Das Fernsehformat Boulevardmagazin 33
       4.2.1 Glaubwürdigkeit 35
       4.2.2 Möglichkeiten und Grenzen 36

Teil II – Behinderung und Gesellschaft

5. Behinderung – Versuche einer Begriffsdefinition 41
   5.1 Internationale Klassifikation der Funktionsfähigkeit,
       Behinderung und Gesundheit (ICF) 42
   5.2 Behinderung aus konstruktivistischer Sicht 46
6. Leitbilder der Behindertenhilfe im Wandel 48
   6.1 Versorgung und Fürsorglichkeit 49
   6.2 Normalisierung und Förderung 50
   6.3 Integration und Selbstbestimmung 52

	6.4 Inklusion und Teilhabe	54
	6.5 Teilhabe im Verständnis der ICF	57
7.	Einstellungen und Verhalten	59
	7.1 Stereotypen und Vorurteile	60
	7.2 Einstellungen zu und Reaktionen auf Menschen mit Behinderung	62

Teil III – Menschen mit Behinderung in der Fernsehöffentlichkeit

8.	Zur Vermittlungsfunktion des Fernsehens	69
	8.1 Zum Verhältnis von Behindertenhilfe und (Fernseh-)Journalismus	69
	8.2 Historische Entwicklung der Fernsehberichterstattung – ein Überblick	71
	8.2.1 Die 50er und 60er Jahre: biologistisch-nihilistische Leitbilder	72
	8.2.2 Die 70er Jahre: negative Stereotypen und pädagogisierendes Weltbild	73
	8.2.3 Die 80er Jahre: Trendwende in der Darstellung	74
9.	Zum aktuellen Forschungsstand	77
	9.1 Quantität	79
	9.1.1 Alter; Behinderungsformen	80
	9.1.2 Akteurinnen und Akteure	82
	9.2 Themen	83
	9.3 Sprache	85
	9.4 Ästhetik und Gestaltung	87
	9.5 Charakterisierung behinderter Akteure	89
	9.5.1 Status behinderter Akteure	89
	9.5.2 Rollen behinderter Akteure	91
	9.5.3 Stereotypisierung	92
	9.6 Vergleich der Magazine	94
	9.7 Ableitung untersuchungsrelevanter Fragestellungen	94

Teil IV – Der Untersuchungsgegenstand: Boulevardmagazine

10.	Boulevardmagazine im deutschen Fernsehen	99
	10.1 Auswahl der Fernsehsendungen	101

10.2 Porträt der untersuchten Sendungen 103
    10.2.1 »Brisant« (MDR) 103
    10.2.2 »taff.« (Pro Sieben) Erstausstrahlung: 29. Mai 1995 104
    10.2.3 »Explosiv« (RTL) 106

Teil V – Forschungskonzeption

11. Konzeption der Studie 113
    11.1 Untersuchungsziele 113
    11.2 Auswertungsverfahren 113
        11.2.1 Film- und Fernsehanalyse 114
        11.2.2 Inhaltsanalyse als Forschungsmethode 115
12. Erhebungsinstrumente 119
    12.1 Aufbau des Codeplans 120
13. Ablauf der Untersuchung 122
    13.1 Auswahl und Erhebung der Daten 122
    13.2 Analyse der Daten 124
    13.3 Reliabilität 125
        13.3.1 Instrumentelle Zuverlässigkeit 125
        13.3.2 Temporale Zuverlässigkeit 126

Teil VI – Ergebnisse der Fernsehanalyse

14. Zum Bild von Menschen mit Behinderung in Boulevardmagazinen ... 131
    14.1 Quantitative Basisdaten: Beiträge und Akteure 135
        14.1.1 Arten von Funktionsstörungen 137
        14.1.2 Altersverteilung 141
        14.1.3 Geschlechterverteilung 144
        14.1.4 Aussage- und Handlungsträger(innen) 146
        14.1.5 Zusammenfassung und Bewertung
            der Dimension Quantität 149
    14.2 Themen 150
        14.2.1 Themen differenziert nach Sendungen 152
        14.2.2 Nebenthemen 153
        14.2.3 Nachrichtenfaktoren 154
        14.2.4 Zusammenfassung und Bewertung
            der Dimension Themen 156

14.3 Sprachliche Gestaltung 157
    14.3.1 Off-Töne 157
    14.3.2 O-Töne 161
    14.3.3 Zusammenfassung und Bewertung
           der Dimension Sprache 166
14.4 Ästhetik und Gestaltung 167
    14.4.1 Evidenz der Beeinträchtigung 167
    14.4.2 Hilfsmittel 170
    14.4.3 Darstellungsorte 171
    14.4.4 Kameratechnische Gestaltung........................ 172
    14.4.5 Verhältnis von Sprache und Bild 175
    14.4.6 Zusammenfassung und Bewertung
           der Dimension Ästhetik und Gestaltung............... 176
14.5 Charakterisierung behinderter Akteure 177
    14.5.1 Status von Akteurinnen und Akteuren 177
    14.5.2 Beziehungen 179
    14.5.3 Selbstbestimmung.................................. 183
    14.5.4 Sicht auf das soziale Konstrukt »Behinderung« 185
    14.5.5 Zusammenfassung und Bewertung
           der Charakterisierung behinderter Akteure............. 189
14.6 Zusammenfassender Vergleich der drei Magazine 190

15. Resümee und Ausblick 196
    15.1 Handlungspotenziale für Institutionen und Kommunikatoren 198
    15.2 Perspektiven für die Forschung 202

16. Literaturverzeichnis 205

Teil VII – Anhang

A. Variablenliste 225
B. Codeplan 228
C. Codebuch 245

Abbildungsverzeichnis

Abbildung 1: Aufbau der Untersuchung.............................. 4
Abbildung 2: Chain of communication............................... 20
Abbildung 3: VAVA-Modell 34
Abbildung 4: Informationsgrad über verschiedene Arten
 von Behinderungen................................... 64
Abbildung 5: Ingolf Österwitz und Richard von Weizsäcker.............. 90
Abbildung 6: Aufbau des Codeplans 121
Abbildung 7: Auswahl der Analyseeinheiten 122
Abbildung 8: Relevante Beiträge pro Sendung 134
Abbildung 9: Arten von Funktionsstörungen 137
Abbildung 10: Hauptthemen 150
Abbildung 11: Sprache in Off-Tönen nach Sendungen.................. 160
Abbildung 12: Sprache in O-Tönen nach Sendungen 163

Tabellenverzeichnis

Tabelle 1: Nachrichtenfaktoren 21
Tabelle 2: Zeitaufwand für die Fernsehnutzung 29
Tabelle 3: Dimensionen von Behinderung nach ICF 44
Tabelle 4: Leitbilder von 1945 bis in die 60er Jahre 49
Tabelle 5: Leitbilder der 60er und 70er Jahre 50
Tabelle 6: Leitbilder ab Mitte der 80er Jahre 52
Tabelle 7: Menschen mit Behinderung im Fernsehen
– relevante Studien im Überblick 78
Tabelle 8: Verteilung Kinder und Erwachsene 80
Tabelle 9: Schüler mit sonderpädagogischem Förderbedarf
und Förderquoten nach Förderschwerpunkten 2000 81
Tabelle 10: Boulevardmagazine im deutschen Fernsehen 100
Tabelle 11: Einschaltquoten Boulevardmagazine 101
Tabelle 12: Marktanteile der fünf Hauptsender 102
Tabelle 13: Zahl der ausgewählten Einheiten 123
Tabelle 14: Intracoderreliabilität 128
Tabelle 15: Strukturdaten: Analyseeinheit I 131
Tabelle 16: Strukturdaten: Analyseeinheit II 132
Tabelle 17: Behinderung als Nebenaspekt und Kurzmeldungen 133
Tabelle 18: Jahreszeitliche Verteilung 134
Tabelle 19: Anzahl von Menschen mit Behinderung 136
Tabelle 20: Arten von Funktionsstörungen – eigene Erhebung 138
Tabelle 21: Behinderungsformen nach HuP Schematisierung 139
Tabelle 22: Funktionsbeeinträchtigungen nach Sendungen 140
Tabelle 23: Arten von Funktionsstörungen Einzelpersonen vs. Gruppen.... 141
Tabelle 24: Altersverteilung der Einzelakteure...................... 141
Tabelle 25: Altersverteilung der Gruppen 141
Tabelle 26: Alter der Akteure nach Sendern 142
Tabelle 27: Schulpflichtige Akteur(innen) nach Arten von
Funktionsstörungen 143

Tabelle 28:	Geschlecht behinderter Akteur(innen)	144
Tabelle 29:	Geschlecht behinderter Akteure nach Arten von Funktionsstörungen	145
Tabelle 30:	Handlungsträger vs. Aussageträger	146
Tabelle 31:	Umwelt-/Kontextfaktoren	147
Tabelle 32:	Behinderte Akteure in alltäglichen Situationen	148
Tabelle 33:	Persönlicher Einfluss	148
Tabelle 34:	Einzelthemen	151
Tabelle 35:	Themengruppen nach Sendungen	153
Tabelle 36:	Gleichberechtigung	154
Tabelle 37:	Relevanz	155
Tabelle 38:	Ethnozentrismus	155
Tabelle 39:	Bezeichnung von MmB: Off-Töne	157
Tabelle 40:	Sprachgebrauch Off-Töne	158
Tabelle 41:	Bezeichnung von MmB: O-Töne	161
Tabelle 42:	Sprachgebrauch: O-Töne	162
Tabelle 43:	Kommentierung von Aussagen von MmB	165
Tabelle 44:	Visibilität und Evidenz der Beeinträchtigung (Einzelakteure)	167
Tabelle 45:	Evidenz nach Arten von Funktionsstörungen: einzelne Akteure	168
Tabelle 46:	Evidenz nach Sendern	169
Tabelle 47:	Hilfsmittel	170
Tabelle 48:	Darstellungsorte	172
Tabelle 49:	Kameraeinstellungen Einzelakteure	172
Tabelle 50:	Einstellungsgrößen nach Sendungen	173
Tabelle 51:	Kameraperspektive	173
Tabelle 52:	Bildkomposition	174
Tabelle 53:	Koinzidenz von Sprache und Bild	175
Tabelle 54:	Musikeinsatz	175
Tabelle 55:	Emotion	176
Tabelle 56:	Status von behinderten Einzelakteur(inn)en nach Magazinen	178
Tabelle 57:	Familienstand, Akteure ab 21 Jahren	179
Tabelle 58:	Familienstand nach Behinderungsarten	179
Tabelle 59:	Umweltbeziehungen	180
Tabelle 60:	Verhältnis Bezugspersonen und MmB	181
Tabelle 61:	Interaktion mit Nichtbehinderten	182

Tabelle 62: Soziale Reaktionen 183
Tabelle 63: Entscheidungen 184
Tabelle 64: Wohnformen - Einzelpersonen und Gruppen 184
Tabelle 65: Soziale Folgen der Beeinträchtigung 185
Tabelle 66: Beseitigung von Barrieren 186
Tabelle 67: Normalitätserwartungen 186
Tabelle 68: Valenz behinderter Charaktere nach Sendungen 187
Tabelle 69: Menschenwürde 188
Tabelle 70: Stereotype 189

1. Einleitung

> Wenn jemand ein gutes Behindertenthema anbieten würde, dann würden wir das bestimmt senden und wenn er nächste Woche wieder ein gutes Behindertenthema anbieten würde, würden wir das wahrscheinlich auch darauf folgende Woche senden. [...] Aber es kommt auf das Thema drauf an. [...] Fälle [...], an denen sich etwas personalisiert und diese Fälle müssen natürlich gleichzeitig auch so spektakulär sein, dass man da auch das Gefühl hat, ach da ist was Neues im Fernsehen oder ist irgendwas, was interessant ist und was man sich angucken will.
>
> (Hans Müller-Jahns, Redaktionsleiter »Brisant«, siehe Exkurs 1)

Das Fernsehen prägt unsere Vorstellungen von Menschen mit Behinderung. In unserer modernen, strukturell differenzierten Gesellschaft wird ein Großteil des Wissens über Welt und Gesellschaft über die Massenmedien vermittelt (vgl. Luhmann 2004, 9). Schon immer übten Menschen mit Behinderung eine gewisse Faszination aus. Ihre medialen Darstellungen haben sich bewusst oder unbewusst in das kollektive Gedächtnis unserer Kultur eingegraben und prägen unsere Bilder von ihnen. Auch auf Grund von Wissen, welches über die Medien erworben wurde, entstehen Urteile über Menschen mit Behinderung und Einstellungen zu ihnen. Diese bilden dann eine Basis für soziale Reaktionen auf diese Bevölkerungsgruppe.

Entscheidenden Anteil an diesem Prozess hat das Fernsehen. Das Leitmedium bietet zum einen Identitätsentwürfe für Betroffene und prägt zum anderen entscheidend das öffentliche Bild behinderter Menschen. An diesem Punkt setzt diese Arbeit an. Es werden Daten zur Fernsehdarstellung behinderter Menschen zu Beginn des dritten Jahrtausends geliefert. Dabei richtet sich der Fokus auf die Untersuchung von Boulevardmagazinen. Sie wurden ausgewählt, da die in den letzten Jahren deutlich zunehmenden Infotainmentformate neue Wege der Informationsvermittlung darstellen, die in der Lage sind, auch Zielgruppen zu erreichen, die nicht ohnehin schon differenziert über Menschen mit Behinderung denken. Auf Grund ihres Charakters können Boulevardmagazine dazu beitragen Rezeptionsbarrieren beim Publikum abzubauen und sie sprechen Bevölkerungsgruppen an, die durch anders aufbereitete Informationen nur schwer zu erreichen sind. Besonders Jugendliche, für die das Fernsehen eine bedeutende Sozialisationsinstanz darstellt, bevorzugen sie deutlich gegenüber klassischen Nachrichtensendungen (vgl. Schorb, Theunert 2000; Hanjok 2004). Boulevardmagazine haben auf Grund ihrer enormen Marktanteile und ihrer täglichen Präsenz einen erheblichen Einfluss auf das Bild, welches von Menschen mit Behinderung in der Öffentlichkeit präsent ist.

Neben »Behinderung« und »Fernsehen« ist der Begriff »Teilhabe« titelgebend für die vorliegende Arbeit. Er reiht sie ein in die Diskussion um Chancen und Grenzen gleichberechtigter Teilhabe und den Abbau von Vorurteilen gegenüber Menschen mit Behinderung. Der Teilhabebegriff bestimmt seit Jahren die gesellschaftliche und politische Diskussion über Behinderung und hat nicht nur Eingang in die neueste internationale Klassifikation von »Funktionsfähigkeit, Behinderung und Gesundheit« der WHO (vgl. WHO 2001) gefunden, sondern ist ebenso fester Bestandteil der Sozialgesetzgebung zu Beginn des dritten Jahrtausends (z.b. SGB IX 2001, BGG 2002, SGB XII 2005). Die Zielvorstellung von Teilhabe ist die uneingeschränkte Mitwirkung, Mitgestaltung und Mitbestimmung von Menschen mit Behinderung in allen Lebenslagen und Lebensbereichen. Dies ist nicht zuletzt Ausdruck eines sich stark verändernden Selbstbildes dieser Bevölkerungsgruppe: Weg von einer Rolle als Empfänger von Hilfen, hin zu gleichberechtigten Partnern.

Im titelgebenden Begriff »Teilhabe« steckt eine Doppelperspektive. Zum einen stellt sich die Frage der generellen Teilhabe von Menschen mit Behinderung im Fernsehen. Es geht zunächst um ein generelles Vorkommen im Sinne von »dabei sein«. Da Teilhabe aber deutlich »… mehr als nur dabei sein!« (Bundesvereinigung Lebenshilfe 2003, 1) bedeutet, wird der Begriff auch als Indikator für die Qualität der Darstellung verwendet. Das Teilhabekonzept dient als Prüfgröße zur Beurteilung der Berichterstattung. Man kann auch medienethisch formulieren: Wird das Fernsehen seiner Integrationsfunktion gerecht?

Nicht nur inhaltlich, auch methodisch ist ein Zugang aus zwei Richtungen gewählt worden. Die Ausgangsplattformen für die vorliegende Untersuchung stellen die Rehabilitationswissenschaft, dabei als primus inter pares die Rehabilitationssoziologie dar. Bei der Entwicklung des Analyseinstruments wie auch bei der Skizzierung bestimmter Teile des theoretischen Hintergrundes stehen hingegen kommunikationswissenschaftliche Aspekte im Vordergrund.

Die Teile 1–3 markieren den Rahmen der empirischen Untersuchung. Ausgehend von kommunikationswissenschaftlichen Überlegungen beschäftigen sich die ersten beiden Kapitel mit den Aufgaben und Funktionen von Öffentlichkeit und Massenmedien in der Gesellschaft. Die Rolle und Bedeutung des Fernsehens im System Öffentlichkeit und seine normativen Aufgaben werden im dritten Kapitel beschrieben. Anschließend wird umrissen, worum es sich bei dem Untersuchungsgegenstand »Boulevardmagazin« konkret handelt. Der folgende rehabilitationswissenschaftlich fundierte Teil beschäftigt sich mit dem Stellenwert von Menschen mit Behinderung in der Gesellschaft. Zunächst geht es darum, den der Arbeit zu Grunde liegenden Behinderungsbegriff zu beschreiben (Kapitel 5). Die aktuell vorherrschende bio-psycho-soziale Sicht auf das Konstrukt Behinderung ist ebenso wie das Leitprinzip der gleichberechtigten Teilhabe Ergebnis eines fortschreitenden Veränderungsprozesses im Umgang mit behinderten Menschen. Ihre aktuellen Leitprinzipien, insbesondere der Teilhabebegriff, werden dabei näher betrachtet (Kapitel 6). Im Anschluss wird kurz darauf eingegangen, worauf Einstellungen basieren (Kapitel 7). Der dritte Teil der theoretischen Auseinandersetzung führt die ersten beiden Teile zusammen, indem er aufzeigt, ob und wie Menschen mit Behinderung bisher in das gesellschaftliche Funktionssystem »Öffentlichkeit« inkludiert sind. Der derzeitige Forschungsstand wird strukturiert dargelegt, um daraus Indizes für das Untersuchungsinstrument für die eigene Analyse zu entwickeln.

Der vierte Teil stellt zunächst den Untersuchungsgegenstand, die ausgewählten Magazine, vor. Darauf folgt im fünften Teil die Darlegung der Forschungskonzeption, ihrer Methoden und die Beschreibung der Durchführung der Untersuchung. Den Zielen und dem Vorgehen der Untersuchung entsprechend gliedert sich die Analyse in die fünf Dimensionen Quantität, Themen, Sprache, Ästhetik/Gestaltung und Charakterisierung. Die Ergebnisse werden in Teil sechs dargestellt und interpretiert. Darüber hinaus werden Unterschiede zwischen den Angeboten der verschiedenen Sender aufgezeigt. Nach einer Zusammenfassung und Bewertung der zentralen Ergebnisse bietet das abschließende Kapitel neben einem Resümee auch einen Ausblick, der Handlungspotenziale aufzeigt.

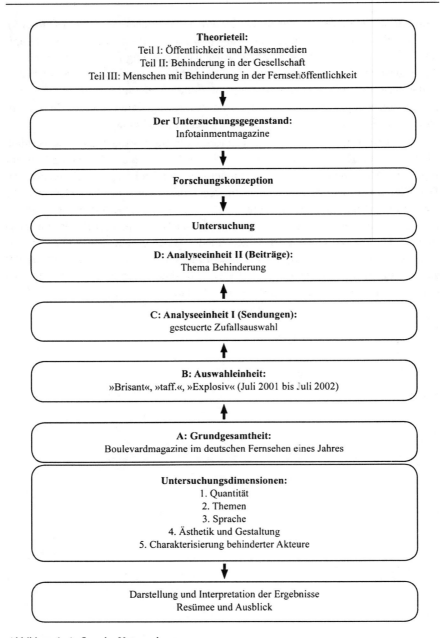

Abbildung 1: Aufbau der Untersuchung

Teil I – Öffentlichkeit und Massenmedien

2. Öffentlichkeit: Strukturen, Funktionen und Aufgaben in der Mediendemokratie

Ohne eine grundlegende Auseinandersetzung mit den Begriffen Öffentlichkeit und Massenmedien würde eine Analyse der Fernsehberichterstattung über Menschen mit Behinderung einen sehr eingeschränkten Blickwinkel einnehmen. Demokratien in ihrer heutigen ausdifferenzierten Erscheinungsweise (siehe Beck 1986) wären ohne die Existenz einer bürgerlichen Öffentlichkeit nicht denkbar. Die Entwicklung demokratischer Staatsgebilde und die Herausbildung moderner Öffentlichkeiten gehören historisch eng zusammen.

> Die öffentlichen Medien spielen in diesem Kontext eine besondere Rolle, vor allem, wenn sie sich als publizistische Medien verstehen: als Beobachter des politischen und gesellschaftlichen Zeitgeschehens, als Kritiker an Zuständen, Institutionen und Personen, als Berater mit längerfristigen Perspektiven, als ›Forum‹ und als ›Faktor‹ der öffentlichen Meinungsbildung, wie das Bundesverfassungsgericht einmal vom Rundfunk sagte. (Wunden 1994a, 17)

Der Begriff der Öffentlichkeit spielt in den unterschiedlichen Bereichen moderner Gesellschaften eine entscheidende Rolle. Öffentlichkeit und öffentliche Meinung sind Schlüsselbegriffe des Rechts, der Politik, der Sozialwissenschaften, wie auch der Wirtschaft. »Öffentlichkeit gehört zur verfassungsrechtlichen Grundausstattung der Demokratien [...]« (Neidhardt 1994, 8), was sich in unserem Grundgesetz durch Artikel 5 zur Meinungs-, Informations-, und Pressefreiheit ausdrückt. Öffentlichkeit ist ein Instrument der politischen Kontrolle. In parlamentarischen Demokratien werden Interessen mittels öffentlicher Kommunikation artikuliert und durchgesetzt. Der Begriff wurde in seiner ursprünglichen Bedeutung allerdings nicht ausschließlich auf den politischen Bereich angewandt, sondern bezog sich auf das gesamte Geistesleben (vgl. Pöttker 2001, 25).

Geht man von der klassischen Bedeutung des Wortes Öffentlichkeit als »res publika« aus, so ist damit die Teilnahme der Bürger in den griechischen oder römischen Stadtstaaten an den öffentlichen Angelegenheiten gemeint. Abgrenzen lässt sich der Begriff deutlich zum Begriff Privatheit. Bei Definitionen von Öffentlichkeit spielt sein Antonym häufig eine prominente Rolle. Dieses muss aber nicht notwendigerweise Definitionsbestandteil sein. »Öffentlichkeit entsteht auf dem Markt, auf dem Forum; in den privaten Bereich gehören dagegen Geburt und Tod, Sklavenarbeit und damals noch das Leben der Frau.« (Hunold 1994, 140).

Wenngleich das Wort Öffentlichkeit Jahrhunderte alt ist, so entstammt der Begriff, wie wir ihn heute verwenden, dem Vokabular der Aufklärung. Mit dem Siegeszug der demokratischen Bewegung wurde spätestens seit Ende des 19. Jahrhunderts zwischen »öffentlich« und »privat« unterschieden. Öffentlichkeit weist etymologisch eine enge Verwandtschaft zum Begriff »Offenheit« auf. Vom Grundsatz her ist in demokratischen Gesellschaften alles offen, sprich öffentlich. Einer besonderen Legitimation bedürfen ausschließlich Dinge, die nicht gezeigt werden dürfen. So enthält z. B. der deutsche Pressekodex besondere Regeln für die Veröffentlichung von Teilen des Privatlebens und der Intimsphäre eines Menschen (vgl. Wunden 1994, 169; siehe auch Pöttker 1999, 162 f.).

Bemerkenswerterweise unterscheidet sich die Verwendung des Wortes seit seiner Etablierung im 18. Jahrhundert nicht wesentlich von der heutigen. Exemplarisch für eine frühe Annäherung an den Begriff soll Schäffle genannt werden, der 1896 schrieb:

> Oeffentlichkeit im engeren Sinne ist also die Ausbreitung socialer Ideenströme über geschlossene Kreise geistiger Berufsarbeit hinaus, Oeffnung der letzteren für weitere und weiteste Kreise des socialen Körpers und Reaktionen dieser letzteren Kreise auf jene Berufsarbeit. ›Oeffentliche‹ Mitteilungen werden nicht jedermann bekannt und bewusst, aber sie müssen jedem, der sich für sie interessiert, bekannt werden.
> (zit. nach Pöttker 2001, 117 f.)

In diesem Zusammenhang wies der Soziologe und Journalist bereits damals darauf hin, dass es zur Herstellung von Öffentlichkeit nicht zwangsläufig der Massenmedien bedarf. Öffentlichkeit könne auch in persönlichen Gesprächen, Versammlungen u. a. hergestellt werden. »Im eigentlichen Sinn ist die Oeffentlichkeit geistige, durch Symbolaustausch bewirkte Offenheit zwischen größeren oder kleineren Massen des socialen Körpers.« (Schäffle 1896, zit. nach Pöttker 2001, 118).

Öffentlichkeit findet auf drei unterschiedlichen Ebenen statt:

1. Interaktionsöffentlichkeit zwischen Anwesenden,
2. öffentliche Veranstaltungen,
3. indirekte Kommunikation über die Massenmedien, als größte Form der Öffentlichkeit (vgl. Gerhards 1994, 84).

In so großen Gemeinwesen wie dem deutschen Staat spielt die face-to-face Kommunikation für öffentliche Diskurse nur eine marginale Rolle. Bedeutend für die Entstehung von öffentlicher Meinung sind vor allem die Massenmedien. Wenn im Folgenden von Öffentlichkeit die Rede ist, ist daher immer die massenmedial vermittelte Öffentlichkeit als Teilsystem der Gesellschaft gemeint.

Fast hundert Jahre nachdem Schäffle sein Verständnis von Öffentlichkeit in der oben genannten Definition festhielt, formulierte Peters in ganz ähnlicher Weise:

In einer dritten Bedeutung bezeichnet Öffentlichkeit eine Art Kollektiv, das auf einer bestimmten Kommunikationsstruktur beruht, oder eine Sphäre kommunikativen Handelns, in der sich eine ›öffentliche Meinung‹ mit bestimmten anspruchsvollen Merkmalen bilden kann. [...] Öffentlichkeit im emphatischen Sinn wird gebildet durch Kommunikation unter Akteuren, die aus ihren privaten Lebenskreisen heraustreten, um sich über Angelegenheiten von allgemeinem Interesse zu verständigen. (Peters 1994, 45)

Beide Autoren definieren Öffentlichkeit also als Kommunikation einer bestimmten, aber an sich offenen Gruppe von Personen, die sich über bestimmte Ideen, die von allgemeinem Interesse sind, austauschen und verständigen. Die gesellschaftliche und zugleich soziale Funktion von Öffentlichkeit besteht dabei darin, Probleme für die Allgemeinheit erkennbar zu machen, um so deren Bearbeitung und Lösung anzustoßen und zu begleiten. Diese Funktion wirkt auf Dauer systemstabilisierend (vgl. Pöttker 1999, 162).

2.1 Öffentlichkeitsmodelle

Noch simpler hat Neidhardt den Begriff in einer ersten Annäherung beschrieben: »Öffentlichkeit ist an und für sich nichts weiter als ein leeres Feld, dessen Besonderheit darin besteht, frei zugänglich zu sein für alle, die etwas sagen oder das, was andere sagen, hören wollen.« (1994a, 19).

Die vorherrschenden Theorien um den Begriff Öffentlichkeit und die damit zusammenhängenden Fragestellungen sind gegenüber diesem Definitionsversuch wesentlich komplexer. Diskursbestimmend sind zum einen das von Luhmann aus der Systemtheorie entwickelte *Spiegelmodell* und zum anderen Habermas' *Diskursmodell*.[1]

Habermas' Theorie kommunikativen Handelns hat als *Diskursmodell* Bekanntheit erlangt. Der zentrale Bestandteil ist die offene, gemeinsame Diskussion aller Mitglieder einer Gesellschaft. Erst durch diese Diskurse bildet sich Öffentlichkeit. Im Gegensatz zum historisch älteren, hierarchischen Gesellschaftsmodell sind dabei alle Bürger frei und gleich. Eine gottgegebene Ordnung existiert nicht. Dementsprechend definiert Habermas den Begriff der politischen Öffentlichkeit als »Inbegriff derjenigen Kommunikationsbedingungen, unter denen eine diskursive Meinungs- und Willensbildung eines Publikums von Staatsbürgern zustande kommen kann.« (1990, 38). Damit verbunden ist eine theoretisch existente und normativ gewollte Gleichheit aller Staatsbürger. Diese Prämisse sieht Habermas selbst allerdings kri-

---
1 Vertiefend siehe z. B. Luhmann 1990, 2004; Habermas 1990.

tisch. Im Rahmen von Medienprozessen gehe es nicht primär um verständigungsorientiertes Handeln, sondern um »die kommunikative Erzeugung legitimer Macht einerseits und andererseits [um] die manipulative Inanspruchnahme der Medienmacht zur Beschaffung der Massenloyalität, Nachfrage und ›compliance‹ gegenüber systemischen Imperativen.« (1990, 45).

Kritisch sieht Habermas dabei auch die Stellung gesellschaftlich marginalisierter Gruppen. Öffentlichkeit umfasst für ihn Idealerweise »die vollständige Inklusion aller möglicherweise Betroffenen, die Gleichberechtigung der Parteien, Zwanglosigkeit der Interaktion, Offenheit für Themen und Beiträge, Revidierbarkeit der Ergebnisse usw.« (1990, 39). Dies impliziert, dass sich grundsätzlich jeder an öffentlicher Kommunikation beteiligen kann. Die Verwirklichung dieses theoretischen Anspruchs sieht der Frankfurter Vertreter der kritischen Medientheorie als nicht gegeben. In der Öffentlichkeit gehe es um Angelegenheiten, die von allgemeinem Interesse seien oder sein sollten. Diese normative Absicht scheine aber (wie z.B. im Falle von Kindern oder Menschen mit geistiger Behinderung) praktisch nur schwer umzusetzen zu sein, da durch Kommunikationsstrukturen auch immer Macht- und Herrschaftsansprüche zum Ausdruck kämen (vgl. Peters 1994, 45f.; Schicha 2003, 117).

Einen ganz anderen Ansatz als Habermas, dem Vertreter einer kritischen Medientheorie mit politisch-moralischer Ausrichtung, vertritt Luhmann. Er schreibt: »Öffentlichkeit ist mithin ein allgemeines gesellschaftliches Reflexionsmedium, das die Unüberschreitbarkeit von Grenzen und, dadurch inspiriert, das Beobachten von Beobachtungen registriert.« (2004, 187). Somit kann das von Luhmann im Rahmen seiner konstruktivistisch ausgerichteten Systemtheorie ausgearbeitete Modell als *Spiegelmodell* bezeichnet werden, da Öffentlichkeit die anderen Teilsysteme der Gesellschaft und sich selbst spiegelt.

Grundlegend für die vorliegende Studie ist das von Luhmann im Rahmen seiner Systemtheorie skizzierte Verständnis von Öffentlichkeit, welchem sich das folgende Kapitel widmet.

2.2 Öffentlichkeit aus Sicht der Systemtheorie

Eine der wenigen Annahmen, über die in den Sozialwissenschaften Konsens herrscht, ist die Tatsache, dass sich moderne Gesellschaften immer weiter ausdifferenzieren (siehe z.B. Luhmann 2004, 10; Pöttker 2001, 22). Diese Erkenntnis bildet bekanntlich eine der beiden grundlegenden Säulen der Systemtheorie. Als universelle und übergreifende Theorie hat sie in den letzten Jahrzehnten Anhänger in zahlreichen Wissenschaftsdisziplinen gefunden. Im Zusammenhang dieser Studie interessieren vor allem die soziologischen Ansätze wie sie von Luhmann vertreten werden, sowie ihre Weiterentwicklungen, die das System Öffentlichkeit und die Funktion der Massenmedien betreffen (siehe z.B. Marcinkowski 1993; Blöbaum 1994). Damit sollen die Leistungen anderer Systemtheoretiker nicht herabgestuft werden. Es erscheint jedoch sinnvoll, sich auf Luhmanns Darlegungen zu konzentrieren, um einer einheitlichen Systematik und Typologie zu folgen.

Das von Luhmann entworfene und inzwischen u.a. von Marcinkowski weiterentwickelte Modell, basiert auf der konstruktivistischen Annahme, dass Menschen als Beobachtende die Wirklichkeit erst immer in ihrem Kopf erfinden. Folgt man dieser Argumentation, so gibt es zum einen keine objektiv zu fassende Realität für die Nutzer und zum anderen keine Medien, die in der Lage wären, Realität objektiv abzubilden. Dies erscheint argumentativ logisch, wenn man davon ausgeht, dass es keine Realität an sich gibt, die sich mittels Kommunikation objektiv abbilden ließe. Dennoch bestreiten auch Vertreter der Systemtheorie nicht, dass es eine Realität gibt, die sich an Hand bestimmter Kriterien untersuchen ließe, nur *die* Realität an sich ist nicht vorhanden. Es existiert vielmehr eine eigene Medienrealität, da aus der großen Zahl dessen, was täglich in der Welt stattfindet, nur eine kleine Auswahl präsentiert wird (siehe Luhmann 2004).

Die Medien haben einen entscheidenden Einfluss auf das Bild der Welt, da sie tägliche Selektionen vornehmen, welche Ereignisse zur Nachricht werden und damit überhaupt Aufnahme in das entsprechende Medium finden und welche nicht. Um auf der Grundlage der Systemtheorie zu argumentieren, des Konstruktivismus: Es geht bei dem Erkennen der Welt nicht ausschließlich darum, *was* wir erfassen, sondern vor allem darum, *wie* wir etwas erfassen. Damit ist natürlich von entscheidender Bedeutung *wer* etwas erfasst. Es existiert also keine objektiv definierbare Wirklichkeit. Sie ist immer davon abhängig, wer diese *wie* beschreibt (vgl. Watzlawick 2002, 9). Damit stellt sich im vorliegenden Forschungszusammenhang die Frage, wie in den Medien über Menschen mit Behinderung und ihre Teilhabe am privaten, öffentlichen und gesellschaftlichen Leben berichtet wird.

Wichtigstes Merkmal der Systemtheorie ist die Systembildung. Die operative

Schließung von Systemen gilt auch für das System Öffentlichkeit. Dessen einzelne Teilsysteme wie Massenmedien und Journalismus sind wiederum in sich geschlossene Regelkreise. Die Selbstreferentialität der jeweiligen Systeme ergibt sich daraus, dass sich ihre einzelnen Elemente ständig auf andere Elemente desselben Regelkreises beziehen. In Luhmanns System gibt es dennoch sehr wohl Einflüsse aus der Umwelt. Im Teilsystem Journalismus wären dies etwa von außen eingehende Meldungen. Sie werden aber sofort in systemeigene Strukturen transferiert, wenn sie nicht zuvor selektiert wurden (vgl. Weber 2003, 205).

Was ist Öffentlichkeit aus systemtheoretischer Sicht?

Luhmann gibt auf diese Frage nur fragmentarische Antworten. Erst in jüngster Zeit ist eine Monografie des Soziologen zum System Öffentlichkeit erschienen (siehe Luhmann 2004, Erstauflage 1996). Darin wird Öffentlichkeit zunächst als ein System unter anderen beschrieben. Es kann dabei allerdings erst mit der Herausbildung von Massenmedien seine Funktionen als ausdifferenziertes gesellschaftliches Teilsystem wahrnehmen. Der Soziologe äußert sich zwar ausführlich zu den Begriffen Massenmedien, öffentliche Meinung und Kommunikation, einen umfassenden Entwurf des Systems Öffentlichkeit, der über die bereits erwähnte knappe Definition des Begriffs hinausginge, liefert er hingegen nicht. Der Bielefelder Systemtheoretiker stellt vor allem den Begriff der Kommunikation in den Vordergrund. Im Gegensatz zu Habermas und seinem »handlungsorientierten Verständnis der Kommunikation« (Luhmann 1988, 13), betont Luhmann die Selbstreferenz des Systems der Kommunikation. In Übereinstimmung mit anderen Medientheorien sieht auch er die Dreiteilung in Information, Mitteilung und Verstehen als Grundlage von Kommunikation. Diese Elemente sind aber keinesfalls Funktionen oder Bausteine des Systems. »Es handelt sich vielmehr um unterschiedliche Selektionen, deren Selektivität und deren Selektionsbereich überhaupt erst durch die Kommunikation konstituiert werden.« (ebd.).

Der Begriff der Öffentlichkeit wird aus systemtheoretischer Sicht grundsätzlich vom Begriff der öffentlichen Meinung unterschieden. »Öffentliche Meinung ist Öffentlichkeit aus Sicht des politischen Systems. [...] Bei der öffentlichen Meinung haben wir es also mit einem Dreiecksverhältnis zwischen Öffentlichkeit, Politik und Massenmedien zu tun.« (Berghaus 2003, 242 f.). Wenngleich die Massenmedien in diesem Zusammenhang eine wichtige Rolle spielen, so sind sie nur eine Form, mit der öffentliche Meinung kundgetan werden kann. Demonstrationen, Flugblätter, private Kommunikation und u. v. a. m. tragen ebenso zur öffentlichen Meinung bei.

2. Öffentlichkeit: Strukturen, Funktionen und Aufgaben in der Mediendemokratie

Wenngleich auch bei Luhmann von öffentlicher Meinung die Rede ist (vgl. 2004, 185), so wäre es richtiger von öffentlichen Themen zu sprechen. Kommunikation braucht Themen, die sozial erzeugt werden. Diese werden dann im öffentlichen Raum diskutiert. Die öffentliche Meinung stellt die Themen bereit, zu denen politische Entscheidungen getroffen werden. Zu den meisten Themen gibt es naturgemäß zahlreiche, z. T. divergierende Meinungen. Von der öffentlichen Meinung zu sprechen, erscheint daher paradox. Ihre Funktion ist die »Einrichtung und Fortschreibung kognitiver Schemata« (Luhmann 1999, 27). Unter Schemata versteht Luhmann Vereinfachungen und Verkürzungen, die im System Öffentlichkeit wirksam sind. Öffentlichkeit richtet also den Blick auf bestimmte Themen.[2]

Luhmann hat sich lange damit zurückgehalten, eine explizite Analyse des Systems Öffentlichkeit vorzulegen, wie er das für zahlreiche andere Systeme der Gesellschaft getan hat. Autoren wie Neidhardt, Gerhards, Marcinkowski u. a. haben diese Lücke in der Systemtheorie Luhmanns erkannt und moniert.

Marcinkowski wie auch Blöbaum haben daher versucht, auf Grundlage der Systemtheorie Luhmannscher Prägung das System Öffentlichkeit zu beschreiben und weiterzuentwickeln. Beide Autoren unterscheiden für den Begriff Öffentlichkeit die Leistungsrolle des Systems von der Publikumsrolle. Marcinkowski fasst das System Öffentlichkeit unter dem Komplex »Publizistik« zusammen und beschreibt es detailliert als eigenes Teilsystem. Die gesellschaftliche *Funktion* der Publizistik sieht er wie folgt:

> Die Primärfunktion der Publizistik, die Beziehung des Systems zur Gesellschaft, ist die Ermöglichung der Selbst- und Fremdbeobachtung ihrer Teile. Alle Funktionssysteme der Gesellschaft beobachten sich selbst und andere Beobachter in ihrer Umwelt im Spiegel publizistischer Selbstbeobachtungskommunikation, [...]. (1993, 148)

Blöbaum bezeichnet die »aktuelle Vermittlung von Information zur öffentlichen Kommunikation« (1994, 20; zit. in Weber 2003, 213) als Funktion des Systems, welches er unter dem Sammelbegriff Journalismus analysiert.

Diese Definition kritisch hinterfragend überlegt Weber, ob »nicht auch folgende Funktionsbestimmung sinnvoll wäre: die ›aktuelle oder aktualisierte Konstruktion von [(zunehmend)] unterhaltenden Informationen zur sozialen Anschlusskommunikation‹.« (ebd.).

---

2 Mit dieser Fokussierung beschäftigt sich auch die »agenda-setting« Forschung, deren Verbindung mit den Ergebnissen der Systemtheorie ein zukunftsträchtiges Forschungsfeld darstellen dürfte. Bereits 1972 wurde der *Agenda-Setting-Approach* in die wissenschaftliche Diskussion eingeführt. Die Grundthese dieser von McCombs und Shaw entwickelten Theorie lautet: Nur Themen, die in den Medien behandelt werden, sind für die Rezipienten präsent (siehe 1972; siehe auch Kapitel 3.2).

Gerhards und Neidhardt liefern eigene systemtheoretisch begründete Definitionen. Sie sehen Öffentlichkeit als Vermittlungssystem zwischen Leistungs- und Publikumsrollen. Sie ermöglicht so langfristig die Konstitution gesellschaftlicher Identität »indem Bürger über Öffentlichkeit vermittelt dauerhaft die Gesellschaft beobachten, an ihr teilhaben und sie als die ihre begreifen.« (Gerhards 1993, 98).

An diese Überlegungen anknüpfend unterscheidet Neidhardt folgende Aufgaben und Funktionen politischer Öffentlichkeit:

> (A) Öffentlichkeit soll offen sein für alle gesellschaftlichen Gruppen sowie für alle Themen und Meinungen von kollektiver Bedeutung. In dem Maße, in dem das Prinzip der Offenheit eingelöst ist, erfüllt Öffentlichkeit Transparenzfunktionen.
>
> (B) Öffentlichkeitsakteure sollen mit den Themen und Meinungen anderer diskursiv umgehen und ihre eigenen Themen und Meinungen unter dem Druck der Argumente anderer gegebenenfalls revidieren. In dem Maße, in dem das Prinzip der Diskursivität beachtet wird, leistet öffentliche Kommunikation Validierungsfunktionen.
>
> (C) Öffentliche Kommunikation, die von den Öffentlichkeitsakteuren diskursiv betrieben wird, erzeugt ›öffentliche Meinungen‹, die das Publikum als überzeugend wahrnehmen und akzeptieren kann. In dem Maße, in dem ›öffentliche Meinungen‹ diese Autorität besitzen, leisten sie in Demokratien politisch wirksame Orientierungsfunktionen. (1994, 8f.)

Diese drei Funktionen lassen sich auch als Beobachtungs-, Kritik- und Orientierungsfunktion bezeichnen. Sie werden auch im Rahmen der vorliegenden Arbeit zu Grunde gelegt und auf das öffentliche Bild von Menschen mit Behinderung bezogen.

3. Massenmedien: Aufgaben und Funktionen

Öffentlichkeit wird durch die Medien erst geschaffen. »Massenmedien stellen das gesellschaftliche Selbstbeobachtungssystem der Gesellschaft insgesamt dar, indem sie ein nach bestimmten Kriterien selektiertes Bild der Gesellschaft zeichnen und dieses der Gesellschaft zur Selbstbeobachtung zurückfunken.« (Gerhards 1994, 87). Ohne die Massenmedien würde es Öffentlichkeit, verstanden als Teilsystem von demokratisch verfassten Gesellschaften, nicht geben. Massenkommunikationsmittel sind zu einem entscheidenden Faktor in der demokratischen Auseinandersetzung geworden.

In der soziologischen Diskussion um die Postmoderne ist die kulturelle Transformation, die mit der massenhaften Ausbreitung der Medien einhergeht, ein zentrales Thema. Die enorme Bedeutung der Massenmedien für Lebensalltag und Gesellschaft ist unbestritten. Massenkommunikation ist ein zentraler Bestandteil moderner Gesellschaften und unterscheidet diese wesentlich von früheren Gesellschaftstypen. Und die Anzahl der Institutionen, die auf die Repräsentation von Öffentlichkeit spezialisiert sind, steigt stetig. Gerade seit der Einführung des Privatfernsehens in Deutschland im Jahr 1984 und der zunehmenden Nutzung des Internets in Privathaushalten seit 1990/91 hat die Bedeutung der massenmedialen Kommunikation nochmals zugenommen (vgl. Winter 1995, 1; Ridder, Engel 2001, 104). Massenmedien stellen zu Beginn des dritten Jahrtausends in den Industrienationen eine der Grundbedingungen der Sozialisation dar.

Die Systemtheorie sieht die Inklusion aller Bürger in die unterschiedlichen gesellschaftlichen Systeme als wichtigste Funktion der Massenmedien. Diese Leistung erfolgt durch die Selbstbeobachtung der Gesellschaft. Bestimmte Ereignisse werden kommuniziert und ermöglichen es auf diese Weise erst, dass alle Bürger auch an allen anderen als den eigenen Teilsystemen teilhaben können. Dies erfolgt über die »Herstellung und Bereitstellung von Themen öffentlicher Kommunikation« (Marcinkowski 1993, 46). Medien stellen ein Hintergrundwissen für Kommunikation her und speichern dieses Wissen, von dem man in folgenden Kommunikationen ausgehen kann.

Ein Großteil von Informationen über soziale oder politische Auseinandersetzungen gelangen massenmedial vermittelt in das Bewusstsein der Bürger und regen sie an, sich mit den entsprechenden Themen zu beschäftigen. Über die gesellschaftlichen Funktionen der Massenmedien herrscht im Allgemeinen Konsens. Luhmann beschreibt die Funktion der Massenmedien als Systemgedächtnis der Gesellschaft (vgl. 2004, 173). Sie würden gewissermaßen die Selbstbeobachtung der Gesellschaft dirigieren. Giddens weist bei seinen Ausführungen zu modernen Sozialisationsinstanzen darauf hin, dass Massenmedien »eine große Vielzahl von Informationen [übermitteln], die Individuen auf andere Weise nicht erwerben könnten« (1999, 87). Die Welt wird in starkem Maße durch Massenmedien vermittelt erlebt.

Fasst man die Aufgaben der Massenmedien konkreter, so lassen sie sich wie folgt beschreiben:
1. Information,
2. Mitwirkung an der Meinungsbildung,
3. Kontrolle und Kritik
Zu den weiteren Aufgaben gehören Unterhaltung [sic!] und Bildung.
(Meyn 1994, 10)

ad 1.: *Information* soll den Rezipienten Zusammenhänge erkennen und verstehen lassen, um das Handeln danach auszurichten und notfalls Konsequenzen ziehen zu können.

ad 2.: *Mitwirkung an der Meinungsbildung* bedeutet am Meinungsstreit in der Demokratie teilzunehmen. Dafür ist es notwendig, unterschiedliche Standpunkte und Interessen der verschiedenen gesellschaftlichen Gruppen und Einzelpersonen zu kennen. Dadurch ist es für den Rezipienten möglich, sich eine eigene Meinung zu bilden.

ad 3.: *Kritik und Kontrolle* mittels Massenmedien gewinnen zunehmend an Bedeutung und sind immer dann besonders wichtig, wenn andere im parlamentarischen Regierungssystem vorgesehene Institutionen diese Aufgaben nicht oder nur unzureichend erfüllen.

Stuiber hat diese Aufgaben der Massenmedien unter dem Oberbegriff »soziale Orientierung« (1983, 71 f.) zusammengefasst. In unserer weiträumigen und vielfältigen Gesellschaft ist es für den Einzelnen nicht mehr möglich, sämtliche soziale Kontakte und Erfahrungen unmittelbar zu erleben. Soziale Orientierungen erfolgen oftmals mittels medialer Berichte über ein Geschehen. Sie wirken somit als wichtige Faktoren der Inkulturisation, sie haben in modernen Gesellschaften den Status von *Sozialisationsinstanzen* (vgl. Benzinger 1980, 58 f.).[3] Diese Bedeutung nimmt mit fortschreitender Ausbreitung und intensiverer Nutzung weiter zu. Neben den klassischen Sozialisationsinstanzen der Familie und gesellschaftlich institutionalisierter Einrichtungen der Erziehung wie Kindergarten und Schule müssen zusätzlich die

---

3 Luhmann geht davon aus, dass *Sozialisation* nicht zu den Aufgaben der Massenmedien gehört (siehe 2004, 169 f.).

Medien genannt werden.[4] Eine besondere Stellung nimmt dabei, als höchstfrequentiertes Medium, das Fernsehen ein. Hickethier weist darauf hin, dass heute die meisten Kinder vor dem Lesen lernen, den Fernsehapparat zu bedienen (vgl. 2001, 1).

Eine Funktion der Massenmedien, die in der wissenschaftlichen Analyse weitestgehend vernachlässigt wird, ist die der Unterhaltung. Für die normative Konstitution des Mediums besitzt sie auch nur eine marginale Bedeutung.

In der Wahrnehmung der Rezipienten kommt dieser Funktion aber ein hoher Stellenwert zu.»Unterhaltung als ein Angebot der Zerstreuung entspricht einem grundlegenden Bedürfnis der Rezipienten, dem Wunsch nach ›Entspannung‹ als der ›Herstellung affektiven Gleichgewichts‹.« (Koszyk, Pruys 1981, 312).

Unter systemtheoretischen Gesichtspunkten kann ebenfalls eine Dreiteilung des massenmedialen Systems vorgenommen werden. Dabei steht allerdings die Struktur und nicht die Funktion der Massenmedien im Vordergrund. Das System lässt sich intern gliedern in:

1. Nachrichten und Berichte
2. Werbung
3. Unterhaltung

Die Bereiche schließen einander grundsätzlich aus. Dennoch lassen sich Anleihen an den jeweils anderen Bereich beobachten. Gerade das Fernsehen begünstigt Übertragungen von einem in den anderen Sektor (vgl. Luhmann 2004, 51 und 117f.).

---

4 In der Medienpädagogik hat dabei in den letzten 30 Jahren eine tiefgreifende Veränderung der Leitbilder stattgefunden. Ging es in den 60er Jahren noch darum, Heranwachsende vor den Folgen des Fernsehkonsums zu schützen und alternativ zum allgemeinen Programm Bildungssendungen zu propagieren, so hat sich die Medienpädagogik seit den 90er Jahren der Vermittlung von Medienkompetenz zugewandt. Enggefasst gehört zur Medienkompetenz die Auswahl, Nutzung, Bewertung und Gestaltung von Medien (vgl. Schulz-Zander et. al. 1999, 18).

3.1 Nachrichtenfaktoren

> Natürlich wird bei uns in der Redaktion selektiert. Wer das Gegenteil behauptet, sagt nicht die Wahrheit. An Spitzentagen laufen bei uns ca. 4000 Agenturmeldungen ein, die wir natürlich nicht alle in unseren Sendungen vermelden können.[5]
> (Deppendorf in: Pöttker 1999, 197)

Mit dieser Aussage spricht Ulrich Deppendorf, Chefredakteur von »ARD aktuell« einen natürlichen Vorgang im Mediensystem an, der zugleich häufig Gegenstand kritischer Betrachtungen ist: Massenmedien bilden immer nur einen bestimmten Ausschnitt des Weltgeschehens ab und vermitteln daher den Rezipienten eine spezifische soziale Realität (siehe Kapitel 2).

Schon früh in der Kommunikationsforschung wurde die Frage gestellt, welche Kriterien bei der Auswahl von Ereignissen eine Rolle spielen. Was führt dazu, dass sie zu Nachrichten werden und andere nicht? Bereits Lippmann macht in seinem Klassiker »public opinion« darauf aufmerksam, dass bestimmte »news values« wirken, die die Bedeutsamkeit einer Nachricht bestimmen. Aspekte wie Eindeutigkeit, Relevanz oder Sensationalismus würden besonders betont. Sie seien zentrale Selektionskriterien des Öffentlichkeitssystems (siehe Lippmann 1990, Erstausgabe 1922).

Systemtheoretisch gedacht scheint das wichtigste Kriterium die binäre Codierung in Aufmerksamkeit/Nicht-Aufmerksamkeit zu sein. Die Massenmedien sind existentiell darauf angewiesen, dass ihre Produkte Aufmerksamkeit erfahren. Alle Ereignisse werden nach diesem Kriterium selektiert, bevor sie zur Nachricht werden können (vgl. Gerhards 1994, 88 f.). Darüber hinaus muss im Rahmen dieser Selektionsprozesse auf leichte Verständlichkeit geachtet werden, um ein möglichst breites Publikum anzusprechen (vgl. Luhmann 2004, 58).

Mit den Spezifikationen dieses Codes beschäftigt sich eine Vielzahl von Untersuchungen zur Nachrichtenauswahl. Allen gemein ist der Versuch, die Selektoren, die zu den Auswahlentscheidungen führen, zu erfassen und zu systematisieren.

> Die klassische Nachrichtenwertforschung geht davon aus, dass Ereignisse bestimmte Merkmale besitzen, die maßgeblich sind für die Auswahl und Bewertung von Nachrichten. Die individuelle Motivation der beteiligten Journalisten tritt gegenüber diesen allgemeingültigen Kriterien zurück. (Luhmann 2003, 80)

---

5 »Ulrich Deppendorf, Chefredakteur von ›ARD aktuell‹, in einem Brief vom 3. November 1997 an die Initiative Nachrichtenaufklärung.« (Pöttker 1999, 197)

3. Massenmedien: Aufgaben und Funktionen

Neben der Nachrichtenwertforschung beschäftigen sich die »Gatekeeper« und die »News Bias« Forschung mit Selektionsfaktoren in der Nachrichtenauswahl und -gestaltung. Für die vorliegende Arbeit besitzen diese beiden Forschungsrichtungen aber nur eine geringe Relevanz, da sich die »Gatekeeper« Forschung vornehmlich mit den Auswahlentscheidungen der Journalisten und der Medienorganisationen beschäftigt, also eine Analyse auf Kommunikatorebene vornimmt. Die »News Bias« Forschung hingegen beschäftigt sich »sowohl mit der Berichterstattung als auch mit den Eigenschaften der Kommunikatoren.« (Eilders 1997, 14 f.). Dabei werden aber vor allem die politischen Einstellungen der Journalist(inn)en und die daraus resultierende Berichterstattung untersucht.

> Die Nachrichtenwertforschung setzt nicht bei den Merkmalen der Kommunikatoren an, sondern untersucht die *Berichterstattung als Resultat der Auswahlentscheidungen*: Anhand der Berichterstattung wird auf die Selektionskriterien geschlossen. Das Interesse ist dabei nicht wie in der ›News Bias‹ Forschung auf einen politischen ›Bias‹ gerichtet, sondern auf abstrakte inhaltliche Ereignis- oder Beitragsmerkmale.
> (dies., 15, Hervorhebungen im Original)

Die europäische Tradition der Erforschung von Nachrichtenwertfaktoren wurde 1965 von Østgaard begründet. Er kam auf Grund des Vergleichs von Inhaltsanalysen zu dem Ergebnis, dass es keinen »free flow of news« gebe. »There are factors which can be singled out for attention [...], and which affect the ›free flow of news‹.« (1965, 39). Daraus würden Verzerrungseffekte resultieren. In diesem Zusammenhang beschrieb er Faktoren, die einen Einfluss auf die Berichterstattung hätten, obwohl sie nicht von äußeren Kräften gesteuert seien. Ebenfalls 1965 haben Galtung und Ruge mit Hilfe von Nachrichtenfaktoren Strukturen in der Berichterstattung beschrieben. Die von Galtung und Ruge als »chain of communication« bezeichnete Zweistufigkeit des Selektionsprozesses führte zu einem Umdenken in den Kommunikationswissenschaften, da ihre Ergebnisse die Schlussfolgerung nahe legen, dass Medien die Realität niemals wirklich objektiv abbilden, sondern immer einen bestimmten Ausschnitt wählen. Dabei findet eine erste Auswahl durch die Kommunikator(inn)en und eine zweite Auswahl auf Seiten der Rezipient(inn)en statt. Diesen Auswahlprozess haben Galtung und Ruge als »Chain of Communication« bezeichnet.

Im Zusammenhang der vorliegenden Fragestellung, der Darstellung von Menschen mit Behinderung im Fernsehen, interessiert das Media Image, also die konkreten Produkte. Galtung und Ruge haben insgesamt zwölf Nachrichtenfaktoren ermittelt, die ein bestimmtes Ereignis zur Nachricht machen. Je mehr Nachrichtenfaktoren dabei auf ein Ereignis zutreffen, desto eher überwindet es die Barriere zur Nachricht zu werden. Die Faktoren wirken selektiv, verzerrend und replikativ; dies bewirkt, dass bestimmte Merkmale eines Ereignisses besonders herausgestellt werden. Die Arbeit von Galtung und Ruge bildet bis heute eine der Grundlagen der Nachrichtenwertforschung. Durch zahlreiche Folgestudien wurde versucht, die darin aufgestellten Thesen zu überprüfen.

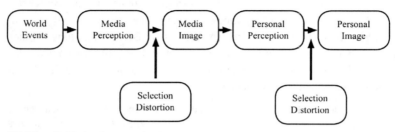

Abbildung 2: Chain of communication
Quelle: Galtung, Ruge 1965, 65.

Wenngleich die ursprüngliche Liste der Nachrichtenfaktoren immer wieder kritisiert, verändert und erweitert worden ist (siehe Eilders 1997; Schulz 1976; Staab 1990), so konnten die aufgestellten Thesen dennoch insgesamt bestätigt werden. Die Autoren der Folgestudien haben vor allem den aufgestellten Katalog der Nachrichtenfaktoren immer wieder differenziert und erweitert.

GALTUNG, RUGE 1965	SCHULZ 1976	STAAB 1990
1. Elite-Nationen	1. Nationale Zentralität	1. Status der Ereignisnation
2. Elite-Personen	2. Persönlicher Einfluss	2. Status der Ereignisregion
3. Frequenz	3. Prominenz	3. Prominenz
4. Schwellenfaktor	4. Zeitliche Ausdehnung	4. persönlicher Einfluss
5. Eindeutigkeit	5. Erfolg	5. institutioneller Einfluss
6. Negativismus	6. Struktur	6. politische Nähe
7. Bedeutsamkeit	7. Konflikt	7. wirtschaftliche Nähe
8. Konsonanz	8. Kriminalität	8. kulturelle Nähe
9. Überraschung	9. Schaden	9. tatsächlicher Nutzen/Erfolg
10. Kontinuität	10. Ethnozentrismus	10. möglicher Nutzen/Erfolg
11. Variation/Komposition	11. Relevanz	11. tatsächlicher Schaden/Misserfolg
	12. Überraschung	12. möglicher Schaden/Misserfolg
	13. Thematisierung	13. Personalisierung
	14. Personalisierung	14. Überraschung

3. Massenmedien: Aufgaben und Funktionen

		15. Räumliche Nähe	15. Zusammenhang mit Themen
		16. Politische Nähe	16. Etablierung von Themen
		17. Kulturelle Nähe	17. Faktizität
		18. Regionale Zentralität	18. Reichweite
			19. Kontroverse
			20. Aggression
			21. Demonstration

Tabelle 1: Nachrichtenfaktoren
Quellen: Vgl. Galtung, Ruge 1965, 65 ff.; Schulz 1976, 32–34; Eilders 1997, 38 f.

Das Verständnis des Begriffs Nachrichtenfaktoren ist bei den genannten Autoren keineswegs einheitlich. Galtung und Ruge verstehen darunter »objektive« Selektionskriterien der Journalisten. Staab wollte nachweisen, dass Nachrichtenfaktoren auch Folgen (Finalitäten) und nicht nur Ursachen (Kausalitäten) für die Nachrichtenauswahl sind. Journalisten verfolgen mit ihrer Berichterstattung zudem immer bestimmte Ziele und Zwecke bzw. politische Intentionen (siehe Kepplinger 1989). Das Wozu in den Blick nehmend versteht Staab sein Finalmodell als Ergänzung, nicht als Konkurrenz, zum bis dato einzig gültigen Kausalmodell (vgl. 1990, 214). Er integrierte damit das Konzept der Nachrichtenwertforschung in die »news bias« Forschung.

Schulz formuliert auf Grundlage der Erkenntnistheorie, dass es überhaupt nicht möglich sei, die Realität wirklich zu erfassen und mit dem Berichteten zu vergleichen. Der Nachrichtenwert sei dabei »Ausdruck der journalistischen Hypothesen von Realität« (1976, 30). Dabei geht er davon aus, dass jeder Journalist dieselben Selektionsregeln benutzen würde und stellt daher einen »Kanon von Selektions- und Interpretationsregeln« (ders., 117) auf. Schulz benutzt Nachrichtenfaktoren als Beitragsmerkmale, die den Wert einer Nachricht bestimmen und versucht so Platzierung, Aufmachung und Umfang von Nachrichten zu analysieren. Er konnte nachweisen, dass sich die Nachrichtenwerttheorie auch auf unpolitische Themen anwenden lässt.

Eine Frage beantwortet keine der vorgestellten Ansätze: Was beeinflusst die Ereignisauswahl? Was macht ein Ereignis zu einer Nachricht? Alle drei Analysen benennen Nachrichtenfaktoren mit Hilfe der Untersuchung von vorliegenden Nachrichten. »Ihre ursprüngliche Konzeption als Ereignismerkmale […] findet in der empirischen Umsetzung keine Berücksichtigung.« (Eilders 1997, 41). Um die Frage zu klären, welche Ereignisse zu Nachrichten werden, erscheint es plausibel Extra-Media Daten (Archive, amtliche Quellen, Statistiken) mit Intra-Media Daten (Inhaltsanalysen) zu vergleichen. Rosengren stellte z.B. auf diese Weise fest, dass über bestimmte Ereignisse überhaupt nicht berichtet wird, auch wenn sie wichtig erscheinen, wie z.B. Parlamentswahlen (siehe 1974). Dies deckt sich mit aktuellen Forschungsergebnissen. So zeigt die Initiative Nachrichtenaufklärung jedes Jahr Ereignisse auf, die in der medialen Berichterstattung unterrepräsentiert sind (siehe Pöttker 1999). Wenngleich sich inzwischen in diesem Bereich ein eigener Forschungszweig gebildet hat (in den USA z.B. das »Project Censored«), bleibt kritisch anzumerken, dass auch »Extra-Media Daten« niemals objektive Realität abbilden können, da auch sie wiederum auf Selektionen von Beobachtern beruhen (vgl. Schulz 1976, 26f.; Eilders 1997, 50).

»Andere Autoren betonen, dass die Nachrichtenwerttheorie grundsätzlich nicht für Kausalerklärungen taugt. [...] In systemtheoretischer Perspektive ist die Suche nach derartigen Gesetzmäßigkeiten ganz aufgegeben worden.« (Lublinski 2004, 81). Luhmann spricht in diesem Zusammenhang nicht von Nachrichtenwertfaktoren, sondern bezeichnet journalistische Auswahlkriterien als Selektoren. Diese sind aus systemtheoretischer Perspektive relevant, da mit ihrer Hilfe ein bestimmtes massenmediales Gesellschaftsbild gestaltet wird. Sie sind zugleich die Selektoren in der gesellschaftlichen Selbstwahrnehmung (vgl. ebd.).

Neben den Nachrichtenwertfaktoren spielen natürlich die politischen Überzeugungen der Kommunikatoren bei der Nachrichtenauswahl eine eminente Rolle. Journalisten verfolgen durch ihre Berichterstattung durchaus bestimmte Absichten. Sie sollen an dieser Stelle aber als Aufmerksamkeitsfaktoren in einem bestimmten Marktsegment verstanden werden. Sie wirken zudem in verschiedenen Mediensegmenten unterschiedlich stark.[6]

Nachrichtenwerte sind also jene Faktoren, welche die Gestaltung von Beiträgen beeinflussen. Sie können als Beitragsmerkmale und nicht wie von Galtung und Ruge ursprünglich formuliert, als Ereignismerkmale verstanden werden. Es steht zu vermuten, dass bestimmte Nachrichtenfaktoren wie Negativismus, Status, Personalisierung und Emotion bei der Thematisierung von Ereignissen, an denen behinderte Menschen beteiligt sind, im Vordergrund stehen. Welche Nachrichtenfaktoren bei der Darstellung von Menschen mit Behinderung im Fernsehen wirken, ist bisher nicht untersucht worden. Perspektivisch stellt sich die Frage, wie Beiträge unter Beachtung der Nachrichtenfaktoren gestaltet sein sollten, um auch aus der Perspektive der Prüfgröße Teilhabe als gelungen bezeichnet werden zu können.

---

6 »Qualitätszeitungen tun dies in weit geringerem Maße als Boulevardzeitungen.« (Gerhards 1994, 92).

3.2 Zur Integrationsfunktion von Massenmedien

Im aktuellen Diskurs um die Verwirklichung gleichberechtigter Teilhabe für alle Menschen nimmt die Diskussion um die Integrationsaufgabe der Medien eine prominente Rolle ein.[7] Die Wahrnehmung dieser Aufgabe wird ebenso in der Diskussion um die Integration von Migranten bzw. ethnischen Minderheiten seit Jahren gefordert (siehe Pöttker 1994; Kogoj 2000; Ruhrmann, Demren 2000; Schatz, Holz-Bacha, Nieland 2000).

Massenmedien leisten einen wesentlichen Beitrag zur Realitätskonstruktion. In modernen Gesellschaften ersetzt die ungeheure Vielzahl der Angebote zu einem nicht unbedeutenden Teil die sozialen Außenkontakte der Rezipienten und verdrängt oder überformt die nichtmediale Wahrnehmung. Ein bestimmtes Bild der Wirklichkeit wird erst in der Wechselbeziehung von Rezipienten und Medien geschaffen. »Sie sichern die Teilhabe der Bürger an der Gesellschaft insgesamt [...]« (Gerhards 1994, 88). Sie strukturieren in einer für den einzelnen unüberschaubar gewordenen Gesellschaft die Realität und übersetzten diese »in ein allgemeinverständliches und jedermann zugängliches Medium.« (Pöttker 1994, 97). Das Dargestellte wird als Realität wahrgenommen, da sich die Medienkonsumenten der vorausgegangenen Selektionen zumeist nicht bewusst sind. In einer postmodernen, pluralistischen Gesellschaft, wie sie sich in Deutschland zu Beginn des dritten Jahrtausends darstellt, fehlt es den Bürgern an gemeinsamen Erlebnissen.[8] Jeder Mensch ist Teil eines oder mehrerer Systeme und stellt aus dieser Perspektive eigene Beobachtungen an. Eine verbindende Realität, die einer großen Anzahl von Gesellschaftsmitgliedern gemeinsam ist, wird über das System Öffentlichkeit, konkret durch die Massenmedien, vermittelt. Dieses Phänomen ist seit der Herausbildung moderner demokratischer Gesellschaften zu beobachten. Seit der Aufklärung übernimmt die öffentliche Meinung ganz wesentliche Integrationsfunktionen der Gesellschaft.

Bereits mit dem Siegeszug von Radio und Fernsehen wurden sowohl in den 20er als auch in den 50er und 60er Jahren des letzten Jahrhunderts die Gefahren einer atomisierten Massengesellschaft heraufbeschworen. Ein vergleichbarer gesellschaftlicher Diskurs wiederholte sich in Deutschland Mitte der 80er Jahre mit der

---

7 Die Vorstellung einer Integrationsfunktion der Massenmedien war zunächst für das politische System gedacht. Luhmann spricht von einer Selbstbeobachtungs- und Beschreibungsaufgabe, sowie von Identitätsbildung durch die Massenmedien (2004, 169 ff.). Wenngleich sich hinter dem Gedanken der Integration durch Massenmedien unterschiedliche Konzepte verbergen, soll trotzdem mit ihm gearbeitet werden, da er nach wie vor die Diskussion beherrscht und inzwischen gesamtgesellschaftlich Anwendung findet (vgl. Eifert 2002, 18; siehe auch Jarren 2000).

8 Luhmann bezeichnet dies als »funktionale Differenzierung der modernen Gesellschaft« (2004, 10).

Einführung des Privatfernsehens und der damit verbundenen Ausdifferenzierung und Vermehrung der Programme. Trotz dieser negativen Erwartungen haben Massenmedien immer einen gesellschaftlichen Integrationsbeitrag geleistet und werden diese Funktion auch weiterhin erfüllen. Ihre Integrationsleistung besteht vor allem in der Bereitstellung und Behandlung von Themen. »Themen dienen deshalb der strukturellen Kopplung der Massenmedien mit anderen Gesellschaftsbereichen [...].« (Luhmann 2004, 29).

Da Systeme generell aus Kommunikation bestehen, stellt sich die Frage, welche Themen überhaupt zur Kommunikation bereitstehen. Diese Bereitstellungsfunktion übernehmen die Massenmedien. Neben anderen gesellschaftlich relevanten Gruppen wie z.B. Parteien, Gewerkschaften, Kirchen, und Verbänden obliegt es den Medien, zur öffentlichen Meinungsbildung beizutragen und so gesellschaftliche Selbstverständigungsdiskurse zu befördern. Dies tun Massenmedien im übrigen auch, wenn sie bestimmte Themen *nicht* auf ihre Agenda setzen.[9] Auch in der Null-Kommunikation liegt eine Aussage, oder wie Watzlawick es formuliert: »Man kann nicht *nicht* kommunizieren« (Watzlawick, Beavin, Jackson 1969, 53).

Durch die Häufigkeit und Länge des dargestellten Themas wird dem Zuschauenden auch etwas über die Bedeutung des Gezeigten suggeriert. Häufiger und länger dargestellte Themen nehmen eine höhere Bedeutung ein als kürzer und seltener präsentierte Themen.

Auch Vorstellungen über das gesellschaftliche Konstrukt »Behinderung« werden auf diese Weise geprägt (vgl. Bezold 1999, 75f.). Für viele Bundesbürger stellen die Massenmedien, die wichtigsten, wenn nicht gar die einzigen Informationsquellen zu diesem Thema dar. Damit prägt das Fernsehen in entscheidender Weise das Behindertenbild in der Öffentlichkeit. Erwünschte Lernprozesse in der Einstellung gegenüber Menschen mit Behinderung können der Wirkungstheorie des »agenda-setting-approach« folgend nur eintreten, wenn diese möglichst häufig in den Medien dargestellt werden.[10]

Um Medienorganisationen wirklich auf die Abbildung gesellschaftlicher Diskurse zu orientieren, sind Anforderungen zur Integrationskommunikation normativ zu stellen (vgl. Jarren 2000, 22). Zur Integration gehört es auch, Themen und Inhalte

---

9 Die Wirkungsforschung beschäftigt sich bereits seit 1972 mit diesem Thematisierungsansatz, englisch *agenda-setting-approach*. McCombs und Shaw entwickelten die These: Nur Themen, die in den Medien behandelt werden, sind für die Rezipienten präsent (vgl. 1972, 176).
10 Die Theorie lässt sich heute in ihrer Ursprungsform nicht bestätigen, da sie in der Tradition der kommunikatorzentrierten Wirkungsforschung steht und die prädispositiven Rezeptionsvoraussetzungen der Medienutzenden weitgehend ausklammert. Dennoch ist dieser Ansatz der erfolgreichste der letzten 30 Jahre. Er hat sich in konzeptioneller Hinsicht stark weiterentwickelt und wurde unter Einbezug mediatisierender Drittfaktoren genauer spezifiziert (vgl. Bonfadelli 1999, 225).

3. Massenmedien: Aufgaben und Funktionen

zu behandeln, die den eigenen Überzeugungen nicht entsprechen. Jedes Gesellschaftsmitglied muss grundsätzlich die Chance haben, die nicht direkt erlebbaren Erfahrungen anderer zu teilen, wie auch andere über die Massenmedien an seinen Erfahrungen teilhaben zu lassen. Dem Rundfunk wurde seit seiner Entstehung eine Integrationsfunktion zugewiesen. Das öffentlich-rechtliche Rundfunksystem wurde nach diesem Prinzip aufgebaut. Vertreter aller gesellschaftlich relevanten Gruppen (wie Parteien, Kirchen, Gewerkschaften, Verbände u. a.) haben Einfluss auf die Anstalten, um eine möglichst breite Integration in das soziale System zu gewährleisten.

In diesem Zusammenhang ist vielfach darauf hingewiesen worden, dass die Gefahr der Desintegration durch die Medien auf Grund der Deregulierungspolitik und der damit verbundenen Vervielfachung des Angebots in den letzten Jahren zugenommen hat (siehe z.B. Jarren 2000, 34f.).

Integration soll in diesem Zusammenhang nicht auf das enge Verständnis der Integration von Menschen mit Behinderung bezogen werden. Vielmehr geht es um die Debatte, welche Ziele und Werte sich eine Gesellschaft zu Eigen macht. Kommunikation über Integration ist selbst ein wichtiger Teil des Prozesses. Im Idealfall kommt es zu geteilten Wissensbeständen, die den jeweiligen Bedürfnissen nach Integration symbolisch oder materiell entsprechen. Dabei ist ein Beispiel für einen Integrationsdiskurs die Diskussion um die Chancen und Grenzen der Teilhabe behinderter Bürgerinnen und Bürger. Wenngleich die Integrationsaufgabe des Fernsehens häufig formuliert worden ist, stellt sich die Frage, wie sich diese auf normativer und praktischer Ebene konkret darstellt. Dass die Gesetzgeber bei der Formulierung der Aufträge an die Medien und der Programmnormen nicht explizit an die Teilhabe von Menschen mit Behinderung gedacht haben, liegt auf der Hand, da dieses Leitziel erst seit Mitte der 90er Jahre die sozialpolitische Diskussion bestimmt. Für die gleichberechtigte Darstellung von Mann und Frau in den Medien hat der Gesetzgeber einen expliziten Programmauftrag formuliert.[11] Wenn auch oftmals gefordert, fehlt für Menschen mit Behinderung eine entsprechende gesetzliche Zielsetzung.

In §11 des Rundfunkstaatsvertrags, Handlungsgrundlage für den öffentlich-rechtlichen Rundfunk, wird einerseits die Meinungsvielfalt postuliert und andererseits der Auftrag erteilt,

[...] den gesellschaftlichen Zusammenhalt in Bund und Ländern zu fördern. (3) Der öffentlich-rechtliche Rundfunk hat bei Erfüllung seines Auftrags die Grundsätze der Objektivität und Unparteilichkeit der Berichterstattung, die Meinungsvielfalt sowie die Ausgewogenheit der Angebote und Programme zu berücksichtigen.
(Rundfunkstaatsvertrag 2003, 9)

---

11 Zum Programmauftrag der Gleichstellung von Frauen siehe z.B. Werner 2000.

Der Integrationsauftrag des öffentlich-rechtlichen Rundfunks ist hier nur sehr allgemein formuliert. Dennoch lassen sich daraus indirekt normative Schlussfolgerungen ziehen. Der Rundfunk soll dafür sorgen, unterschiedliche gesellschaftliche Positionen »auszubalancieren, damit sich alle relevanten Gruppen chancengleich im politischen und gesellschaftlichen Prozess durchsetzen können.« (Kogoj 2000, o. S.). In den Ausführungen für den privaten Rundfunk ist dieser Programmauftrag konkreter formuliert:

> § 25 Meinungsvielfalt, regionale Fenster
>
> (1) Im privaten Rundfunk ist inhaltlich die Vielfalt der Meinungen im Wesentlichen zum Ausdruck zu bringen. Die bedeutsamen politischen, weltanschaulichen und gesellschaftlichen Kräfte und Gruppen müssen in den Vollprogrammen angemessen zu Wort kommen; Auffassungen von Minderheiten sind zu berücksichtigen.

(Rundfunkstaatsvertrag 2003, 14)

Dieser Programmgrundsatz wurde fast gleichlautend für zahlreiche Landesmediengesetze, Grundlage für die Lizenzierung der dort ansässigen Sender, übernommen (siehe z. B.: Bayrisches Mediengesetz 2003; MDR Staatsvertrag 1991). Im ZDF-Staatsvertrag, wie auch in den Mediengesetzen einiger Bundesländer ist der Integrationsauftrag noch konkreter ausformuliert. Typisch sind die Formulierungen aus dem Landesmediengesetz NRW:

> § 31 Programmauftrag und Programmgrundsätze
>
> Die Rundfunkprogramme haben die Würde des Menschen zu achten und sollen dazu beitragen, die Achtung vor Leben, Freiheit und körperlicher Unversehrtheit, vor Glauben und Meinung anderer zu stärken. Die sittlichen, weltanschaulichen und religiösen Überzeugungen der Bevölkerung sowie Ehe und Familie sind zu achten. Die Rundfunkprogramme sollen die Zusammengehörigkeit im vereinten Deutschland, die internationale Verständigung, ein diskriminierungsfreies Miteinander und die tatsächliche Gleichstellung von Frauen und Männern fördern, zum Frieden und zur sozialen Gerechtigkeit mahnen, die demokratischen Freiheiten verteidigen und der Wahrheit verpflichtet sein. [...]
>
> Jedes Vollprogramm muss die Vielfalt der Meinungen in möglichster Breite und Vollständigkeit zum Ausdruck bringen. Die bedeutsamen politischen, weltanschaulichen und gesellschaftlichen Kräfte und Gruppen müssen in jedem Vollprogramm angemessen zu Wort kommen. Auffassungen von Minderheiten sind zu berücksichtigen. [...]

(LMG NRW 2002, 23)

Untersuchungen dazu, wie einzelne Sender diese rechtlichen Vorgaben erfüllen, wenn es um die Integration von Menschen mit Behinderung geht, stehen bisher noch aus. Eine solche rechtliche Einordnung der Programmnormen kann auch im Rah-

3. Massenmedien: Aufgaben und Funktionen

men dieser Arbeit nicht geleistet werden. Die juristischen Vorgaben machen aber deutlich, dass die Integrationsaufgabe des Rundfunks nicht nur systemtheoretisch zu begründen ist, sondern auch Eingang in die gesetzlichen Vorgaben für die Sender gefunden hat.

Konkrete Handlungsaufträge an Kommunikatoren, wer, wann, was, wie, mit welcher Sprache und mit welcher visuellen Gestaltung zu berichten hätte, sind aus diesen normativen Vorgaben nicht abzuleiten. Für die Massenmedien geht es vielmehr darum, ihre Aufgabe der Komplexitätsüberbrückung bzw. Integration zu erfüllen, indem sie allen Gesellschaftsmitgliedern dieselben aktiven und passiven Teilhabechancen an öffentlicher Kommunikation bieten. »Ob und inwieweit die somit zunächst potentielle Integration real stattfindet, steht allerdings nicht mehr in der Macht des Rundfunks und kann entsprechend auch nicht mehr Teil seines Auftrags sein.« (Eifert 2002, 18).

4. Zum gesellschaftlichen Stellenwert des Fernsehens

Ein Medium hat nicht nur das öffentliche, sondern auch das individuelle Leben wesentlich verändert: das Fernsehen. Vor allem auf Grund seiner enormen Zuschauerakzeptanz hat es sich sein eigenes Theorem geschaffen: Das des **Leitmediums**. Diese Bedeutung wird ihm spätestens seit den 60er Jahren zugeschrieben. Sowohl vom Zeitbudget der täglichen Zuwendung als auch von seiner »emotionalen Präsenz« stellt das Fernsehen für die Deutschen das zentrale Medium dar (vgl. Kreimeier 1997, 49; Hickethier 2001, 1; siehe auch Kiefer 1995; Bachmair 1996).

»Wie kein anderes Medium hat das Fernsehen die kulturelle und politische Entwicklung der Bundesrepublik Deutschland geprägt.« (Adolf-Gimme-Institut, Bundeszentrale für politische Bildung, learn online Scio GmbH 2002, Vorwort). Es hat dabei traditionelle Medien wie das massenhaft verbreitete Buch, die Presse, das Radio oder das Kino keineswegs verdrängt. Im Zuge seines gesellschaftlichen Aufstieges nahm das Fernsehen aber erheblichen Einfluss auf Normen, Präsentationen und Inhalte der traditionellen Medien, die es wiederum in seiner Anfangsphase stark beeinflusst haben.

Stärker als alle anderen bisher auftretenden Massenmedien wird es in den Alltag der Menschen integriert und strukturiert diesen. Vergleicht man unterschiedliche Angebote wie z.B. die beiden Audiovisionsangebote Fernsehen und Kino, so wird schon allein durch die Nutzungsdauer ihr eklatanter Bedeutungsunterschied deutlich:

JAHR	SEHDAUER IN MIN.				SEHER IN %			
	HAUSHALTE GES.	ERW. AB 14 J.	KINDER 3–13 J.	ZUSCH. GESAMT	HAUSHALTE GES.	ERW. AB 14 J.	KINDER 3–13 J.	ZUSCH. GESAMT
BRD gesamt								
1992	275	168	93	158	87,4	70,1	58,3	68,7
1993	286	176	94	166	88,3	72,0	59,6	70,5
1994	291	178	93	167	88,1	71,5	59,1	70,0
1995	297	186	95	175	87,9	72,2	60,4	70,7
1996	312	195	101	183	88,4	72,9	61,0	71,4
1997	312	196	95	183	88,5	73,2	59,5	71,5
1998	321	198	97	185	88,9	73,5	61,1	71,9

4. Zum gesellschaftlichen Stellenwert des Fernsehens

1999	321	198	97	185	88,9	73,5	61,1	71,9
2000	333	203	97	190	89,8	74,1	61,7	72,6
2001	336	205	98	192	98,1	73,8	61,1	72,3
2002	349	215	97	201	89,9	75,0	61,6	73,4
2003[1)]	347	215	92	201	89,6	75,1	59,6	73,3

[*)] Bis 1994: bezogen auf die Fernsehzuschauer ab 6 Jahre einschließlich der mitsehenden Gäste. Ab 1995: bezogen auf die Fernsehzuschauer ab 3 Jahre – ohne Gäste.
[1)] Die Werte für 2003 beziehen sich auf den Zeitraum 1.1.2003 bis 31.11.2003

Tabelle 2: Zeitaufwand für die Fernsehnutzung
Quelle: ARD 2004

Im dargestellten Untersuchungszeitraum ist der Zeitaufwand für die Fernsehnutzung deutlich angestiegen. 1992 lag er noch bei zwei Stunden und 38 Minuten. 2002/03 wurden bereits drei Stunden und 21 Minuten für das Medium verwendet. Demgegenüber waren 121 Millionen Kinobesuche im Jahr 1998 zu verzeichnen. Wenn für einen Kinofilm im Durchschnitt zwei Stunden Spieldauer vorausgesetzt werden, so verbringen die Deutschen bereits an zwei Tagen mehr Zeit vor ihren Fernsehgeräten als zusammen bei allen Kinobesuchen eines Jahres (vgl. Hickethier 2001, 12).

Die Bedeutung des Fernsehens für gesellschaftliche Entwicklungen wird seit langem konstatiert. »[...] that television is the most powerful institution in our society today.«, schrieben Autoren wie Mankiewicz und Swerdlow schon 1978 (zit. in Donaldson 1981, 413). Seitdem die beiden Amerikaner diese Feststellung trafen, ist die Bedeutung des Fernsehens noch einmal exponentiell gewachsen (vgl. Europäisches Parlament 1996, 62). Verfügte der deutsche Fernsehkonsument damals zumeist über drei Fernsehprogramme, sind für den Großteil der Haushalte im Jahr 2002 über 30 Kanäle verfügbar, wobei es sich bei den fünf Hauptprogrammen um die ARD, das ZDF, RTL, SAT.1 und Pro Sieben handelt (vgl. Krüger, Zapf-Schramm 2002, 178). Die Versorgung mit Fernsehgeräten liegt seit Beginn der 90er Jahre kontinuierlich über 98,5 Prozent (vgl. Dichanz 1998, 241).

Aber nicht nur in quantitativer Hinsicht ist das Fernsehen zu Beginn des dritten Jahrtausends das bedeutendste Medium. Fernsehsymbolik und Fernseherlebnisse werden in den westlichen Industrienationen in alltägliche soziale Situationen integriert (siehe dazu Winter 1995; Bachmair 1996; Hepp 1998). Ausdrucks- und Gestaltungsmittel des Fernsehens werden von den Menschen in ihr soziales Handeln und ihr einzelsprachliches Verhalten aufgenommen, um individuelle Themen kommunikativ darzustellen (vgl. Bachmair 1996, 22). Im Zeitalter der Fernsehkultur als vorherrschender Populärkultur werden insbesondere Begriffe des Fernsehens immer häufiger auch bei alltäglichen kommunikativen Anlässen verwendet, bewusst oder unbewusst. Das Fernsehen ist in der Lage, mittels seiner ungeheuren Definitions- und Verbreitungsmacht Sprachregelungen festzusetzen.

> Die über das Fernsehen eingeführten und verbreiteten ›Sprachregelungen‹ gelten aufgrund seiner sozialen Reichweite im allgemeinen als verbindlich und Änderungen einer einmal eingeschliffenen Semantik sind in der Regel wiederum nur über Massenkommunikationsmittel durchsetzbar (Marcinkowski 1996, 63 f.).

Bereits Mead entwickelte das Modell, dass Menschen über bedeutsame andere Menschen ihre symbolischen Fähigkeiten entwickeln (siehe Mead 1975; Erstausgabe 1934). Die Übernahme von Symbolen der Massenmedien (z.B. von Sprachregelungen und Begriffen) wird in der Kommunikationswissenschaft als Fernsehaneignung[12] bezeichnet. Der Zuschauer benutzt dabei die Aussage des Massenmediums zur Orientierung in seiner sozialen Umwelt (vgl. Klemm 2000, 73). Medienrezeption ist demnach ein aktiver Prozess und steht somit diametral zu Konzepten der passiven Annahme oder Anpassung, wie sie von der Medienwirkungsforschung vor allem in ihrer Anfangszeit vertreten wurden.

4.1 Das duale Rundfunksystem

Eine Veränderung, welche die deutsche Fernsehlandschaft grundsätzlicher und nachhaltiger verändern sollte als alle Neuerungen zuvor, setzte 1984 ein. Die Politik hatte den Weg freigegeben für das duale Rundfunksystem. Seit der Einführung des Privatfernsehens hat die Nutzung des Mediums einen enormen Anstieg erlebt (siehe Klemm 2000; Eimeren, Ridder 2001). Für die immer noch zunehmende Attraktivität sind die privaten Anbieter zweifellos von großer Bedeutung. Bei bestimmten soziodemographischen Gruppen haben sie inzwischen eine beherrschende Stellung der Informationsvermittlung eingenommen.

Damit begann die Kommerzialisierung, aber auch die Konzentration der Medienanbieter. Es war und ist ausdrücklicher politischer Wille neben den öffentlich-rechtlichen Programmen private Anbieter auf dem Markt zuzulassen, um die Wahlmöglichkeiten der Rezipienten zu erhöhen. Mit der Vergabe von Lizenzen durch die Landesmedienanstalten für Voll- und Spartenprogramme begann tatsächlich eine

---

12 Zum Begriff und zur Theorie der Fernsehaneignung: Hall 1973, Winter 1995, Hepp 1998, Klemm 2000.

enorme Ausdifferenzierung des Angebots, welche bis heute zum größten Kanal- und Programmangebot in Europa geführt hat.

4.1.1 Privater Rundfunk

Die privaten Sender verkaufen in erster Linie ein Produkt, welches ein möglichst großes Publikum an sich binden soll. Sie sehen sich dabei ausschließlich den (angeblichen) Zuschauerinteressen verpflichtet. Aus systemtheoretischer Sicht ist auch gar keine andere Legitimation möglich (siehe Gerhards 1994). Inzwischen genießen aber nicht mehr die Einschaltquoten höchste Priorität, wenngleich sie noch immer einen sehr hohen Stellenwert haben. Im Interesse der werbetreibenden Wirtschaft ist vielmehr die qualitative Quote, also das Erstellen eines Programms für eine bestimmte Zielgruppe ohne Streuverluste. Dazu Doetz, im Jahr 1996 SAT.1 Geschäftsführer:

> Die Werbung [...] wird aber immer mehr zum heimlichen Programmdirektor. Das ist eine Entwicklung weg vom Zuschauer, hin zur Werbung. [...], es ist zwar schön, einen hohen Marktanteil zu haben, aber noch wichtiger ist, in der Zielgruppe die richtigen Botschaften loszuwerden (zit. in Schatz 1996, 159).

Der Kommerzialisierungsdruck wird sogar noch weiter zunehmen. Gerade die immens teuren Sport- und Spielfilmrechte sind allein über den Weiterverkauf und Werbeeinnahmen nicht refinanzierbar, so dass seit Jahren an der Ausweitung des Bezahlfernsehens gearbeitet wird.

Die zunehmende Kommerzialisierung scheint einer Befriedigung von Minderheiteninteressen entgegenzustehen. Dennoch haben nicht nur öffentlich-rechtliche Anstalten zielgruppenspezifische Angebote für Menschen mit Behinderung im Programm, sondern ebenso das DSF, ein privater Sender. Sein »Behindertenmagazin Normal« wurde allerdings auf Druck der bayrischen Staatskanzlei in das Programm des DSF aufgenommen (vgl. Bezold 1999, 82 und 84).[13]

4.1.2 Öffentlich-rechtlicher Rundfunk

Der öffentlich-rechtliche Rundfunk bewegt sich grundsätzlich im Spannungsfeld zwischen Programmautonomie nach Artikel 5 des Grundgesetzes und seinem Pro-

---

13 Die Aufnahme solcher zielgruppenspezifischen Angebote muss aber nicht automatisch zu einer höheren Akzeptanz von Menschen mit Behinderung führen, da somit einer Gettoisierung Vorschub geleistet wird. Eine Integration in das allgemeine Programm erzielt sicherlich positivere Effekte.

grammauftrag. Dieser lässt sich nach mehreren Urteilen des Bundesverfassungsgerichts heute als Grundversorgungsauftrag interpretieren. Laut Rundfunkstaatsverträgen gehört dazu Information, Bildung und Unterhaltung (vgl. Rundfunkstaatsvertrag 2004, 8). Die Grundversorgung bleibt also weiterhin dem wachsenden Einfluss des ökonomischen Erfolgs übergeordnet. Dementsprechend ist die Quote nicht allein ausschlaggebendes Kriterium für die Programmgestaltung.

Der gesellschaftliche Auftrag der Grundversorgung verpflichtet die öffentlichrechtlichen Sender in besonderem Maße zu einer möglichst vollständigen, von Einzelinteressen unabhängigen, ausgewogenen Berichterstattung. Dies beinhaltet auch Programmangebote zu machen, für die sich unter Umständen nur Minderheiten interessieren, bzw. auch Minoritätenthemen in das allgemeine Programm zu integrieren, um so an der öffentlichen Meinungs- und Willensbildung mitzuwirken.

Das Interesse an Informations- und Kultursendungen scheint aber seit Einführung des Privatfernsehens kontinuierlich zu sinken (vgl. Kiefer 1996, 29f.). Die öffentlich-rechtlichen Sender scheinen ihren öffentlichen Auftrag also auch mit sinkenden Quoten bezahlen zu müssen. Die Marktführerschaft auf dem deutschen Fernsehmarkt behauptet seit Jahren ein privater Anbieter: RTL. Um diesem Trend entgegenzuwirken, setzten auch die öffentlich-rechtlichen Rundfunkanstalten inzwischen vermehrt auf Unterhaltungsformate. Anscheinend erfolgreich: 2004 war die ARD erstmals wieder der quotenstärkste Sender (siehe AGF/GfK Fernsehforschung 2005).

Die Programmprofile der öffentlich-rechtlichen Sender sind weiterhin durch die Sparte Information geprägt. Dennoch sind Konvergenztendenzen hinsichtlich Comedy, Talk, Sportberichterstattung, Soap, Quiz und Infotainment unübersehbar. Aus diesen Konvergenztendenzen den Schluss zu ziehen, das Gesamtangebot der deutschen Fernsehsender habe sich insgesamt verschlechtert, wurde in entsprechenden Studien aber nicht bestätigt (vgl. Schatz 1996, 375).

Seit der Einführung des dualen Systems wurden auch zahlreiche neue Sendeformen und Formate kreiert. So boomten lange Zeit die Talk-Shows, die zur Zeit von einer Welle der Gerichtsshows abgelöst werden, Reality-TV erreichte mit »Big-Brother« seinen vorläufigen Höhepunkt, es existiert inzwischen auf vielen Sendern ein Frühstücksprogramm und nicht zuletzt gehören Infotainmentformate inzwischen zu den festen Programmen der Sender.

4.2 Das Fernsehformat Boulevardmagazin

Die Vermischung von Information und Unterhaltung war vor der Etablierung des dualen Systems nicht denkbar, da Nachrichten ausschließlich informieren sollten. Aber unter dem vorherrschenden Kommerzialisierungsdruck und unter dem Primat der Einschaltquoten haben inzwischen alle Sender, darunter auch ARD und ZDF Formate im Programm, die Unterhaltung und Information mischen. Damit war ein neuer Sendungstyp, bezeichnet mit dem Anglizismus »Infotainment«, geboren.

> Infotainment als programmbezogene Verschmelzung von Information und Unterhaltung ist jedoch keine Programmform, die etwa in Deutschland von Fernsehmachern erfunden wurde. Wie so vieles, gab es Infotainment, bevor es in deutschen Wohnzimmern gesehen werden konnte, schon lange in den USA, dort allerdings unter den Bedingungen anderer Fernsehstrukturen (Hugger, Wegener 1995, 121).

Infotainment tritt dem Zuschauer dabei in zahlreichen Programmgenres entgegen, sowohl in den Nachrichten als auch in Magazinen. Am eindeutigsten zeigt es sich in der Form von Boulevardmagazinen. Ansonsten erscheint es schwierig, eine exakte Definition des Begriffs wiederzugeben, da die Literatur zur Charakterisierung von Infotainment im Fernsehen wenig ergiebig ist (siehe aber Knight 1989; Renger 2000). Zahlreiche Produzenten wie z.B. Hans Wolfgang Friede [1999 Redaktionsleiter von »taff.«] vertreten die Meinung, auch der Begriff Boulevardmagazin sei nicht zu definieren (vgl. NLM 1999, 86). Im Rahmen dieses Kapitels wird dennoch versucht, das Genre definitorisch einzugrenzen.

Die Entwicklung des Kompositums Boulevard-Magazin ist historisch eindeutig dokumentiert. Für das Fernsehen wurden gereihte Programmteile, welche durch eine Moderation zusammengefügt sind, schon früh vom Radio adaptiert und als Magazin bezeichnet.[14] Dabei wurde besonders auf die Erfahrungen mit der deutschen Wochenschau, sowie auf das englische Fernsehmagazin »panorama« zurückgegriffen. Das erste politische Magazin der Bundesrepublik Deutschland »Panorama« rekurrierte direkt auf diese britische Sendung (vgl. Hickethier 1988, 97).

Der Begriff Boulevard-Zeitung geht auf die Distribution von Presseerzeugnissen zurück, die auf der Straße, also dem Boulevard verkauft wurden und sich somit von ihrer Konkurrenz, die zumeist abonniert wurde, abhob. Mit der »BZ am Mittag« hat sich die seit Anfang des 20. Jahrhunderts erscheinende erste in Deutschland erhältliche Boulevardzeitung bereits über 100 Jahre auf dem stark umkämpften Zeitungsmarkt gehalten (vgl. Pürer, Raabe 1996, 22). Mit der vom Springer-Verlag

---

14 Als Urheber dieses Sendungstyps gilt der NBC Fernsehdirektor Weaver (vgl. Kreuzer 1988, 9).

publizierten »Bild« hat eine Boulevardzeitung seit Jahren die deutliche Marktführerschaft der überregionalen Zeitungen.[15]

Folgt man dieser historischen Entwicklung, so lassen sich auch Boulevardmagazine im TV relativ einfach definieren. »Boulevardmagazine sind Fernsehmagazine, die sich hinsichtlich Inhalt und Präsentationsweise überwiegend der Mittel des *Boulevardjournalismus* [...] bedienen.« (Schultheiss 2001, 28; siehe auch Mikos 1998). Auch der Großteil der Zuschauer empfindet die Angebote als verfilmte »Yellow-Press«. Dementsprechend lassen sich die typischen Charakteristika von Boulevardfernsehen beschreiben: Soft-news bestimmen die Berichte. Durch Sensationalisierung und Emotionalisierung wird versucht, eine hohe Zuschauerbindung zu erreichen. Die Berichterstattung vereinfacht. Darüber hinaus werden bestimmte Stilmittel verwendet, die »nicht zwingend zum Transport einer Information notwendig sind [...], aber zu einer Intensivierung des Unterhaltungswertes und der Emotionalisierung der Zuschauer bei[tragen].« (vgl. Schultheiss, Jenzowsky 2000, 64). Doch trotz dieser Merkmale, die deutlich Unterhaltungsformaten zuzuordnen sind, rezipieren zahlreiche Fernsehkonsumenten die Magazine als Nachrichten. Identifikationsfiguren sind dabei oftmals die Moderatoren. So wurde lange Zeit das Boulevardmagazin »Explosiv« mit seiner Moderatorin und Chefredakteurin Barbara Eligmann gleichgesetzt.

Insbesondere Jugendliche bevorzugen Infotainmentsendungen, wobei sich hier deutliche Nutzungsunterschiede zeigen, die vor allem von soziodemografischen Faktoren wie Alter oder Bildung abhängen (vgl. Hanjok 2004, 252).

Typischer Aufbau einer Sendung:

M = Moderation
B = Beitrag

Abbildung 3: VAVA-Modell
Quelle: Schultheiss 2001, 28.

Der Einstieg in das jeweilige Magazin wird durch Sendungsjingle und Anmoderation gestaltet. Danach folgt der erste Beitrag, eine Zwischenmoderation, dann der

---

15 Laut Geschäftsbericht für das Geschäftsjahr 2002 verkaufte der Axel-Springer Verlag täglich allein 4,1 Millionen Exemplare der »Bild« (vgl. Axel Springer Verlag 2003, 38).

zweite Beitrag, Zwischenmoderation, anschließend der dritte Beitrag usw. Zudem gibt es in allen Sendungen feste Rubriken wie die Bilder des Tages, Blöcke mit Kurzmeldungen, etc. Vor allem bei den kommerziellen Sendern kommen noch Werbeblöcke und Werbung für folgende Sendungen hinzu. Das VAVA-Schema bleibt aber grundsätzlich immer erhalten. Das Ende der Sendung ist durch eine Abmoderation und den Abspann und evtl. eine Vorschau auf die nächste Sendung gekennzeichnet. Eine Moderation wird zwar als konstituierendes Merkmal von Magazinen angegeben, ist aber nicht unbedingt notwendig. Magazine sind auch ohne Moderation vorstellbar. Dennoch haben zur Zeit alle bundesdeutschen Boulevardmagazine eine Moderation (vgl. Schultheiss 2001, 28).

4.2.1 Glaubwürdigkeit

Die Befürchtung eines Glaubwürdigkeitverlustes durch die Boulevardisierung des Fernsehprogramms ist immer wieder ausgesprochen worden (siehe z. B. Früh, Wirth 1997, 368). Gerade Kritiker von Boulevardmagazinen sprechen immer wieder aus, dass die Sendungen lediglich eine eskapistische Funktion erfüllen könnten, ausschließlich der Delaktion dienen würden. Auf Grund ihrer geringen Glaubwürdigkeit würden sie von den Rezipienten nicht ernst genommen. Es existieren aber bisher kaum empirische Befunde, welche diese Aussagen bestätigten. Eine der ersten deutschen Studien zur Glaubwürdigkeit von Boulevardmagazinen wurde 2001 von Schultheiss vorgelegt. Dabei hat die Kommunikationswissenschaftlerin sowohl die Selbstwahrnehmung der Produzenten als auch die Fremdwahrnehmung der Rezipienten der Sendungen untersucht.[16] Sie gelangt dabei zu dem Ergebnis, dass die Produzenten ihre Sendungen als *Informations*angebote betrachten. Die Glaubwürdigkeit ihrer Produkte schätzen sie als hoch ein. Die Verantwortlichen der kommerziellen Sender räumen aber der Einschaltquote einen noch höheren Stellenwert ein als der Glaubwürdigkeit. Für die Rezipientenseite ergab die Studie, dass die Hälfte der Befragten Boulevardmagazine als seriös betrachtet und als Informationsangebot rezipiert. Diese Gruppe der Zuschauer ist dadurch gekennzeichnet, dass sie über eine schwache Ausprägung von Bildung, Wissen, Medienerfahrung und Reflexionsfähigkeit verfügt. Diese Konsumenten würden auch eine Verzerrung kaum oder überhaupt nicht realisieren. Zuschauer mit formal höherer Bildung, die reflektierter seien und über eine höhere Medienkompetenz verfügten, würden hingegen oftmals keine Glaubwürdigkeit erwarten.

---

16 Die Autorin untersuchte u.a. auch die im Rahmen dieser Studie analysierten Magazine »Brisant«, »taff.« und »Explosiv«.

Insgesamt kommt die Autorin zu dem Ergebnis, dass Boulevardmagazine nicht pauschal als unglaubwürdig eingestuft werden können. Vier von zehn Rezipienten sprechen den Sendungen sogar eine hohe Glaubwürdigkeit zu und glauben relativ viel bis alles. Abhängig ist dies vom jeweiligen Informationsanspruch. (vgl. Schultheiss 2001, 327).

Zu übereinstimmenden Ergebnissen gelangte der SRG Forschungsdienst für die deutschsprachige Schweiz (vgl. Steinmann 1991). Bei der Untersuchung der Glaubwürdigkeit von Informations- und Unterhaltungssendungen, sowie von Mischformen, wie sie Infotainmentformate darstellen, attestierten die Befragten allen drei Formen eine sehr hohe Glaubwürdigkeit, wobei die Glaubwürdigkeit reiner Unterhaltungssendungen wie z.B. »Wetten dass ...« etwas niedriger eingestuft wurde.

> In Bezug auf *Verständlichkeit* und *Glaubwürdigkeit* [Hervorhebung im Original] sehen die Interviewten keinen Unterschied zwischen den Sendungen mit Infotainmentcharakter und den ›puren‹ Unterhaltungs- und Informationssendungen. (Steinmann 1991, 26).

Der Autor weist aber zugleich darauf hin, dass dies auch auf der generell hohen Bewertung der Glaubwürdigkeit des Mediums Fernsehen basieren könnte (vgl. ebd.).

4.2.2 Möglichkeiten und Grenzen

Die Expansion von Informationsangeboten, die unterhaltende Elemente einsetzen, um den Zuschauer an sich zu binden, wie sie Boulevardmagazine darstellen, bringt eine Vervielfachung der Informationschancen mit sich. Sie bieten die Möglichkeit der Öffentlichkeit das Thema Behinderung näher zu bringen, ohne in einen »Betroffenheitsjournalismus« zu verfallen.[17] Grenzen zeigen sich dadurch, dass mit der Art der Berichterstattung oft eine Verzerrung und oberflächliche »Effekthascherei« einhergeht. Doch gerade auf Grund ihres Charakters können Boulevardmagazine dabei helfen, Rezeptionsbarrieren beim Publikum abzubauen und sprechen Bevölkerungsgruppen an, die durch anders aufbereitete Informationen nur schwer zu erreichen sind. Gerade die Vereinfachung von Sachverhalten, die nicht automatisch mit einer Simplifizierung einhergehen muss, kann dazu beitragen, Bevölkerungsschichten, die sich von traditionellen Formen von Informationssendungen abwenden, auch

---

17 Der Moderator des Boulevardmagazins »Stern TV«, Günther Jauch wurde 2003 mit dem Bobby Medienpreis der Bundesvereinigung Lebenshilfe ausgezeichnet. Damit würdigte der Verein Jauchs sensible Art auf Menschen mit Behinderung zuzugehen, ohne sie zur Schau zu stellen oder falsche Betroffenheit bei den Zuschauern zu wecken.

über komplizierte Sachverhalte zu informieren (siehe Groebel, Hoffmann-Riem, Köcher u. a. 1995, 137 f.).

Pöttker gibt zu bedenken, dass unterhaltende Elemente in Informationssendungen prinzipiell zwei Funktionen haben können: Entweder sie helfen Rezeptionsbarrieren beim Publikum abzubauen, oder sie beschädigen die Informationsbotschaft bereits im journalistischen Produkt oder bei seiner Übergabe an die Zuschauer (vgl. Pöttker 1997, 389; siehe auch Steinmann 1991, 20).

Er bezeichnet dabei das Gestaltungsprinzip des Infotainment als informativer, stellt dabei aber die entscheidende Frage, was mit den zu überbringenden Inhalten geschehe (vgl. ebd.). Früh und Wirth weisen ebenfalls auf diese beiden möglichen Wirkungen des Zusammenspiels von Information und Unterhaltung hin. Sie sehen als positiven Aspekt die Unterstützung der Informationsaufnahme und als negative Aspekte den verminderten Informationstransfer, eine Rezeptionshaltung, die auf Spaß und nicht auf Information ausgerichtet sei, sowie einen Glaubwürdigkeitsverlust (vgl. 1997, 368).

Welche Funktion letztlich dominiert, hängt sicherlich von den individuellen Rezeptionsvoraussetzungen und -bedingungen der Konsumenten ab. Es bleibt aber zu bedenken, dass Infotainment in der Lage ist, bestimmte Informationen, wie z.B. über Menschen mit Assistenzbedarf, an Zuschauer zu vermitteln, die von anderen Formaten nur unzureichend angesprochen werden (siehe Saxer 1991; Bonfadelli 1991).

Teil II – Behinderung und Gesellschaft

5. Behinderung – Versuche einer Begriffsdefinition

Minderheiten als solche gibt es nicht. Die Verwendung dieses Begriffs für bestimmte Bevölkerungsgruppen ist das Ergebnis eines gesellschaftlichen Konstruktionsprozesses (vgl. Pfetsch, Weiß 2000, 119).

> Auf der einen Seite steht die ›core group‹ der jeweiligen Gesellschaft. Sie bestimmt weitgehend die Kriterien der Inklusion bzw. Exklusion. Auf der anderen Seite finden wir Bevölkerungsgruppen, die den Kriterien der Inklusion nicht entsprechen und deshalb den Status von Minderheiten erhalten. (ebd.)

Eine dieser Minderheiten, die erhöhte Exklusionsrisiken im Lebenslauf haben, sind Menschen mit Behinderung. Dabei liegt es in der Natur gesellschaftlicher Konstruktionsprozesse, dass es immer im Auge des Betrachters liegt, wer der entsprechenden Gruppe zugerechnet wird und wer nicht.

Die Diskussion um den Behinderungsbegriff erscheint dabei besonders kontrovers, zumal sich seit Jahrzehnten zahlreiche Fachdisziplinen an ihr beteiligen. Sie stellt sich dennoch erneut für die Analyse von Fernsehbeiträgen. Je nachdem wie eng der Begriff »Behinderung« gefasst wird, ändert sich der erfasste Personenkreis, was Verzerrungen in der quantitativen und qualitativen Analyse bedeuten kann.

Trotz unterschiedlicher Auffassungen und Zugangsweisen hat sich die Einsicht durchgesetzt, dass es sich bei dem Begriff »Behinderung« nicht um eine individuellmedizinische, sondern vielmehr um eine soziale Kategorie handelt. Diese soziale Dimension, im Rahmen der »International Classifikation of Impairments, Disability and Health« (ICIDH-1) der WHO als »soziale Beeinträchtigung (auch Integrationsstörung)« (Matthesius, Jochheim, Barolin u.a. 1995, 6) bezeichnet, spielt bei der Darstellung von Menschen mit Behinderung im Fernsehen eine entscheidende Rolle.

Dieses Verständnis aufgreifend wurde die vorliegende Arbeit von zwei unterschiedlichen, aber ineinander greifenden Definitionen beeinflusst. Zum einen bezieht sich der für die Auswertung erstellte Codierbogen auf die »Internationale Klassifikation der Funktionsfähigkeit, Behinderung und Gesundheit« (ICF), zum anderen wurde ein konstruktivistisches Verständnis von Behinderung zu Grunde gelegt.

Die Verwendung der ICF gewährleistet die Vergleichbarkeit der Ergebnisse mit Studien, welche diese internationale Klassifikation oder ihre Vorgängerversion als Grundlage zur Definition des zu erfassenden Personenkreises benutzt haben. Darüber hinaus auf ein konstruktivistisches Verständnis des Behinderungsbegriffs zurückzugreifen erscheint sinnvoll, da bei der Darstellung von Menschen mit Behinderung im Fernsehen der Klassifikation durch die jeweiligen Produzenten eine immense Bedeutung zukommt. Sie konstruieren durch ihre Beiträge erst das soziale Phänomen »Behinderung«, indem sie es einer bestimmten Person zuschreiben. Sie entscheiden somit, was auf dem Bildschirm unter dem Label »behindert« gesendet wird.

5.1 Internationale Klassifikation der Funktionsfähigkeit, Behinderung und Gesundheit (ICF)

Der Vorgänger der »International Classifikation of Functioning, Disabilities and Health« (ICF) wurde 1982 von der Weltgesundheitsorganisation (WHO) unter dem Titel »International Classification of Impairments, Disabilities and Handicaps« (ICIDH) veröffentlicht. Ursprünglich als Zusatzklassifikation zur »Internationalen Klassifikation der Krankheiten« (ICD) gedacht, war es durch diese Klassifikation in den 80er Jahren erstmals möglich, auch die Folgen, welche Verletzungen und Krankheiten für einzelne Personen haben können, nach international einheitlichen Standards zu klassifizieren. Die Grundlage bildete das sogenannte Krankheitsfolgenmodell (vgl. Seidel 2003, 245).

Das dreidimensionale Konzept der ICIDH beschreibt Krankheiten als Manifestationen von Gesundheitsstörungen auf den drei Ebenen

- »Impairment«, deutsch »*Schädigung*«
- »Disability«, deutsch »*Fähigkeitsstörung*«
- »Handicap«

In der deutschen Übersetzung wird für »handicap« häufig etwas unpassend der Begriff »soziale Beeinträchtigung« angegeben (vgl. Matthesius; Jochheim; Barolin u.a. 1995, 1).

Ein Mensch wird als behindert bezeichnet, wenn alle drei Dimensionen zutreffen. Damit sind auch die sozialen Folgen einer Schädigung in den Blick genommen. Grundlegend für die ICIDH ist dennoch ein medizinisches Verständnis von Behinderung, welches diese letztlich immer direkt auf eine Krankheit zurückführt.

Diese Sichtweise wurde mit der Neufassung der Definition vollkommen revidiert. Die neue, 2001 verabschiedete Definition unter dem Titel »International Classification of Functioning, Disabilities and Health« (ICF) (dt. Internationale Klassifikation der Funktionsfähigkeit, Behinderung und Gesundheit, siehe WHO 2001) rückt von diesem medizinisch dominierten Modell ab. Sie nimmt wesentlich stärker die sogenannten Kontextfaktoren in den Blick. Dies sind Faktoren, die den Lebenshintergrund eines Menschen bilden. Sie gliedern sich in personenbezogene Faktoren und Umweltfaktoren.

Die ICF dient in einer international einheitlichen Sprache zur Beschreibung des funktionalen Gesundheitszustandes, der Behinderung, der sozialen Beeinträchtigung und der relevanten Umgebungsfaktoren eines Menschen.

Auch die aktuelle WHO Definition ist ebenso wie ihre Vorgängerin ohne ihr komplementäres Gegenstück die »International Statistical Classification of Diseases and Related Health Problems, Tenth Revision« (ICD-10) in vielen Bereichen nicht einsetzbar. Die zehnte Version der auf deutsch als »Internationale statistische Klassifikation der Krankheiten und verwandter Gesundheitsprobleme, 10. Revision« bezeichneten Definition wurde 1990 beschlossen (siehe WHO 2003). Sie hat einen diagnostischen Ansatz. Krankheiten und verwandte Gesundheitsprobleme werden international einheitlich klassifiziert. Auswirkungen und (soziale) Folgen einer Krankheit oder anderer Gesundheitsprobleme werden nicht betrachtet. Diesen Aspekten der funktionalen Gesundheit widmet sich die ICF.

Die Klassifikation gliedert sich in die Hauptteile:

1. Körperfunktionen
2. Körperstrukturen
3. Aktivitäten und Teilhabe
4. Umweltfaktoren

Hier zeigt sich der Begriff »Teilhabe«, der auch titelgebend für die vorliegende Arbeit war. Im englischen Original steht hier »participation«, weshalb er auch manchmal mit Partizipation übersetzt wird. Auf das inhaltliche Verständnis, welches sich hinter diesem »weichen« Begriff verbirgt, wird noch weiter eingegangen. Es soll aber bereits an dieser Stelle darauf hingewiesen werden, dass der von der WHO formulierte Teilhabebegriff zahlreiche spätere Formulierungen in Gesetzesvorhaben und weitere Definitionen stark beeinflusst hat. Er markiert zusammen mit der Betonung des Einflusses von Umweltfaktoren am deutlichsten den Unterschied zwischen der ICF und ihrer Vorgängerin ICIDH. Mit der neuen Klassifikation wird sowohl ein Rahmen für die negative als auch für die positive Beschreibung von Gesundheit und Gesundheitszuständen zur Verfügung gestellt.

Überblick über die Komponenten der ICF
DEFINITIONEN

Im Zusammenhang mit Gesundheit gelten folgende Definitionen:

Körperfunktionen sind die physiologischen Funktionen von Körpersystemen (einschließlich psychologische Funktionen).

Körperstrukturen sind anatomische Teile des Körpers, wie Organe, Gliedmaßen und ihre Bestandteile.

Schädigungen sind Beeinträchtigungen einer Körperfunktion oder -struktur wie z.B. eine wesentliche Abweichung oder ein Verlust.

Eine *Aktivität* bezeichnet die Durchführung einer Aufgabe oder Handlung (Aktion) durch einen Menschen.

Teilhabe ist das Einbezogensein in eine Lebenssituation.

Beeinträchtigung der Aktivität sind Schwierigkeiten, die ein Mensch bei der Durchführung einer Aktivität haben kann.

Beeinträchtigungen der Teilhabe sind Probleme, die ein Mensch beim Einbezogensein in eine Lebenssituation erlebt.

Umweltfaktoren bilden die materielle, soziale und einstellungsbezogene Umwelt ab, in der Menschen leben und ihr Dasein entfalten.

(Schuntermann 2001, 9; Hervorhebungen im Original)

Behinderung dient als Oberbegriff für Schädigungen, Beeinträchtigung der Aktivität und Beeinträchtigungen der Teilhabe (vgl. ders., 3). Die Definition von Behinderung besteht also laut ICF immer aus drei Dimensionen, die in enger Wechselbeziehung zueinander stehen.

POSITIV	NEGATIV
Körperfunktionen Körperstrukturen	Schädigungen
Aktivität	Einschränkung der Aktivität
Teilhabe	Beeinträchtigung der Teilhabe

Tabelle 3: Dimensionen von Behinderung nach ICF
Quelle: Vgl. Schuntermann 2002, 47.

Mit dieser Definition wird neben der körperlichen auch die soziale Dimension einer Beeinträchtigung deutlich gemacht. Der Grad der Beeinträchtigung der Teilhabe ist immer von der persönlichen Situation und der sozialen Umwelt der Betroffenen abhängig. Damit distanziert sich die WHO definitiv von einem ausschließlich medizinischen Modell von Behinderung. Sie beendet die langjährige Diskussion um ein medizinisches oder ein soziales Konzept von Behinderung, indem sie beide Sichtweisen vereint. Das Konstrukt Behinderung dient dabei als »Oberbegriff für Schädigungen auf der organismischen Ebene (Körperfunktionen und Körperstrukturen) oder auf der individuellen Ebene (Aktivitäten) oder auf der gesellschaftlichen Ebene (Teilhabe).« (Seidel 2003, 248). Die ICF zielt darauf ab, immer den funktionalen Gesundheitszustand als Ganzes zu betrachten. Da es sich um ein relationales Modell handelt, ist es aber ebenso sinnvoll, die Einflussfaktoren einzeln zu betrachten. So sind folgende Konstellationen denkbar:

- Es liegt eine Schädigung vor, welche keinen Einfluss auf Aktivitäten der Person hat (z.B. bei kosmetischen Schädigungen).
- Die Aktivität ist eingeschränkt, ohne dass eine offensichtliche Schädigung vorliegt (dies ist u.a. bei vielen chronischen Krankheiten der Fall).
- Eine Beeinträchtigung der Teilhabe liegt vor, obwohl keine Schädigung und keine Beeinträchtigung der Aktivität feststellbar ist (dies trifft z.B. bei HIV-positiven Personen zu, die aufGrund der Infektion Diskriminierungen und Stigmatisierungen ausgesetzt sind).
- Beeinträchtigungen der Teilhabe auf Grund von Umweltfaktoren oder fehlender Assistenz, aber ohne Probleme in der üblichen Umwelt (z.B. bei Personen mit Mobilitätseinschränkungen, die bei der Bereitstellung von Hilfsmitteln und einer barrierefreien Umwelt keine Beeinträchtigungen haben).

Die ICF differenziert nicht zwischen den Begriffen »Behinderung« und »chronische Krankheit«. Daher soll im Folgenden ebenfalls darauf verzichtet werden. Es ist bisher auch niemandem in überzeugender Weise gelungen festzustellen, worin der exakte Unterschied besteht. Neumann weist hingegen darauf hin, »daß beide ähnliche Symptome aufweisen und daher auch die gesellschaftlichen Folgen für die jeweils betroffenen Personen einander gleichen.« (1997a, 22). Hohmeier verzichtet bereits 1982 auf eine Abgrenzung der Begriffe Krankheit, Abweichung und Behinderung (vgl. 1982, 198). Die Begriffe Krankheit und chronische Krankheit lassen sich hingegen deutlich abgrenzen. Kennzeichnend für chronische Erkrankungen sind ihre Dauer von mindestens einem Jahr, eine höhere persönliche Verantwortung der Patienten und eine biopsychosoziale Sichtweise (vgl. Warschburger 2000, 18f.).

Diese Kriterien gelten ebenso für ein Leben mit Behinderung und machen deutlich, dass hier die Grenzen nur schwer zu ziehen sind. In beiden Fällen leben Menschen mit einer Beeinträchtigung, die auf Dauer Einschränkungen und Verhaltensanpassungen mit sich bringt (vgl. Häußler, Wacker, Wetzler 1996, 30f.).

5.2 Behinderung aus konstruktivistischer Sicht

Auf die Grundannahmen des Konstruktivismus, also der Verlagerung des Forschungsinteresses von den *Was*- zu den *Wie*-Fragen (siehe Luhmann 1990), wurde bereits im zweiten Kapitel Bezug genommen.

In der Behindertenpädagogik hat der Konstruktivismus vor allem in den letzten zehn Jahren auf Grund seiner enormen Popularität (vgl. Dederich 2001, 57) zu einem Umdenken geführt. Er wird von einigen Wissenschaftlern sogar als neue Grundlegung für die Heilpädagogik insgesamt gesehen (siehe z.B. Speck 2003). Er hat in jedem Fall sehr zu einem Wandel der Leitbilder der Behindertenhilfe beigetragen. Seiner Theorie folgend ist auch der Begriff der Behinderung lediglich eine soziale Konstruktion. Eine zusammenfassende Definition des Begriffs Behinderung aus konstruktivistischer Sicht liefert Osbahr (2000, 86):

> Behinderung ist zusammenfassend zu verstehen als Prozeß intersubjektiver Wirklichkeitskonstruktion, in welchem beteiligte Individuen im sozialen Austausch Unterscheidungen vornehmen und diese als Problemkonstellation bezeichnen.

Die Bezeichnung von Unterscheidungen als Problemkonstellation ist für diese Definition entscheidend. Schädigungen einer Person wie das Fehlen oder die eingeschränkte Beweglichkeit von Gliedmaßen, eine eingeschränkte Seh- oder Hörfähigkeit oder eine reduzierte Fähigkeit, sich durch Sprache auszudrücken, bedeuten im konstruktivistischen Verständnis nicht automatisch eine Behinderung. Diese Phänomene fallen in der Regel auf, da sie nur einen kleinen Teil der Bevölkerung betreffen, sie werden aber erst als Behinderung wahrgenommen, wenn intersubjektive Bedingungen oder Umweltbedingungen nicht stimmen. Dies kann z.B. mangelnde Barrierefreiheit oder eine nicht zueinander passende Kommunikation der Beteiligten sein. Ein entscheidender Faktor für die Einschätzung der Situation ist dabei die Blickrichtung. So passt die Kommunikation eines sich verbal ausdrückenden Menschen aus Sicht eines sich mit Gebärden verständigenden Menschen nicht zu *seiner* Kommunikation. Behinderung zeigt sich immer in der konkreten sozialen Situation (vgl. Walthes 1997, 91). Sind beide Personen in der Lage zu gebärden oder sind beide in der Lage, sich verbal auszudrücken, liegt nichts vor, was sich als Behinderung bezeichnen ließe.

> Es ist nicht die Verschiedenheit einer Person, sondern der Umgang mit Verschiedenheit, der zur Benachteiligung dieser Person führt, der hier als Behinderung begriffen wird. (ebd.).

5. Behinderung – Versuche einer Begriffsdefinition

Nicht nur die Erkenntnis von Behinderung, auch die Behinderung selbst wird als Konstrukt gesehen. Die erkennbare Wirklichkeit ist das Ergebnis eines Prozesses, in dessen Verlauf die persönliche Konstitution des oder der Betreffenden, das soziale Umfeld und die ökologische Gesamtkonstellation entscheidende Beiträge zur Konstruktion der aktuellen Situation beigetragen haben (vgl. Häußler, Wacker, Wetzler 1996, 20). Die unterschiedlichen Faktoren sind dabei ständigen Veränderungen ausgesetzt.

Der Begriff Behinderung wird in sozialen Situationen immer wieder neu konstruiert. »Behindert sein« ist keine feststehende Kategorie, sondern hängt davon ab, wer oder was die Realität eines Menschen so beschreibt, dass diesem eine Behinderung zugeordnet wird. Diese Zuschreibung macht dabei aber keine Aussage über den oder die Beschriebenen, sondern eine Aussage über Beschreibende, wie z.B. Produzenten von Fernsehbeiträgen. Ihre Konstruktionen des Behinderungsbegriffs unterscheiden sich dabei wiederum von denen der Rezipienten.

Für das Medium Fernsehen werden subjektive Konstruktionen von Behinderung durch das jeweilige Produktionsteam geschaffen. Es nimmt die Einschätzung vor, was unter dem Label »behindert« gesendet wird. Diese kann, je nach Redaktion und Konzept der Sendung, stark variieren. Als Vermittler von Wirklichkeit, als Kommunikator, was Behinderung ist, sind im Bereich von Magazinsendungen die Gestalter der einzelnen Beiträge auszumachen. Diese Produzenten tragen neben der Redaktion entscheidend dazu bei, welches gesellschaftliche und kulturelle Bild sich dem Rezipienten über Menschen mit Behinderung darbietet.[18] Durch seine Sendungen trägt das Medium Fernsehen selbst zum gesellschaftlichen Verständnis davon bei, was als Behinderung wahrgenommen wird und was nicht. Im audiovisuellen Medium Fernsehen spielt dabei das Bild die entscheidende Rolle. Auf die Bedeutung der Sichtbarkeit der Behinderung weist auch Cloerkes hin. Dabei versteht dieser unter »›Sichtbarkeit‹ [...] im weitesten Sinne das ›Wissen‹ anderer Menschen um die Abweichung.« (2001, 6).

---

18 Auch in der Medienforschung findet ein intensiver Diskurs über »Konstruktivismus« als Theorie der Massenmedien statt. Das Fernsehen als System, welches Realitäten schafft, muss zwischen Selbstreferenz und Fremdreferenz unterscheiden. Das Medium konstruiert also nicht nur seine eigene Realität, sondern darüber hinaus eine fremde. Siehe dazu Luhmann 1994; Merten, Schmidt, Weischenberg 1994.

6. Leitbilder der Behindertenhilfe im Wandel

Wie die Überlegungen zum Terminus »Behinderung« deutlich gemacht haben, hat sich in den letzten Jahren und Jahrzehnten das Verständnis des Begriffs grundsätzlich gewandelt. Dieser Prozess reflektiert die Veränderung des gesamten Rehabilitationssystems der letzten 50 Jahre. In diesem Zusammenhang wird häufig von einem Paradigmenwechsel gesprochen (siehe z.B. Hohmeier, Mennemann 1995), wobei sich die Frage stellt, ob davon im eigentlichen Wortsinn ausgegangen werden kann (vgl. Mand 2003, 65). Die unreflektierte Verwendung des Begriffs Paradigma kann dazu führen, dass sich dieser nicht mehr mit dem Paradigmenbegriff seines Urhebers Kuhn (siehe 1988) deckt (vgl. Hillenbrand 1999). Die Verwendung des Terminus ist in den Rehabilitationswissenschaften nach wie vor stritig. Für die vorliegende Studie finden der Begriff und seine Ableitungen keine Verwendung. Unstrittig ist hingegen die Tatsache, dass ein Perspektivenwechsel in der Behindertenhilfe stattgefunden hat (vgl. Wacker 2003a, 94; Wacker, Wansing, Hölscher 2003, 108). Dabei hat sich sowohl eine Veränderung der Eigensicht der Betroffenen vollzogen, als auch ein Wandel in der Blickrichtung der Menschen, die beruflich in den entsprechenden Systemen engagiert sind. Ihr professionelles Selbstverständnis und ihr Umgang mit den Personen, denen sie assistieren, ist kaum noch mit dem ihrer Kolleg(inn)en vor 50 Jahren vergleichbar. Neue Leitideen führen ebenso zu einem Umbau der Institutionen des Rehabilitationssystems (siehe Schädler 2002).

Der fortschreitende Leitbildwandel kann an dieser Stelle nur in Umrissen beschrieben werden. Es werden dabei drei sich zum Teil überlagernde Zeiträume unterschieden, in denen jeweils neue Leitideen in der Behindertenhilfe in den Vordergrund traten (siehe Hohmeier, Mennemann 1995; Bleidick, Hagemeister 1998, 64–80; Hähner 2003). Trotz der großen Veränderungen, welche die westdeutsche Behindertenhilfe in den letzten 50 Jahren erleben durfte, bestanden die jeweils bestimmenden Vorstellungen eine zeitlang nebeneinander und wurden zudem in Theorie und Praxis mit unterschiedlicher Geschwindigkeit und Vehemenz umgesetzt.[19] Ein vorhandenes Leitbild löste niemals ein zuvor vorherrschendes plötzlich ab. Im Anschluss an die retrospektive Betrachtung wird die Diskussion zu Beginn des dritten Jahrtausends beschrieben.

---

19 An dieser Stelle wird die historische Entwicklung der Sonderpädagogik in Westdeutschland nachgezeichnet, die Entwicklung in der DDR verlief dabei aber ganz ähnlich (siehe dazu Liebers 1997; Metzler, Wachtel, Wacker 1997).

6.1 Versorgung und Fürsorglichkeit

Die geschichtliche Entwicklung nach 1945 schloss relativ nahtlos an die vorangehenden Ereignisse an. Das Personal in den Psychiatrien und Anstalten blieb größtenteils dasselbe. Eine Auseinandersetzung mit den nationalsozialistischen Gräueltaten, durch die 350.000 bis 400.000 Menschen zwangssterilisiert und bis zu 70.000 ermordet wurden, fand zunächst nicht statt (vgl. Stadler 1998, 85).

»EPOCHE«	1945 bis in die 60er Jahre
LEITIDEEN/PARADIGMEN	Fürsorge, Verwahrung, Betreuung; biologistisch-nihilistisches Weltbild
INHALT	gleichsetzen von Behinderung und Krankheit; Der behinderte Mensch ist Patient (medizinisches Modell).
PROF. ORIENTIERUNG	Primat der Medizin

Tabelle 4: Leitbilder von 1945 bis in die 60er Jahre
Quellen: Vgl. Hohmeier, Mennemann 1995; Hähner 1999, 45.

In den 50er und 60er Jahren war die Behindertenhilfe noch stark von dem geprägt, was man unter den Stichwörtern Fürsorge, Versorgung und Betreuung zusammenfassen kann. Damit schloss sie an die Gedanken vor 1933 an. Behinderungserfahrene Menschen sollten vor der Gesellschaft geschützt werden und umgekehrt. Sie wurden vor allem aus dem medizinischen Blickwinkel betrachtet. Behinderung und Anstaltsunterbringung wurden als Synonyme gesehen (vgl. Hähner 2003, 26). Der Großteil der Menschen mit sogenannten geistigen Behinderungen war in Psychiatrien untergebracht. Hähner bezeichnet das vorherrschende Menschenbild als biologistisch-nihilistisch (vgl. 2003, 45). Großeinrichtungen bestimmten das Bild der Behindertenhilfe. Als Leitbilder dieser Anstalten lassen sich Aufsicht, Pflege und Betreuung konstatieren. Diese »Aufbewahrung« von Menschen mit Behinderung trug in bedeutendem Maße dazu bei, Auffälligkeiten und Defekte der »Patienten« noch zu verstärken.

Das 1953 verabschiedete Schwerbeschädigtengesetz zielte vor allem auf eine Wiedereingliederung der Kriegsversehrten in den Arbeitsmarkt ab und beinhaltete für den größten Teil von Menschen mit Behinderungen (die sogenannten »Schwererwerbsbeschränkten«) keinen Leistungsanspruch. Mit Begriffen wie »Bildungsunfähigkeit« oder »Lernunfähigkeit« wurden vor allem Menschen mit geistiger Behinderung nach wie vor von den Angeboten der Behindertenhilfe ausgeschlossen. Dies wurde auch von prominenten Fachvertretern unterstützt. Bereits seit Mitte der 60er

Jahre wurde die Bedeutung der Medizin in der Behindertenhilfe stark zurückgedrängt. Der Einfluss der Pädagogik begann zu wachsen. Dieser Fachdisziplin entsprechend setzte man auf Behandlung und Förderung. Behinderungserfahrene Menschen sollten pädagogische und therapeutische Hilfen erhalten. Entscheidende Impulse für eine Veränderung der Leitbilder der Behindertenhilfe gingen von Elternverbänden aus. Ende der 50er bzw. Anfang der 60er Jahre wurden die »Lebenshilfe für das geistig behinderte Kind e.V.« und der »Verband für spastisch Gelähmte und andere Körperbehinderte e.V.« gegründet.

Zu Beginn ihrer Tätigkeit versuchten diese Vereine eine Entlastung für die Eltern zu erreichen, da es noch keine Sonderkindergärten und Schulen gab, alsbald entwickelten sie sich zur politischen Kraft, die entschieden die Einrichtung ebensolcher Institutionen forderte und auch durchsetzte. In den verschiedenen Bundesländern in Westdeutschland wurden hierauf Sonderklassen oder Sonderschulen für »praktisch Bildbare« eingerichtet.

6.2 Normalisierung und Förderung

»EPOCHE«	ab Ende der 60er Jahre und 70er Jahre
LEITIDEEN/PARADIGMEN	Normalisierung, Förderung; pädagogisch-optimistisches Weltbild
INHALT	Defizitorientierung: der Mensch wird gesehen als Summe der motorischen, kognitiven und sozialen Fähigkeiten.
PROF. ORIENTIERUNG	therapeutische Richtungen wie Krankengymnastik, Ergotherapie, u.a.; Heilpädagogik
ZUGEHÖRIGE INSTITUTIONEN	Sondereinrichtungen wie Schulen; Sondereinrichtungen für Förderung, Therapie

Tabelle 5: Leitbilder der 60er und 70er Jahre
Quellen: Vgl. Hohmeier, Mennemann 1995; Hähner 1999, 45.

Das Prinzip der Normalisierung (siehe Nirje 1974; Thimm 1994) bedeutete Ende der 60er Jahre einen deutlichen Perspektivwechsel in den Handlungsmaximen des gesamten Rehabilitationssystems. Diese Leitidee, die vor allem in den »skandinavischen Ländern einen Prozess der De-Institutionalisierung und Individualisierung der Hilfen einleitete« (Wacker 2004, 28) wurde in den siebziger Jahren vor allem in Nordamerika weiterentwickelt und um theoretische Gesichtspunkte ergänzt (vgl. Seifert 1997, 29).

Etwa zu dieser Zeit wurde das Normalisierungsprinzip auch in Deutschland bekannt. Hier hat vor allem Thimm diese Leitidee bekannt gemacht und weiterent-

6. Leitbilder der Behindertenhilfe im Wandel

wickelt. Er fasst das Normalisierungsprinzip wie folgt zusammen: »Mitbürgerinnen und Mitbürger mit geistigen, körperlichen und psychischen Beeinträchtigungen sollen ein Leben führen können, das dem ihrer nichtbeeinträchtigten Mitbürgerinnen/ Mitbürger entspricht.« (1992, 283). In der Behindertenhilfe wird das Normalisierungsprinzip erst seit den 80er Jahren als Leitbild angesehen und mit wachsendem Nachdruck umzusetzen versucht (vgl. Seifert 1997, 32f.). In Folge dessen fand eine stärkere Ausrichtung der Arbeit an Lebensphasen (Kindheit, Jugendalter, Erwachsenenalter und Alter) und Lebensfeldern (Wohnen, Arbeit, Freizeit, Bildung) statt.

Retrospektiv betrachtet ist deutlich geworden, dass es in der konkreten Umsetzung des Normalisierungsprinzips auch immer um eine Anpassung an die Normalitätserwartungen der Gesellschaft geht. Diese wird weiterhin von »Toleranzanforderungen entlastet« (Wacker 2003, 115). An Menschen mit Behinderung werden hingegen enorme Anpassungserwartungen gestellt (vgl. ebd.).

Die Entwicklung und Verankerung des Normalisierungsprinzips war Ausdruck einer Entwicklung, die zwar noch der Defizitorientierung verhaftet war, aber in den 70er Jahren deutlich die individuellen Probleme von Menschen mit Behinderung ins Blickfeld rückte. Die Förderung dieser Personengruppe wurde zum Leitprinzip. In dieser Zeit wurde die Vielfalt der Hilfeeinrichtungen geschaffen, die auch heute noch vielfach das Bild der Behindertenhilfe prägen. Unter den Labels der Integration und Normalisierung fand eine weitreichende Differenzierung in der Behindertenhilfe statt. In diesem Zusammenhang entstanden zahlreiche neue Berufsbilder, da Fachleute gefragt waren.

Mit dem 1974 verabschiedeten Schwerbehindertengesetz, welches das Schwerbeschädigtengesetz ablöste, wurde erstmals eine gesetzliche Grundlage zur beruflichen Eingliederung aller Menschen mit Behinderung geschaffen. Das Kausalitätsprinzip wurde dabei durch das Finalitätsprinzip abgelöst. Für Betriebe ab einer bestimmten Größe wurde eine Pflichtquote der Beschäftigung festgesetzt. Seitdem muss bei Nichterfüllung der Pflichtquote eine Ausgleichsabgabe gezahlt werden. Mit dieser Ausgleichsabgabe wurden bis zum Ende der 70er Jahre die Berufsförderungswerke, Berufsbildungswerke und zahlreiche Werkstätten für Behinderte geschaffen (vgl. Hähner 2003, 30).

Entscheidende Impulse für die Neuorientierung der Sonderpädagogik in dieser Dekade gingen von den Empfehlungen des Deutschen Bildungsrats »Zur pädagogischen Förderung behinderter und von Behinderung bedrohter Kinder und Jugendlicher« (Deutscher Bildungsrat 1974, Titel) und von der Psychiatrie-Enquête aus. Die Psychiatrie-Enquête übte in ihrem 1975 vorgelegten Abschlussbericht über die Lage der Psychiatrie in Deutschland schwere Kritik am bestehenden System. Gerade die Praxis, Menschen mit geistiger Behinderung in psychiatrischen Einrichtungen unterzubringen, obwohl keinerlei psychische Störung vorlag, wurde aufs Schärfste kritisiert. Nach 1975 wurden große Veränderungen in diesem Bereich vorgenommen, was unter anderem zu einer Reduzierung der Plätze und zu einer Verkleinerung und Dezentralisierung der Anstalten führte (siehe Aktion Psychisch Kranke 2001).

Behinderungserfahrene Menschen begannen in dieser Dekade, sich zunehmend Gehör zu verschaffen. Seit den 70er Jahren bildeten sich zahlreiche Selbsthilfegruppen, die sich im anglo-amerikanischen und skandinavischen Raum vor allem unter der Bezeichnung »Independent-Living« (siehe u.a. Hahn 1994; Müller 1997; Waldschmidt 1999) zusammenschlossen.

6.3 Integration und Selbstbestimmung

»EPOCHE«	ab Mitte der 80er Jahre
LEITIDEEN/PARADIGMEN	Integration; Menschen mit Behinderung als Dialogpartner
PROF. ORIENTIERUNG	Entpädagogisierung; erweiterte sozialpädagogische Ausrichtung
ZUGEHÖRIGE INSTITUTIONEN	Integrative Kindergärten und Schulen; ambulante Hilfen; offene Hilfen; starke Selbstvertretungsorganisationen (90er Jahre)
INHALT	Humanistische Sichtweise; ökosystemische Sicht

Tabelle 6: Leitbilder ab Mitte der 80er Jahre
Quellen: Vgl. Hohmeier, Mennemann 1995; Hähner 1999, 45.

In den 70er Jahren hatte sich die Behindertenhilfe immer weiter ausdifferenziert und spezialisiert. Diese Dekade wurde stark von Expertenwissen bestimmt. Die Versorgungsstandards und auch die finanziellen Hilfen erhöhten sich stetig (vgl. Wacker 2004, 28). Die damit einhergehende

- ›fürsorgliche Enteignung von Kompetenzen‹
- die Verpflichtung auf ein organisationszentriertes Leben und
- die Des-Integration. (ebd.)

führten zu kontroversen Diskussionen vor allem zwischen Betroffenen bzw. Eltern von Behinderten und Fachleuten (vgl. Hohmeier, Mennemann 1995, 376). Ihre Hauptkritikpunkte: Die Ausdifferenzierung und Spezialisierung der Behindertenhilfe hat fast ausschließlich innerhalb der institutionellen Versorgungssysteme stattgefunden und damit weiterhin zur Separation von Menschen mit Behinderung beigetragen. Elternverbände und die schnell wachsende Selbstvertretungsbewegung drängten daher auf eine stärkere gesellschaftliche Integration von Menschen mit Behinderung.

6. Leitbilder der Behindertenhilfe im Wandel

Das Integrationsmodell gewann in den 80er Jahren schnell an Bedeutung, wenngleich das Normalisierungsprinzip weiterhin die Arbeit in der Behindertenhilfe leitete. Die beiden Begriffe werden inhaltlich häufig miteinander verbunden. Autoren wie Seifert sehen Integration dabei als Ziel der Normalisierung (vgl. 1997, 27). Andere Autoren setzen beides zum Teil gleich oder benennen Normalisierung als Ziel und Integration als Oberbegriff (Theunissen 1996, 82).

Wurde das Leitbild der Integration zunächst unter den Aspekten Durchbrechung der rehabilitativ-sonderpädagogischen Leitbilder und Integration von Menschen mit Behinderung in Regelschulen diskutiert, so findet dieses Leitbild in der aktuellen Diskussion auf alle Lebensbereiche Anwendung. So subsumiert Wacker unter Integration:

> Die Teilhabe behinderter Menschen als aktive Bürgerinnen und Bürger am gesellschaftlichen Leben, ihre Integration in den Arbeitsmarkt, ihre selbstverständliche Beteiligung an allen Ausprägungen sozialen Lebens […]. (1997, 84f.)

Die »Independent Living« Bewegung wurde bereits angesprochen (siehe Kapitel 6.2). Nach den Menschen mit Körperbehinderung hatten nun auch Menschen mit geistigen Beeinträchtigungen eine starke Selbstvertretungsbewegung ins Leben gerufen. Die »People First« Gruppen, in denen sich Menschen mit geistiger Behinderung zusammengeschlossen haben, um für ein gleichberechtigtes Leben einzutreten, wuchsen wiederum zunächst in anglo-amerikanischen und skandinavischen Ländern, sowie in den Niederlanden. In der Entwicklung des Rehabilitationssystem bedeutete dies in sofern einen bedeutenden Einschnitt, da nun erstmals Menschen mit Behinderung die Diskussion um die Leitbilder der Behindertenhilfe entscheidend mitbestimmten. Seit den 90er Jahren existieren auch einige Gruppen in Deutschland (vgl. Niehoff 2003, 59).

> ›Selbstbestimmung‹ – als deutsche Fassung von ›Autonomie‹ und als Gegenbegriff zu (abgelehnter) ›Fremdbestimmung‹ – ist zugleich eine zentrale politische Zielsetzung der neueren Behindertenbewegung. Zu verstehen ist sie als verantwortungsbewusste Bestimmung über das eigene Schicksal und schließt den Respekt vor der Selbstbestimmung anderer Menschen ein. (Dau, Düwell, Haines 2002, 25)

Es geht darum, allen Menschen ein Höchstmaß an Entscheidungen in freier Wahl und eigener Verantwortung zu ermöglichen. Selbstbestimmung betrifft zahlreiche Lebensbereiche. Sie zeigt sich z.B. im Recht seinen Partner selbst wählen zu dürfen, einen Beruf auszusuchen, der den eigenen Wünschen und Neigungen entspricht, selbst zu bestimmen, wo und mit wem man wohnen möchte.

Menschen mit Behinderung haben oftmals nicht die Möglichkeit, in diesen grundlegenden Lebensbereichen eigenverantwortliche Entscheidungen zu treffen. Vor allem für Menschen mit mentalen Beeinträchtigungen ist das Recht auf Selbstbestimmung oftmals eingeschränkt worden. Inzwischen hat ein Umdenken stattgefunden. Entscheidend war dabei der 1994 von der Bundesvereinigung Lebenshilfe für Menschen mit geistiger Behinderung veranstaltete Kongress »Selbstbestimmung« und die damit einhergehende Diskussion (vgl. Rittmeyer 2001, 145). *Allen* Bürgern soll die Möglichkeit gegeben werden, ohne bevormundende Fachlichkeit und ohne institutionalisierte Zwänge individuell oder mit assistierender Hilfe ein selbst bestimmtes Leben zu führen. Dabei spielt auch die Art und Schwere einer Beeinträchtigung keine Rolle.

Die Begriffe Selbstbestimmung und Teilhabe werden häufig gemeinsam genannt. Ziel aller Maßnahmen, die Teilhabe in der Gesellschaft fördern, ist allen Menschen ein selbst bestimmtes, chancengleiches Leben zu ermöglichen. Daher wird auch häufig von selbst bestimmter Teilhabe gesprochen. Gegenwärtig ist »Selbstbestimmung« in der Behindertenhilfe und -politik wie auch in den Rehabilitationswissenschaften neben dem Begriff Teilhabe das beherrschende Konstrukt (vgl. Fornefeld 2000, 5). Im Grunde fordern Vertreterinnen und Vertreter von Menschen mit Behinderung dabei nur, was für alle Menschen gelten sollte: die Anwendung der Menschen- und Bürgerrechte.

6.4 Inklusion und Teilhabe

Nach den Dekaden der »Normalisierungsdebatten« seit den 70er Jahren des vergangenen Jahrhunderts und der »Integrationsdebatten«, insbesondere in den beiden vergangenen Dekaden, wendet sich der wissenschaftliche Diskurs nun zunehmend den Konstrukten Inklusion und Teilhabe zu.

Inklusion ist ein soziologischer Begriff, der nicht gleichzusetzen ist mit dem normativen Begriff der Integration (vgl. Speck 2003, 391). Er beschreibt vielmehr aus systemtheoretischer Sicht die Teilnahme des Individuums an den unterschiedlichen gesellschaftlichen Teilsystemen. Sein Gegenbegriff ist die Exklusion. Er beschreibt die Nicht-Zugehörigkeit zu bestimmten Gesellschaftsbereichen. Diese Dualität ist völlig wertfrei, da es in einer individualisierten Gesellschaft für niemanden möglich ist, an allen Systemen teilzuhaben. »Die Ausdifferenzierung einer Vielzahl von Teilsystemen in der hochkomplexen Gesellschaft erhöht vielmehr die Zahl der Möglichkeiten für soziale Inklusionen.« (ders., 267).

Die Vorstellung von Inklusion beschreibt den in demokratischen Gesellschaften gemeinhin als selbstverständlich angesehenen Tatbestand, die gleichen Rechte un-

6. Leitbilder der Behindertenhilfe im Wandel

eingeschränkt auf alle Menschen anzuwenden und die dafür notwendigen Bedingungen von der Gesellschaft bereitzustellen bzw. die Gesellschaft entsprechend zu verändern. Damit hat der Staat dafür Sorge zu tragen, dass allen Bürgern der Zugang und die Inanspruchnahme zu allen Institutionen und Dienstleistungen unter Berücksichtigung ihrer persönlichen Prädispositionen möglich ist. Diese Vorstellung geht weit über den Integrationsgedanken hinaus, der davon ausgeht, dass jemand wieder in die Gesellschaft hineingeholt werden muss. Inklusion hingegen bedeutet, dass es gar nicht erst zu einer Ausgrenzung kommt. Inklusion strebt im Gegensatz zum Leitbild der Integration keine Anpassung der Individuen an gesellschaftliche Vorgaben an, vielmehr sollen sich bestehende Strukturen dahingehend ändern, dass die Unterschiedlichkeit der einzelnen Menschen als Normalzustand akzeptiert wird. Wenn man diesen Gedanken konsequent weiterdenkt, sind Sondereinrichtungen im Grundsatz in Frage zu stellen, da Inklusion bedingungslose Zugehörigkeit bedeutet (vgl. Wacker 2001, 48). Als Folge dieses Modells müsste es auf Dauer zu einer »Entinstitutionalisierung« kommen. Demnach müssen sich nicht die Menschen ändern, sondern die Bedingungen, die behindern. Dabei gilt es, niemanden auf seine körperliche oder mentale Beeinträchtigung zu reduzieren, sondern für jeden Bürger die Möglichkeit zu eröffnen, in zahlreiche gesellschaftliche Subsysteme inkludiert zu sein (vgl. ebd.). Der Begriff der Inklusion ist eng mit dem Leitbild Teilhabe verbunden. Er bezeichnet die tatsächliche, konkrete Ausgestaltung von Teilhabe an relevanten und gewünschten gesellschaftlichen Teilsystemen (vgl. Wacker 2001, 47f.; 2004, 26).

Zu Beginn des dritten Jahrtausends wird das Rehabilitationssystem zunehmend darauf ausgerichtet, Teilhabe am Leben der Gesellschaft zu ermöglichen und zu fördern und die Exklusionsrisiken behinderter Menschen zu minimieren, statt sie weiterhin ausschließlich fürsorglich zu versorgen (vgl. Wansing 2005, 195f.). Ist der Selbstbestimmungsbegriff deutlich vom Eigenbezug von Menschen mit Behinderung geprägt, so richtet der Teilhabebegriff stärker den Blick auf das Miteinander. Der von der WHO in der ICF formulierte Teilhabegedanke (siehe Kapitel 5.1) hat schnell Eingang in zahlreiche weitere (nationale) Gesetze und Definitionen gefunden. Darin drückt sich das stark veränderte Selbstbild von Menschen mit Behinderung aus: von einer Rolle als Empfänger von Hilfen, hin zu gleichberechtigten Partnern. Spätestens seit dem Inkrafttreten des SGB IX heißt die Zielperspektive der Behindertenhilfe »Teilhabe am Leben der Gesellschaft«. Es wird aber sicherlich noch Jahre dauern, bis diese innovativen Ansätze in allen Einrichtungen und Verbänden der Behindertenhilfe umgesetzt sind.

Teilhabe verwirklichen, Gleichstellung durchsetzten und Selbstbestimmung ermöglichen. (Frehe 2003, 1)

So lauteten die zentralen Forderungen im europäischen Jahr von Menschen mit Behinderung 2003. Spätestens seit der Aufnahme des Teilhabebegriffs in die ICF der WHO, womit man das relationale Verständnis von Behinderung erstmals in einer internationalen Definition festschrieb, ist das Leitbild Teilhabe in aller Munde. Er hat sich seit einigen Jahren neben dem Begriff der Selbstbestimmung als wesentlich in der Behindertenarbeit und -politik herauskristallisiert und als die wichtigste Prüfformel in der Diskussion um mehr Lebensqualität für Menschen mit Behinderung (vgl. Wacker, Wansing, Hölscher 2003, 114). Teilhabe erscheint dabei als zu Grunde liegendes Leitbild oder auch wörtlich in den unterschiedlichsten Zusammenhängen:

- In den zahlreichen Instrumenten der Vereinten Nationen zur Umsetzung der Menschenrechte für und zu ihrer Gleichstellung von Menschen mit Behinderung (vgl. UN 2002).
- In der Grundrechtecharta der Europäischen Union wird das Ziel der »Teilnahme am Leben der Gemeinschaft« (EG 2000, 14) explizit formuliert.
- In der neuen Definition der Weltgesundheitsorganisation zur »Funktionsfähigkeit, Behinderung und Gesundheit« (ICF) (siehe WHO 2001).
- In der Neuformulierung wie auch bei der Ergänzung unterschiedlicher sozialpolitischer Gesetze (wie z. B. BGG 2002, SGB XII 2005). Am deutlichsten zeigt sich das Leitbild beim 2001 verabschiedeten Sozialgesetzbuches IX. Es trägt den Titel: »Rehabilitation und Teilhabe behinderter Menschen«.
- In der Neuorientierung der Behindertenhilfe: nicht mehr an Institutionen, sondern an Personen ausgerichtet. Dies drückt sich in der zunehmenden Bereitstellung von offenen Hilfen, von Assistenz und eines persönlichen Budgets aus. Hier ist Deutschland im Vergleich zu Ländern wie den Niederlanden, Großbritannien oder Schweden zur Zeit noch in einer Anfangsphase (siehe dazu Hölscher, Wacker, Wansing 2003; Wansing, Hölscher, Wacker 2003; Wacker, Wansing, Schäfers 2005).
- In der Diskussion um die Qualität sozialer Dienstleistungen (Lebensqualität, Qualitätsmanagement).

Auch bei der Implementierung des Teilhabebegriffs kamen die entscheidenden Impulse von der Behindertenbewegung. Der Zusammenschluss der Selbsthilfegruppen von Menschen mit kognitiven Beeinträchtigungen in Deutschland, seit Ende 2001 unter dem Namen »Netzwerk People-First-Deutschland e. V.« vereinigt, drängt immer stärker darauf, was die amerikanische Selbsthilfebewegung als zentrale Forderung formuliert: »Nothing about us, without us« (Charlton 1998, Titel). Der Teilhabebegriff müsste eigentlich ergänzt werden. Es geht um *gleichberechtigte* Teilhabe. Die Formulierung »gleichberechtigte Teilhabe am Leben der Gesellschaft« ist neu im SBG IX (vgl. Metzler, Rauscher 2003, 237) und bringt zum Ausdruck, dass es nicht einfach darum geht dabei zu sein, sondern um die uneingeschränkte Mitwirkung, Mitgestaltung und Mitbestimmung von Menschen mit Behinderung in allen Lebenslagen. Wansing definiert den Begriff wie folgt:

> Teilhabe an der Gesellschaft bedeutet personale Inklusion durch die verschiedenen Gesellschaftssysteme sowie Herstellung und Aufrechterhaltung einer individuellen Lebensführung. (2005, 191)

Diese Definition leitet sich von einer aus der Systemtheorie entwickelten Vorstellung von Teilhabe her. Ein umfassendes Verständnis des Begriffs, der zugleich die Grundlage für zahlreiche folgende Definitionen ist, bietet die »International Classification of Functioning, Disability and Health« (ICF). Die Art, wie der Teilhabebegriff hier inhaltlich gefüllt wird, hängt dabei eng mit dem darin beschriebenen Verständnis des Begriffs Behinderung zusammen (siehe Kapitel 5.1.1).

6.5 Teilhabe im Verständnis der ICF

Partizipation ist der Schlüsselbegriff der in der WHO geführten Diskussion um eine Weiterentwicklung der ICIDH zur ICF. Damit verschwand endgültig die Orientierung an wirklichen oder vermeintlichen Defiziten. Das Ziel der Teilhabe an verschiedenen Lebensbereichen (Partizipation) rückte stattdessen in den Vordergrund. Bei der Übersetzung wurde der englische Originalbegriff »participation« mit Teilhabe wiedergegeben. Da der Begriff in der Schweiz allerdings eine engere Bedeutung als in Deutschland hat, ist er dort entsprechend mit Partizipation übersetzt. In den Gesetzgebungen, die sich unmittelbar auf die ICF beziehen, wird in Deutschland durchgängig der Begriff »Teilhabe« verwendet.

> Participation/Participation Restrictions
> Definition: Participation is an individual's involvement in life situations in relation to Health Conditions, Body Functions and Structures, Activities, and Contextual factors. Participation Restrictions are problems an individual may have in the manner or extent of involvement in life situations. (WHO 1999, 19).

Im Rahmen der ICF wird unter »Teilhabe« (Partizipation) also »das Einbezogensein in eine Lebenssituation« (Schuntermann 2002, 54) verstanden. Hinter der Verwendung des Begriffs »Teilhabe« steht der Beschluss der Generalversammlung der Vereinten Nationen von 1993, Chancengleichheit für Menschen mit Behinderung herzustellen. Im Rahmen der ICF codiert die Teilhabedimension die sozialen Umstände, die zur funktionalen Gesundheit einer Person in unterschiedlichen Lebensbereichen beitragen können. Damit ist es möglich, den Grad des Einbezogenseins einer Person, einschließlich der Reaktion der Gesellschaft auf diesen Menschen, zu messen. Die Umweltfaktoren spielen bei der individuellen Ausgestaltung von Teilhabe eine maßgebliche Rolle.

Mit Einbezogensein sind Vorstellungen von teilnehmen an, teilhaben an oder beschäftigt sein in, sowie anerkannt sein und Zugang haben zu benötigten Ressourcen verbunden (vgl. Schuntermann 2001, 13). Die ICF nennt neun Lebensbereiche für die der Grad der Teilhabe codiert werden kann. Diese gliedern sich wiederum in zum Teil sehr fein ausdifferenzierte Unterbereiche. So kann der Grad von Teilhabe sehr genau und feingliedrig ermittelt werden. Die konkrete Ausgestaltung von Teilhabe hängt für eine Person einerseits von den persönlichen Faktoren und andererseits von den Umweltfaktoren ab. Teilhabe wird dementsprechend auch als die Wechselwirkung zwischen dem gesundheitlichen Problem einer Person und ihren Umweltfaktoren beschrieben. Dies kann bei Personen mit den gleichen Beeinträchtigungen von Körperstrukturen und -funktionen und der gleichen daraus resultierenden Beeinträchtigung der Aktivität zu sehr unterschiedlichen Ausprägungen von Teilhabe führen. Eine Umwelt mit zahlreichen Barrieren kann potenzielle Partizipationsmöglichkeiten sehr einschränken, während eine Umwelt, die Erleichterungen bereitstellt, förderlich wirkt. Umweltfaktoren sind also insofern von großer Relevanz, da sie Chancenungleichheiten bei der Teilhabe am sozialen Leben bewirken können (vgl. Wacker 2003b, 45).

7. Einstellungen und Verhalten

Die Voraussetzungen für das Gelingen von Selbstbestimmung, Inklusion und Teilhabe scheint durch die gesetzlichen Rahmenbedingungen gegeben. Wie in Kapitel 6 deutlich wurde, geht damit, wenn auch sehr langsam, eine Neuausrichtung der Institutionen einher. In vielen Bereichen scheint der Gesetzgeber damit aber den Bürgern voraus zu sein. Doch gerade die sozialen Bezugspartner beeinflussen, neben einer behinderten Person selbst, am stärksten die konkrete Umsetzung der theoretischen Leitbilder. Für die ICF wurde dazu festgestellt, dass der Grad von Teilhabe vor allem von der Funktionsfähigkeit in Bezug zu den Umweltfaktoren abhängt. Gelingende Teilhabe kann nur dann verwirklicht werden, wenn dies auch von der Umwelt gewünscht und mitgestaltet wird (vgl. WHO 2001, 22 f.). Entscheidend für die Teilhabechancen sind daher die Einstellungen der Bevölkerung. Eine negative Bewertung der behinderten Bevölkerungsgruppe kann hingegen zu reduzierten Teilhabechancen führen (vgl. Cloerkes 2001, 74 f.).

Der Begriff der Einstellung hat durch den Behaviorismus Eingang in die sozialwissenschaftliche Forschung gefunden. In der sozialpsychologischen bzw. soziologischen Diskussion variiert die Definition des Einstellungsbegriffs. Der Kern der Begriffsbestimmung bleibt aber im Wesentlichen konsistent und kann zusammengefasst werden als:

> relativ stabile, durch Sozialisation geprägte Systeme von Gefühlen, Wahrnehmungen und Vorstellungen eines Menschen gegenüber anderen Menschen, Ideen, Gegenständen, Situationen. Einstellungen sind selektiv und wirken sich in der Wahrnehmung, der Bewertung und dem eigenen Verhalten in einer Situation aus.
> (Dupuis, Kerkhoff 1992, 154 f.)

Unter den konkurrierenden Konzeptionen, welche mit Hilfe von Modellen versuchen das Phänomen Einstellung zu erklären, können grundsätzlich eindimensionale und mehrdimensionale Erklärungsansätze unterschieden werden. Die Drei-Komponenten-Theorie hat dabei die größte Verbreitung gefunden.

Im Rückgriff auf dieses Modell differenzieren zahlreiche Autoren (z. B. Tröster 1990, 57; Thomas 1991, 134 f.; Cloerkes 2001, 76) den Begriff der Einstellung in die:

- kognitive Komponente = Vorstellungen, Urteile und Mutmaßungen über das Einstellungsobjekt,

- affektive Komponente = gefühlsmäßige Reaktionen, die das Einstellungsobjekt hervorruft,
- konative Komponente = Verhaltensintention/-tendenzen gegenüber dem Einstellungsobjekt.

Untereinander sind die Komponenten dieses Modells interdependent. Die ausgelösten positiven und negativen Gefühle suchen nach äquivalenten Meinungen und Überzeugungen. Beide haben einen verhaltenssteuernden bzw. motivierenden Einfluss. Einstellungen und Verhalten müssen aber nicht immer übereinstimmen, da in modernen Gesellschaftsformen Formen der »sozialen Erwünschtheit« das realiter zu beobachtende Verhalten erheblich beeinflussen. Denken und Handeln stimmen also nicht immer überein.

Bei Einstellungen gegenüber Menschen mit Behinderung ist die affektive Ebene die wichtigste, wenngleich die drei Komponenten in enger Wechselbeziehung zueinander stehen (vgl. Cloerkes 2001, 76). Sie spielt für den Bereich der Boulevardmagazine eine besondere Rolle, da diese besonders die Emotionen der Rezipienten erreichen wollen. Sie ist zugleich die Komponente, die am wenigsten verändert werden kann.

7.1 Stereotypen und Vorurteile

In der Kognitionsforschung gilt als unbestritten, dass die differenzierte Vielfalt dessen, was der Mensch an Eindrücken bekommt, durch das menschliche Gehirn in dieser Form nicht zu verarbeiten ist. Die daher stattfindende Selektion, Vereinfachung und Kategorienbildung wurde bereits im 3. Kapitel angesprochen.[20]

Dieses psychologische Phänomen ist als Vorurteil stets in unserem Alltag präsent. Vorurteile treten besonders häufig in Erscheinung, wenn jemand trotz schlüssiger Gegenargumente nicht von seiner Meinung abrückt. Jede Gesellschaft verfügt über ein Arsenal nicht hinterfragter Einstellungen, Meinungen und Normen, zu denen auch Vorurteile gehören.

In der Psychologie, Sozialpsychologie und Soziologie wird dieser Alltagsbegriff näher eingegrenzt. Vorurteile heben sich von anderen Arten der Einstellung durch ihre soziale Unerwünschtheit und gleichzeitig durch ihren normativen Charakter ab. Sie können grundsätzlich negativ wie auch positiv besetzt sein, wenngleich der Begriff in der Alltagssprache durchweg negativ verwendet wird.

---

20 Speziell zur Kategorienbildung siehe Goffman 1996.

7. Einstellungen und Verhalten

Giddens definiert den Begriff Vorurteil wie folgt: »Vorgefaßte Meinung über ein Individuum oder eine Gruppe, die sich der Veränderung auch angesichts neuer Informationen widersetzen« (1995, 793). Auf die strenge Differenzierung der Begriffe Stereotyp und Vorurteil soll an dieser Stelle verzichtet werden, da diese seit den dreißiger Jahren in der Wissenschaft praktisch keine Rolle mehr spielt (siehe Manz 1968, 4f.; Cloerkes 1985, 18f.).

Den Begriff des Stereotyps hat Lippmann in die wissenschaftliche Diskussion eingebracht. Er benutzte ihn im Sinne von »pictures in our head« erstmals 1922 in seiner klassischen Studie »Public Opinion«, die sich mit der öffentlichen Meinung in der modernen Massendemokratie beschäftigt. Der Amerikaner spricht dem Stereotyp zwei Funktionen zu:

- Die psychische Funktion diene der Ökonomisierung des Aufwandes bei der Erkenntnis der Welt, es findet eine objektsprachliche Kategorisierung statt.
- Die gesellschaftliche Funktion bedeute im weitesten Sinne eine Verteidigung der sozialen Position (vgl. Lippmann 1949).

Stereotype sind nicht angeboren, sondern erlerntes Ergebnis eines Sozialisationsprozesses. Sie entstehen unter anderen aus Furcht und Unsicherheit. Während der Sozialisation ergibt sich die Übernahme und Festigung von Stereotypen. An diesem Prozess haben Massenmedien einen entscheidenden Anteil. Entscheidend dabei ist, dass der Rezipient mit Hilfe von Stereotypen Einstellungen zu Personen oder Sachverhalten entwickelt, ohne überhaupt unmittelbaren Kontakt zu haben. Dies trifft insbesondere auf Menschen mit Behinderung zu, wenn sie nur wenige soziale Interaktionspartner außerhalb des Rehabilitationssystems und des persönlichen Umfeldes haben (vgl. Cloerkes 2001, 114–118) und ist gerade für Menschen mit geistiger Behinderung nach wie vor die Regel (siehe Wacker, Wetzler, Metzler u.a. 1998). Lippmann schrieb zu diesem Phänomen: »We are told about the world, before we see it. We imagine things before we experience them.« (1949, 89).

7.2 Einstellungen zu und Reaktionen auf Menschen mit Behinderung

Eine der größten Barrieren für Menschen mit Behinderungen besteht in der ablehnenden und entmündigenden Haltung der Gesellschaft. Trotz der beachtlichen Fortschritt sind die Vorurteile gegenüber Menschen mit Behinderungen noch immer tief in der Bildungspolitik sowie im gesellschaftlichen und kulturellen Leben verwurzelt. (Bundesministerium für soziale Sicherheit und Generationen 2002, 1).

45% der Probleme behinderter Menschen ergeben sich durch Einschätzungen und Werthaltungen ihnen gegenüber (vgl. Wacker 2001, 39f.). Auf die Frage, wie die zu Grunde liegenden negativen Einstellungen gegenüber Menschen mit Behinderung entstehen, sind bisher lediglich fragmentarische Antworten gefunden worden. Außer der Art der Behinderung konnten bisher kaum eindeutige Bestimmungsgründe für die Entstehung von Einstellungen gegenüber behinderten Menschen empirisch belegt werden.

Sozioökonomische Faktoren (Schichtzugehörigkeit, Beruf etc.) oder Persönlichkeitsmerkmale des Einstellungsträgers (ängstlich, autoritär etc.) haben sich als weitgehend vernachlässigbar herausgestellt. Einstellungen sind die Grundlage für Verhalten und soziale Reaktionen gegenüber Menschen mit Behinderung. Sie müssen nicht automatisch mit den zu beobachtenden Interaktionen übereinstimmen. So gaben 97% der Einwohner der Mitgliedsstaaten der europäischen Union im Jahr 2001 an, dass die Integration von Menschen mit Behinderung verbessert werden müsse (vgl. Europäische Kommission 2001, 71). Dies bedeutet aber nicht automatisch, dass sich 97% der Befragten integrationsfördernd verhalten.

Zahlreiche Untersuchungen ergaben, dass Einstellungen und Verhalten zwar immer wieder Korrelationen aufweisen (wie z.B. bei Einstellungen gegenüber Menschen mit psychischen Beeinträchtigungen und dem Verhalten ihnen gegenüber), aber oftmals eben auch nicht korrelieren (vgl. Tröster 1990, 103f.). Die Bewertung einer Behinderung und die soziale Reaktion sind zwei voneinander separat zu behandelnde Aspekte. Während z.B. das Behinderungsbild Blindheit häufig außerordentlich negativ bewertet wird, ist die soziale Reaktion auf blinde Menschen zumeist sehr viel moderater. Leistung, Aussehen und Kommunikationsfähigkeit sind entscheidende Faktoren in der Beurteilung.

Um ein Beispiel zu nennen: Bei der Beratung durch eine blinde Finanzbeamtin spielen eventuell die Einstellungen zu berufstätigen Frauen, zu Beamten oder zur Steuerpflicht eine ebenso große Rolle für die soziale Reaktion wie die Einstellung zu Blindheit.

Das Verhalten ist in der Regel nicht ausschließlich durch die Einstellung gegenüber Menschen mit Assistenzbedarf determiniert, sondern wird von einer Reihe weiterer Einstellungen beeinflusst. Der Mensch wird selektiv wahrgenommen. Eine Frau, die einen Beruf ausübt, ihre Kinder großzieht, gerne ins Theater geht, fröhlich, schüchtern und querschnittsgelähmt ist, wird in diesem Sinne in erster Linie als Körperbehinderte gesehen und einer entsprechende Kategorie oder einer sozialen Rolle zugeordnet. Aufgrund einzelner mehr oder weniger überprüfter Informationen über diese Person wird sie pauschal beurteilt. Es findet eine Übertragung eines Merkmals auf die Person als Ganzes statt (vgl. Wacker 2001, 48). Die Behinderung eines Menschen wird zum »*master status*« (Hohmeier 1975, 8). Das Eigenschaftswort »behindert«, welches nur eine Eigenschaft unter vielen beschreibt, wird zu einem Hauptwort: »der oder die Behinderte«.

Die Gefahr, dass ein solcher *master status* Simplifizierungen und Stereotypisierungen in einer Weise enthält, welche dem Individuum in keiner Weise gerecht wird, ist insbesondere in Bezug auf soziale Objekte gegeben, zu denen ein Großteil der Bevölkerung keinen oder nur wenig Kontakt hat. Dies trifft auf Menschen mit Assistenzbedarf zu. »In dieser Situation bilden die Medien die wichtigste und oft einzige Informationsquelle über das Leben und die Möglichkeiten von Menschen mit einer Behinderung.« (Radtke 2003, 7).

Im Alltag ist es häufig schwierig, bestimmte Verhaltenskriterien festzulegen, da sich auch viele Nichtbehinderte mit positiven Einstellungen auf Grund ihrer Unerfahrenheit im Verhalten gegenüber assistenzbedürftigen Menschen unsicher sind. Typische Reaktionsweisen auf Grund innerer Einstellungen sind z. B. Anstarren und Ansprechen. Ein extremes, aber nicht untypisches Beispiel findet sich bei Huainigg (1993, 110):

> Ich heiße Martin. Ich bin behindert. […] Manche Leute sagen: ›Wenn man behindert ist, ist das Leben aus!‹ Das stimmt aber nicht! Ich lebe noch!

Solche Distanz sicherstellenden Reaktionen, die durch die Konfrontation mit Menschen ausgelöst werden, deren Schädigung besonders augenfällig ist, werden als »originäre Reaktionen« bezeichnet (vgl. Jansen 1976, 127). Dies sind in der Mehrzahl aversive Reaktionen, wie Angst, Ekel, Abscheu und unvermittelt auftretende Abwehrreaktionen. Sie unterstehen nur einer geringen Beeinflussung, da sie zumeist spontan ablaufen.

Eine eindeutige Festlegung, welche Aspekte in der sozialen Interaktion zwischen behinderten und nichtbehinderten Menschen wirksam sind, ist nicht möglich. Neubert und Cloerkes (1987) haben gezeigt, dass es sowohl interkulturelle als auch intrakulturelle Variabilitäten in der sozialen Reaktion gibt. Behinderte Bürger sind dabei keinesfalls als homogene Gruppe zu betrachten. Vielmehr sind individuelle

Unterschiede von großer Bedeutung in der Beurteilung des Einzelnen. Verschiedene sozialpsychologische Untersuchungen zu verhaltensrelevanten Dimensionen im Umgang miteinander zeigen unterschiedliche Einflussfaktoren. Immer wieder genannt werden die Art der Schädigung, ihre Visibilität, ihre Auffälligkeit, die Auswirkungen auf die Kommunikationsfähigkeit oder inwieweit Betroffene für ihr Stigma verantwortlich gemacht werden können (siehe Jansen 1976; Bächthold 1984; Cloerkes 1985; Tröster 1990. Zum Stigmabegriff siehe Cloerkes 2001, 134 f.; Goffman 1996.). Zudem ist immer auch der situative Kontext der Interaktion zu beachten.

Art der Behinderung	eher gut	eher schlecht	weiß nicht
Muskeldystrophie		70	7,1
Neuromuskuläre Schädigungen		68,4	7,1
Hirnschädigungen		68,6	6,8
Verletzungen der Hirnblutgefäße		68,2	7,1
Rückenmarksverletzungen		68,1	6,5
Bewegungsstörung (Athetose)		65	6,7
Schädigungen des Knochenbaus		64	6,5
Psychische Behinderungen		63,3	6,2
Multiple Sklerose		61,4	6,1
Verlust von Gliedmaßen (Amputation)		60,9	5,9
Geistige Zurückgebliebenheit (Retardation)		59,6	5,8
Parkinsonsche Krankheit		58,8	5,8
Epilepsie		59	5,2
Alzheimersche Krankheit		57,2	5,6
Schlaganfall		52,6	4,7
Hörschäden		50,9	3,5
Sehbehinderungen		48,8	3,3
Arthritis		42,5	3,8
Diabetes		38,9	3,3
Asthma		38,5	3,2
Krebs		36,3	3,1

Abbildung 4: Informationsgrad über verschiedene Arten von Behinderungen
Quelle: Europäische Kommission 2001, 67.

Diese Dimensionen beeinflussen auch die Möglichkeiten der Informationskontrolle, die einer behinderten Person zur Verfügung stehen. Ihre Rolle in der Interaktion ist nicht zu vernachlässigen. Inwiefern wird die vermutete Andersartigkeit reflektiert? Verhält sich eine Person der zugeschriebenen Rolle entsprechend, oder versucht sie das Fremdbild aktiv positiv oder negativ zu beeinflussen? So kann ein Nichtbehinderter geneigt sein, bei einer auffälligen Beeinträchtigung (z.B. Tetraplegiker im Rollstuhl) die Kontaktaufnahme von vornherein zu vermeiden oder anders zu betreiben, als wenn die Beeinträchtigung erst im Laufe der Kommunikation evident wird (z.B. bei Sprachbeeinträchtigungen und Hörschädigungen).

Die genannten individuellen Unterschiede zeigen sich nicht nur in den Einstellungen gegenüber Menschen mit Behinderung. Sie kommen ebenso zum Tragen, wenn man den Informationsgrad über verschiedene Arten von Beeinträchtigungen betrachtet.

Im Rahmen des Eurobarometers 54.2, aus dem die Grafik entnommen ist, wurde gefragt: »Für wie gut informiert halten Sie sich über verschiedene Arten von Behinderungen?« (Europäische Kommission 2001, 67). Nur bei vier Arten von Langzeiterkrankungen gab eine Mehrheit der Umfrageteilnehmer an, sie fühlten sich eher gut informiert. Noch nicht einmal die Hälfte der Befragten wähnte sich gut informiert über Beeinträchtigungen wie Sehbehinderungen oder Hörschäden, obwohl diese in der öffentlichen Wahrnehmung durchaus präsent sind. Über Hirnschädigungen fühlen sich nicht mal ein Viertel (24,5%) der befragen Europäer gut informiert. Der Informationsgrad über Muskeldystrophie erreichte nur noch einen Wert von 22,9%. »Geistige und psychische Behinderungen sind am wenigsten bekannt.« (dies., 4). Es zeigen sich also hinsichtlich der Informiertheit über verschiedene Behinderungsarten signifikante Unterschiede. Diese Daten basieren auf einem Mittelwert der seinerzeit 15 teilnehmenden EU-Staaten. Der durchschnittliche Informationsgrad, bezogen auf die obige Liste, liegt bei 37%. Trotz der zahlreichen Informations- und Aufklärungskampagnen der letzen Jahre liegt der Wert für Deutschland mit 30% noch deutlich darunter (vgl. dies., 68).

Die Teilnehmenden des europäischen Behindertenkongresses, verantwortlich für die Deklaration von Madrid, gingen davon aus, dass Informationen in Form von öffentlicher Bildung, wie sie z.B. das Massenmedium Fernsehen vermittelt, einen wesentlichen Beitrag zur Einstellungsbildung- und änderung seiner Rezipierenden leisten kann. Zum Thema »Einstellungen verändern« formulierten sie:

> Öffentliche Bildung ist daher für die Unterstützung der Gesetzgebungsmaßnahmen und für ein besseres Verständnis für die Bedürfnisse und Rechte von behinderten Menschen in der Gesellschaft und um Vorurteile und Stigmatisierung zu bekämpfen, die gegenwärtig noch existieren, notwendig. (Deklaration von Madrid 2001, 5)

Die Hoffnung auf Einstellungsänderung durch Massenmedien wird allerdings von zahlreichen Autoren bezweifelt (siehe z. B. Holtz 1982; Cloerkes 1982, 2002). Unbestritten ist aber, dass auf der Grundlage bestehender Einstellungen, die Sensibilität der Öffentlichkeit durch die Vermittlung von Information und Wissen erhöht wird (vgl. Troester 1990, 115; Holtz 1982a, 200).

Für den *Erwerb* von Einstellungen gegenüber sozialen Objekten, wie er im lebenslangen Sozialisationsprozess stattfindet, ist hingegen der Einfluss massenmedial vermittelter Information als hoch einzuschätzen. Besonders wirksam ist die vermittelte Information, wenn der Informationsquelle ein hohes Maß an Kompetenz und Glaubwürdigkeit zugeschrieben wird (siehe dazu Tröster 1990, 117). Informationen können auf unterschiedlichen Wegen vermittelt werden.

> Insgesamt scheinen Video- und Filmvorführungen die Einstellung gegenüber Behinderten nachhaltiger zu beeinflussen als eine ausschließlich verbale Vermittlung von Faktenwissen im Rahmen von Vorträgen oder Lehrveranstaltungen. (Tröster 1990, 118f.)

Wissen, Wert- und Normsysteme sowie Möglichkeiten, diese zu interpretieren und zu hinterfragen, werden auch über die Massenmedien wie z. B. das Fernsehen vermittelt. Einstellungen können gebildet, positive Einstellungen verstärkt und negative Einstellungen kritisch hinterfragt werden.

Um entsprechende Prozesse anzuregen, bedarf es einer Darstellung von Menschen mit Behinderung, die dem Teilhabegedanken entspricht und entsprechende Selektionskriterien für die Gestaltung der Beiträge anwendet. »Einstellungs- und Verhaltensänderungen hängen allerdings nicht von der Quantität der Interaktionen ab, sondern von der Qualität der entstehenden Kommunikation.« (Wacker 2001, 46).

Welche Rolle das Fernsehen bisher in diesem Prozess gespielt hat wird im folgenden Teil dieser Arbeit dargestellt.

Teil III – Menschen mit Behinderung in der Fernsehöffentlichkeit

8. Zur Vermittlungsfunktion des Fernsehens

Fernseherlebnisse und Fernsehsymbolik werden in den westlichen Industrienationen fest in alltägliche soziale Situationen integriert. Sendungen mit behinderten Personen bilden hier keine Ausnahme. Film und Fernsehen haben einen erheblichen Einfluss auf die soziale Zuschreibung »behindert«. Sie prägen die Vorstellungen der Fernsehzuschauer von Menschen mit Behinderung. Dies gilt insbesondere für jenen Teil der Zuschauer, der keinen oder nur wenig persönlichen Kontakt zu dieser Bevölkerungsgruppe hat. Diese Rezipientengruppe ist relativ groß, da Alltagskontakte zu Menschen mit Behinderung nach wie vor selten sind. Zu dieser Desintegration hat das nach wie vor sehr differenzierte und gut abgesicherte bundesdeutsche System der Behindertenhilfe selbst beigetragen. Menschen mit Behinderungen finden sich nach wie vor zumeist in Lebenssituationen wieder, die sie isolieren und als Besonderheit ausweisen: Sonderkindergärten, Sonderschulen, besondere Wohnheime, Werkstätten für Behinderte, etc. Folglich entnehmen zahlreiche Zuschauer ihr Bild davon, wie behinderte Menschen sind und wie sie leben, aus den Massenmedien, insbesondere aus dem Leitmedium Fernsehen.

Teil III dieser Untersuchung geht der Frage nach, welche Selbstbeschreibungen und Wirklichkeitsentwürfe das Fernsehen bisher angeboten hat. Welches Bild von Menschen mit Behinderung hat das Medium bisher entworfen? Um diese Fragen zu beantworten, werden zunächst die Ergebnisse bisher durchgeführter Studien sortiert und strukturiert. Auf dieser Plattform ist es dann möglich, exakte Forschungsfragen und die Forschungskonzeption dieser Arbeit zu entwickeln.

8.1 Zum Verhältnis von Behindertenhilfe und (Fernseh-)Journalismus

Bei dem Versuch die Rolle des Fernsehens als Mittler zwischen Menschen mit Behinderung und Öffentlichkeit zu beschreiben, gilt es zu bedenken, dass Behindertenhilfe und Journalismus grundsätzlich in zwei unterschiedlichen gesellschaftlichen Subsystemen zu verorten sind. So haben Mitarbeiter(innen) der Behindertenhilfe und Journalist(inn)en grundsätzlich verschiedene Aufgaben. Die beiden gesellschaftlichen Subsysteme weisen dennoch gewisse Dependenzen auf. Wobei die Abhängigkeit des Systems Behindertenhilfe vom medialen System ungleich größer ist, als dies umgekehrt der Fall sein dürfte. Aber auch Journalisten sind auf Informationen aus dem Bereich behinderter Menschen angewiesen, damit sie berichten können.

Die Selektionskriterien mit deren Hilfe Realität konstruiert wird, werden auf Grund divergierender theoretischer, methodologischer und normativer Aspekte ausgewählt. Für die Herstellung von Öffentlichkeit müssen die jeweiligen Systemgrenzen überschritten werden. Einen entscheidenden Anteil haben dabei Kommunikatoren, die eben solche Schnittstellen zwischen den Systemen darstellen, etwa Mitarbeiter(innen), die in der PR- oder Presseabteilung eines Behindertenverbandes arbeiten. Der Anteil von Journalist(innen), die selbst mit einer Behinderung leben und aus dieser Perspektive eine Berichterstattung leisten könnten, ist nach wie vor viel zu gering, um umfassend sein zu können (siehe Bezold 1999, 73; Radtke 2003, 12). Es stellt sich zudem die Frage, warum Menschen mit Behinderung automatisch für dieses Themenfeld zuständig sein sollten. Kommunikation bildet die Grundlage, gemeinsame Sinnstrukturen zu schaffen. Bezold, welche die Darstellungsinteressen von Selbsthilfegruppen und Fernsehredakteuren verglichen hat, bemerkt hierzu:

> Die von den befragten Fernsehredakteuren und -autoren verbalisierten ›Behinderten-Bilder‹ sowie ihr berufliches Handeln befinden sich größtenteils in Übereinstimmung mit der geäußerten Selbstwahrnehmung und den Erwartungen behinderter Menschen an die Berichterstattung. An der Kritik der Selbsthilfegruppenvertreter wird jedoch deutlich, dass das Handeln der ›Macher‹, wenn auch mit eindeutig ›guten Absichten‹ verbunden, nicht notwendigerweise mit den Selbstdarstellungsinteressen der befragten Vertreter von Selbsthilfegruppen kongruent und für sie positiv erkennbar ist.
> (Bezold 1999, 245)

Die Kommunikation zwischen den beiden Systemen scheint zum Teil nicht richtig zu funktionieren. Auf Seiten des journalistischen Systems spielen hier strukturelle Barrieren wie Nachrichtenfaktoren bzw. -schemata wie auch Redaktionsstrukturen, unzureichende Qualifikationen und die Nicht-Behindertenperspektive eine entscheidende Rolle (vgl. Fischer 1995, 33f.; Bezold 1999, 249f.). Auf Seiten der Interessenverbände, Selbsthilfegruppen, Behindertenverbände und Arbeitsgemeinschaften von Menschen mit Behinderung sind häufig noch Berührungsängste mit Medienvertretern entscheidend. Ihre Arbeit ist häufig noch nicht auf eine professionelle Zusammenarbeit mit den Medien ausgerichtet.

8.2 Historische Entwicklung der Fernsehberichterstattung – ein Überblick[21]

Behinderung ist seit jeher ein Sujet der Massenmedien. Auch vor der massenhaften Verbreitung von Medienerzeugnissen war es ein bedeutendes Thema kultureller Überlieferungen und folgte dabei feststehenden Schemata. In Märchen haben böse Hexen oft einen Buckel. Bösewichte der Weltliteratur wie Victor Hugos »Der Glöckner von Nôtre Dame« sind körperlich beeinträchtigt. Ebenso lassen sich für das Verleugnen von Behinderungen zahlreiche Beispiele in der Geschichte anführen. Prominentes Beispiel ist der US-amerikanische Präsident Theodor Roosevelt, dessen Gehbehinderung in den Massenmedien konsequent verschwiegen wurde, da man befürchtete, sie könne seine Autorität untergraben. Historisch betrachtet galten Menschen mit physischen oder mentalen Defekten als minderwertig oder sogar bedrohlich. Die Kategorisierung von Menschen mit Behinderung als andersartig, fremd und unrein hat kulturgeschichtlich eine lange Tradition. Gleichzeitig übten sie immer eine gewisse Faszination aus (vgl. Bundesvereinigung Lebenshilfe 1985, 8; Tervooren 2002).

Daher ist das Thema zu allen Zeiten von der darstellenden Kunst aufgenommen worden. Seit Beginn der Film- und Fernsehindustrie spielten Hunderte von Charakteren mit Behinderung eine Rolle (vgl. Longmore 1987, 65). Stummfilmklassiker wie Fritz Langs »Das Kabinett des Dr. Caligari« (1919), »Metropolis« (1925/26) oder »Frankenstein« (1931) zeigten bereits behinderte Charaktere, die allerdings zu dieser Zeit von nicht behinderten Akteuren gespielt wurden.[22]

Zur diskriminierenden Darstellung anderer Minoritäten sind zahlreiche Studien veröffentlicht worden. So existiert inzwischen eine stattliche Zahl von Untersuchungen zur Gleichstellung von Frauen oder zur Rolle von Rassenzugehörigkeiten bei der Fernsehdarstellung. Die Datenlage zur Darstellung behinderter Menschen im Fernsehen ist aber nach wie vor dünn. In der Rehabilitationssoziologie wie auch in den Medien- und Kommunikationswissenschaften geht die Tradition der Erforschung dieses Untersuchungsgegenstandes noch nicht besonders weit zurück. In den ersten zwanzig Jahren der Existenz des Fernsehens hat quasi überhaupt keine Forschung stattgefunden. Dass dennoch Befunde für diesen Zeitraum vorliegen, ist

---

21 In diesem Kapitel werden bekannte Beispiele aus der deutschen Fernsehgeschichte aufgeführt, um die den Studien entnommenen Ergebnisse zu illustrieren. Interessante Beispiele für die Entwicklung im britischen Fernsehen liefert Davies 1997.
22 Eine Ausnahme bildete der 1932 in die Kino gekommene Film »Freaks«, in dem bereits behinderte Schauspieler agierten (vgl. Radtke 2003, 10f.; Tervooren 2002; Whittington-Walsh 2002).

retrospektiv vorgenommenen Untersuchungen zu verdanken. Seit Mitte der siebziger Jahre existiert überhaupt erst ein Forschungsinteresse, welches sich zunächst im anglo-amerikanischen Raum entwickelte, in den achtziger Jahren dann aber auch Einzug in die deutschsprachige Forschung hielt.

8.2.1 Die 50er und 60er Jahre: biologistisch-nihilistische Leitbilder

In den 50er und 60er Jahren war die Behindertenhilfe noch stark von den Leitbildern Fürsorge, Versorgung und Betreuung geprägt. Es herrschte ein medizinisches Verständnis von Behinderung vor.

Soll stellte mit ihrer Studie über »Identität in der Mediengesellschaft« für das Jahr 1955 fest, dass sich die genannten Leitbilder der Behindertenhilfe auch in der Fernsehdarstellung widerspiegelten.

> In den 50er Jahren wurde der behinderte und chronisch kranke Mensch vorrangig mit den ›Augen‹ eines Volkes gesehen, das nach schweren Jahren des Krieges nun von einem allgemeinen wirtschaftlichen Aufschwung, von der modernen Wissenschaft und Technik fasziniert und allen fortschrittsorientierten Themen zugewandt ist, selbst aber noch in streng hierarchischen Strukturen lebt und denkt. Für die Gesellschaft der 50er Jahre sind unmündige Abhängigkeitsverhältnisse ein konstituierendes Merkmal. Welche dependente Rolle behinderten Menschen zukam, zeigen die Ergebnisse der Untersuchung. (Soll, Charlton, Lucius-Hoene 1999, 24)

Eine unmündige Abhängigkeit war also typisch für diese Ära und fand sich entsprechend im jungen Medium Fernsehen wieder. Diesen Gedanken förderte auch eine Initiative des ZDF, die in den folgenden Jahrzehnten das öffentliche Bild von behinderungserfahrenen Menschen prägte wie keine andere im Deutschen Fernsehen: die »Aktion Sorgenkind« mit ihrer Hauptsendung »Der große Preis«. 1964 wurde die erste Sendung ausgestrahlt. Wenngleich von dieser Spendenaktion wenig verändernde Impulse ausgingen, so trug sie doch wesentlich dazu bei, den entstehenden Institutionen finanzielle Mittel zukommen zu lassen. Damit unterstützte sie aber auch entscheidend die Separation von Menschen mit Behinderungen in Sondereinrichtungen. Diese Entwicklung hat die Sendung über Jahrzehnte vermittelt und verstärkt (vgl. Heiler 1982).

8.2.2 Die 70er Jahre: negative Stereotypen und pädagogisierendes Weltbild

Die 70er Jahre gelten der Behindertenhilfe und den Rehabilitationswissenschaften als Dekade des Umbruchs, in denen sich Leitbilder wie Förderung und soziale Integration durchsetzten. Ein pädagogisch-optimistisches Weltbild lag diesen Entwicklungen zu Grunde. Die Fernsehdarstellung von Menschen mit Behinderung griff diese Ansätze zum Teil auf, war aber doch größtenteils weiterhin einer defizitorientierten Sichtweise verhaftet. Unabhängigkeit, die Befreiung von der abhängigen Beziehung zu Medizinern ist in den 70er Jahren häufiges Thema der Berichterstattung über Menschen mit Behinderung und chronischer Krankheit. »Die Medien vermitteln das neue Denken überwiegend mittels der beispielhaften Vorstellung von Einzelschicksalen und Mittels sachlicher Aufklärung.« (Soll, Charlton, Lucius-Hoene 1999, 24).

Die Quantität der Darstellung nahm in dieser Dekade deutlich zu. So wurde ab 1974 erstmals eine Serie im deutschen Fernsehen ausgestrahlt, in der eine behinderungserfahrene Person eine Hauptrolle spielt: »Unser Walter«. Darin wurde der Alltag der Familie Zabel geschildert, die mit einem Kind mit Down-Syndrom lebt. Die Reaktionen auf diese Serie fielen trotz aller Kontroversen überwiegend positiv aus. Dennoch vermittelte auch sie ein defizitorientiertes, exkludierendes Bild von Behinderung. Knapp, der das ORF Programm der Jahre 1975 bis 1980 untersuchte, stellte fest, dass in diesem Zeitraum im österreichischen Fernsehen überwiegend ein medizinisches Verständnis von Behinderung vorherrschte. Dabei würde hauptsächlich *über* behinderungserfahrene Menschen berichtet. Sie selbst kämen nur wenig zu Wort. Wenngleich dabei eine sachliche gegenüber einer mitleidsvollen Berichterstattung vorherrschte, so wurde über das für diese Dekade prägende Leitbild der sozialen Integration nur wenig berichtet. Das vorherrschende Behindertenstereotyp in der Berichterstattung war das des Rollstuhlfahrers (vgl. 1980, 73 f.).

Für den *amerikanischen* Fernsehmarkt kamen die Experten zu übereinstimmenden Ergebnissen. Donaldson untersuchte ein Sample von Fernsehbeiträgen zur Hauptsendezeit im Frühjahr 1979. Die quantitative Untersuchung ergab, dass in Hauptrollen lediglich zu 3,2% Menschen mit Behinderungen vorkamen. Wurden alle Charaktere einbezogen, ergaben sich 4%. Die Analyse zeigte besonders deutlich, dass Menschen mit Behinderungen kein einziges Mal als Statisten eingesetzt wurden. Unter den Tausenden von Menschen im Hintergrund waren sie absolut unsichtbar. Weiteres Ergebnis der Studie: behinderte Charaktere sind wesentlich häufiger in negativen Rollen zu sehen, denn in positiven. Wenn positiv berichtet wurde, war der kommunikative Fokus immer auf die Beeinträchtigung gerichtet (vgl. Donaldson 1981, 414).

Übereinstimmend mit Lieberman-Smith und Rosen (1978) stellt Donaldson fest, dass bestimmte stereotype Bilder die Darstellung bestimmen. In beiden Untersuchungen wurde die Verbindung von Bosheit und Kriminalität mit Behinderung als oftmals verwendetes Motiv herausgearbeitet. Weitere häufige Themen seien Menschen mit Behinderung als Objekte von Mitleid und Wohltätigkeit, Krankheit, ewige Kinder oder als Objekte der Lächerlichkeit (vgl. Donaldson 1981, 415).

Diese Art der Berichterstattung wurde damals nicht nur von Wissenschaftler(inne)n, sondern ebenso von Zusammenschlüssen von Menschen mit Assistenzbedarf als zu stark defizitorientiert kritisiert. 1979 hat die United Cerebral Palsy (UCP) versucht, Produzenten über ihre angemessene sprachliche Berücksichtigung im Fernsehen aufzuklären. Begriffe wie: Opfer, Armer, Krüppel, unglückliche Tragödie und alles andere was eher Mitleid statt Respekt ausdrückt, solle nicht verwendet werden. Fernsehsprecher(innen) sollten ebenso vermeiden, Zuschauer dazu aufzufordern, ihre Dankbarkeit auszudrücken, dass *ihre* Kinder gesund seien (vgl. Karpf 1997, 82).

8.2.3 Die 80er Jahre: Trendwende in der Darstellung

In den Vereinigten Staaten wie auch in Großbritannien wurden in den achtziger Jahren zahlreiche wissenschaftliche Studien zur Darstellung von Menschen mit Behinderung in den Medien erarbeitet (vgl. Bogdan, Biklen, Shapiro et al 1982; Elliot, Byrd 1984; Gartner, Joe 1987; Longmore 1987). Der überwiegende Teil der Verfasser kommt zu dem Ergebnis, dass die Präsentation von Menschen mit Behinderung im Fernsehen seit Mitte der achtziger Jahre eine positivere geworden sei.

Ein Gros der Autoren, die sich zu dieser Dekade äußern, haben keine Inhaltsanalysen im sozialwissenschaftlichen Sinne vorgenommen, sondern gewinnen ihre Erkenntnisse an Hand einzelner Filmbeispiele. Entsprechend lassen die Ergebnisse keine generalisierenden Rückschlüsse zu.

Typisch für das Bild von Menschen mit Behinderung in den 80er Jahren sind Darstellungsmuster, wie Longmore sie beschreibt. Der Filmsoziologe spricht von einer häufigen Bildschirmpräsenz behinderter Charaktere. Er weist darauf hin, dass es in amerikanischen Fernsehproduktionen eine feste Tradition der Verbindung von Kriminalität und Behinderung gibt. Ein äußerst häufiges Thema sei zudem die Darstellung von behinderten Protagonist(inn)en, denen es an Selbstakzeptanz mangele. Kompensation von Beeinträchtigungen sei ein weiteres Leitmotiv. Der angebliche Zusammenhang zwischen Behinderungen und gestörter Sexualität spiele ebenfalls eine evidente Rolle. Grundtendenz der Darstellung in fiktionalen und nonfiktionalen Programmen sei, Behinderung als individuelles Problem zu begreifen, nicht als

8. Zur Vermittlungsfunktion des Fernsehens

Problem sozialer Stigmatisierung und Diskriminierung. Insgesamt kommt Longmore aber zu dem Schluss, dass die Darstellung von Menschen mit Behinderung im Ganzen, insbesondere im Bereich der Werbefilme, Fortschritte mache. »Paradoxially«, wie der Autor betont (1987, 65–78, hier 71).

Für den »human-interest« Bereich stellt Longmore fest, dass gerade in Magazinen die neuesten medizinischen und technologischen Entwicklungen häufig aufgegriffen werden. Diese Sendungen vermittelten den Eindruck, Behinderung sei mehr ein Problem individueller emotionaler Bewältigung und der Überwindung physischer Beeinträchtigungen, denn eine Frage der sozialen Diskriminierung einer stigmatisierten Minderheit. Er weist aber auch darauf hin, dass die Meinungen von Menschen mit Behinderung zu diesen Formaten durchaus ambivalent sind (vgl. 1987, 74).

Die Arbeit von Longmore ist exemplarisch für eine Reihe weiterer Untersuchungen, die die Darstellung von Menschen mit Behinderung im Fernsehen der 80er Jahre erforschten (siehe z.B. Elliot 1994; und Gartner, Joe 1987). Zusammenfassend lassen sich die Ergebnisse dieser Studien in einem Zitat von Elliot wiedergeben: »The offensive presentation of people with disabilities is an ethical problem for the media.« (1994, 74).

Das internationale Jahr der Behinderten 1981 brachte in Deutschland eine wahre Flut von Sendungen zum Thema »Behinderung« mit sich. Danach war allerdings eine gewisse Sättigung zu beobachten. Dennoch trug das von der UNO ausgerufene Jahr der Behinderten ganz wesentlich zur Stärkung des Selbstbewusstseins dieser Bevölkerungsgruppe bei. 81% der Gesamtbevölkerung haben 1981 Beiträge gesehen, die sich mit dem Thema Behinderung auseinandersetzen (vgl. Holtz 1982a, 197). In der Darstellung überwog dabei stark der Anteil der Rollstuhlbenutzer(innen). Behindertenaktivisten sahen die Medienpräsentation des Jahres 1981 oftmals kritisch. Sie wiesen darauf hin, dass das sich gerade verändernde Selbstverständnis und Selbstbewusstsein von Menschen mit Behinderung, losgelöst vom medizinischen Modell, kaum von den Medien aufgenommen wurde. Es seien vor allem bemitleidenswerte Geschöpfe oder »Superkrüppel« gezeigt worden. Karpf drückte ihre Empörung über die weiterhin vorherrschende exkludierende Darstellung wie folgt aus: »A thalidomide ›heroine‹ made headlines for passing her driving test.« (1997, 81). Es gab nach wie vor keine selbstverständliche Teilhabe am allgemeinen Programm, keine Darstellung in alltäglichen Zusammenhängen.

Wenngleich ein grundlegender Einstellungswandel nicht beobachtet werden konnte, so bewirkte 1981 dennoch eine Sensibilisierung der Bevölkerung. Das IMW-Forschungsinstitut, welches das internationale Jahr der Behinderten wissenschaftlich begleitete, stellte fest: »Bis zum ›selbstverständlichen Miteinander‹ von

Behinderten und Nicht-Behinderten ist noch ein weiter Weg.« (Holtz 1982a, 205). Kritiker wie Cloerkes veranlasste der geringe Erfolg der Öffentlichkeitsarbeit zu dem Schluss, dass PR in der Behindertenhilfe *grundsätzlich* kritisch zu sehen sei (1982, 219). Rehabilitationssoziologen wie Markowetz kommen hingegen zu dem Ergebnis, dass die Darstellung seit 1981 »in der Öffentlichkeit etwas günstiger ist als zuvor.« (1993, 6). Ausführliche Studien exklusiv zur Darstellung behinderter Menschen im deutschen Fernsehen wurden in den achtziger Jahren nicht erstellt. Es erschienen aber einige Aufsätze zu dem Thema, deren Autorinnen und Autoren übereinstimmend zu ernüchternden Einschätzungen gelangten. So moniert Withalm, dass die im Fernsehen oder im Kino gezeigten Filme

> in unterschiedlicher Weise vorhandene Vorurteile gegenüber behinderten Menschen ›bestätigen‹ und verstärken (und damit ihren Beitrag leisten, alle Versuche sozialer Integration zu erschweren bis zu verhindern). (1989, 30)

Betrachtet man den Film- und Fernsehmarkt der achtziger Jahre, ist dennoch eine Trendwende zu beobachten. Zumindest die Quantität und zum Teil auch die Qualität der Beiträge nahm deutlich zu. Menschen mit Beeinträchtigung waren geradezu ein Modethema für Spielfilmproduktionen. Dabei waren Filme mit behinderten Hauptfiguren wie »Rain Man« (1988) mit Dustin Hofmann und »Geboren am 4. Juli« (1989) mit Tom Cruise absolute Kassenschlager (eine ausführliche Filmliste zahlreicher relevanter Spielfilme findet sich z.B. bei Bartmann 2002). Deutsche Fernsehserien wie die Lindenstraße (seit 1985) waren bahnbrechend für die Integration von Menschen mit Behinderung in eine normale Spielhandlung. Behinderte Charaktere der Serie waren bzw. sind z.B. die Rollstuhlbenutzer Christoph Bogner (gespielt von dem spastisch gelähmten Michael Dillschnitter) und Dr. Dressler (gespielt von dem Fußgänger Ludwig Haas), die diabeteskranke Rosi Koch oder Claudia Rantzow, der eine Brust amputiert wurde (beide gespielt von Schauspielerinnen ohne entsprechende Funktionsstörungen).[23]

---

23 Diese Vorreiterfunktion hat die Endlosserie beibehalten. So erhielt die Lindenstraße 2001 den Bobby-Medienpreis der Bundesvereinigung Lebenshilfe für die Darstellung einer Familie mit einem Kind mit Down-Syndrom.

9. Zum aktuellen Forschungsstand

Dieses Kapitel beschreibt die Entwicklung der Fernsehberichterstattung in den 90er Jahren des letzten Jahrhunderts. Es trägt dennoch den Titel »Zum aktuellen Forschungsstand«, da seitdem keine weiteren Studien vorgelegt wurden. Wie der Überblick zeigt, gibt es in der rehabilitations- wie auch in der kommunikationswissenschaftlichen Forschung einige höchst unterschiedlich angelegte Versuche, die Qualität von Fernsehbildern über Menschen mit Behinderung zu beurteilen (siehe Tabelle 7). Dies betrifft sowohl das Datenmaterial, als auch die verwendete Methode und das Forschungsziel.

Grundlegendes Forschungsziel dieser Untersuchung ist es, die Berichterstattung über Menschen mit Behinderung an Hand der Prüfgröße »gleichberechtigte Teilhabe« zu beurteilen.

Als gleichberechtigte Partner, wie sie das Teilhabekonzept beschreibt, haben Menschen mit oder ohne Behinderungserfahrung grundsätzlich identische Vorraussetzungen bei der Beurteilung von Fernsehbeiträgen. Menschen mit Behinderung haben aber darüber hinaus oftmals besondere Kompetenzen, da sie als Expert(inn)en in eigener Sache auf Grund der eigenen Behinderungserfahrung einen anderen Blickwinkel einnehmen können. Daher hat ihre Meinung bei der Darstellung des aktuellen Forschungsstandes ebenso wie die erwähnten Studien eine wichtige Rolle gespielt. Zahlreiche Aufsätze dieser Expertengruppe wurden analysiert. Um diese individuellen Einschätzungen besser einordnen zu können, werden sie zum Teil empirischen Daten gegenübergestellt.

Die Auswertung und Strukturierung der genannten Studien und Aufsätze ergibt den Überblick über den aktuellen Forschungsstand. Bestimmte Forschungsfragen kristallisierten sich dabei als zentral heraus, da sie immer wieder genannt wurden. Um einen Ansatzpunkt für die Entwicklung eines eigenen Kriterienkatalogs bei der Beurteilung von Fernsehbeiträgen zu erhalten, wurden diese zentralen Forschungsfragen in sechs übergreifende Dimensionen zusammengefasst:[24]

1. Quantität
2. Themen
3. Sprache
4. Ästhetik und Gestaltung
5. Charakterisierung
6. Vergleich der Magazine.

---

24 Impulsgebend für die Grundlegung der Dimensionen war dabei die Studie von Werner 2000.

	CUMBERBATCH/ NEGRINE 1992	HUAINIGG 1996	SOLL 1998	VON BEZOLD 1999
Titel der Studie	Images of disability on television. New York.	Schicksal täglich. Zur Darstellung behinderter Menschen im ORF. Innsbruck, Wien.	Die Darstellung von behinderten und chronisch kranken Menschen in den Medien. Eine vergleichende Medienanalyse 1955 – 1975 – 1995. Freiburg.	Mittendrin oder außen vor? Öffentlichkeitsarbeit von Behindertenselbsthilfegruppen zur Artikulation von Selbstdarstellungsinteressen und Fernsehberichterstattung über Menschen mit Behinderungen. Darstellung und Vergleich. Heidelberg.
Forschungsfrage	Adäquatheit, Häufigkeit; Verständnis von Behinderung; Intention (Part I)	Adäquate Darstellung vor dem Hintergrund von Selbstbestimmung und Integration	Identitätsentwürfe in den Medien	Journalistische Darstellungsinteressen versus Selbstdarstellungsinteressen von MmB
Sample	1988/89: sechs Wochen alle Programme in der Region Birmingham (4 Sender)	ORF Programm 2x2 Wochen 1993/94	Print- und TV Medien 1955/1975/1995: Film- und Sendeprotokolle	Befragung von: Selbsthilfegruppen, Fernsehredakteuren
Hauptergebnisse	Trotz häufiger Präsens ist die Darstellung negativer als erwartet. Sie variiert stark zwischen den Sendern. Der Teilhabegedanke wird nicht umgesetzt.	Stereotypien & Scheinlösungen bestimmen das Bild. Integration ist auf dem Bildschirm nicht zu sehen.	Die Darstellung nahm im Verlauf der Zeit deutlich zu. Die inhaltliche Darstellung korrespondiert mit den gesellschaftlichen Veränderungen.	Für ein spezifische Gruppe von Journalisten ist »Behinderung« interessant. Selbsthilfegruppen können eine stärkere Umsetzung nicht durchsetzen. Die momentane Berichterstattung wird kritisch gesehen.

Tabelle 7: Menschen mit Behinderung im Fernsehen – relevante Studien im Überblick[25]

---

[25] In der Übersicht finden sich alle deutschsprachigen Untersuchungen der 90er Jahre, erweitert um die herausragendste britische Studie.

9.1 Quantität

Eine Grundfrage, ohne die sich alle weiteren Fragen etwa nach Gleichstellung oder Inklusion erübrigen, ist die der generellen quantitativen Teilhabe von Menschen mit Behinderung am Programm.

Sowohl von Aktivist(inn)en der Behindertenbewegung als auch von Rehabilitationswissenschaftlern wird immer wieder formuliert, dass Menschen mit Behinderung zu wenig Raum im Fernsehen gegeben werde (vgl. u.a. Bernard, Hovorka 1992, 91; Huainigg 1996, 20; Pointon, Davies 1997, 58; Degenhardt 1999, 58; Deklaration von Madrid 2002, 20). Beispielhaft soll dazu Arnade zitiert werden:

> Behinderte Menschen werden bislang von den Medien vernachlässigt und als kleine, unbedeutende Randgruppe behandelt. Vielen ist offensichtlich nicht klar, daß zehn Prozent der Bevölkerung mit einer Behinderung lebt. Von einer Hörfunkfrauenredaktion bekam ich dann auch vor einiger Zeit zu hören: ›Wir haben das Thema doch erst vor einem Jahr gehabt.‹ (1994, 3)

Die in den 90er Jahren vorgelegten Studien kommen z.T. zu anderen Ergebnissen. Cumberbatch und Negrine stellten für das britische Programm fest, dass in 16,4 Prozent aller Beiträge behinderte Protagonist(inn)en auftauchten. Auch Norden, Bartmann u.a. konstatieren in ihren Analysen die Existenz von Hunderten von Charakteren mit allen Arten von Behinderung in Film- und Fernsehen (siehe Norden 1994, Bartmann 2002).

Für die Beantwortung der Frage, ob die Darstellung von Menschen mit Behinderung im Verlauf des Fernsehzeitalters, also diachron betrachtet, zugenommen hat, gibt es für die Bundesrepublik Deutschland nur spärliche Hinweise.[26] Soll hat sich mit dieser Frage beschäftigt und kommt dabei zu dem eindeutigen Ergebnis, dass die Quantität in den drei untersuchten Jahren 1955, 1975 und 1995 jeweils exponentiell zugenommen habe (vgl. 1998, 51). Auch Bezold konstatiert, dass das Thema Behinderung in den letzten fünf bis zehn Jahren für das Fernsehen interessanter geworden sei, allerdings nicht für alle Journalist(inn)en. Behindertenthemen hätten nach wie vor nur wenige Chancen auf große quantitative Umsetzung, da es Menschen mit Behinderung nach wie vor nicht möglich sei, eine stärkere Thematisierung durchzusetzen (vgl. Bezold 1999, 246).

Die in den erwähnten Studien ermittelte Anzahl behinderter Personen ist erheblich von der zu Grunde liegenden Definition von Behinderung beeinflusst. So

---

26 Für das britische Programm hat Davies (siehe Davies 1997) diese Frage positiv beantwortet. Er konstatiert vor allem einen enormen Anstieg der Berichterstattung seit 1981.

kommt Huainigg im Gegensatz zu den zuvor Erwähnten zu dem Ergebnis: »Nach wie vor ist die Anzahl der Sendungen, in denen die Behindertenthematik aufgearbeitet wird, sehr gering.« (1996, 64).

Es stellt sich die Frage, welchen Daten als Grundlage für einen Vergleich mit der Verteilung in der Bevölkerung dienen können, da in Deutschland aus historischen Gründen keine Statistiken über behinderte Bürger geführt werden. Die bisher einzige ausführliche Studie stammt von 1984 (Socialdata) und kann dementsprechend ausschließlich mit Daten für die alten Bundesländer dienen. Die amtliche Schwerstbehindertenstatistik liefert nur unzureichende Daten, da ausschließlich Personen erfasst werden, die im Besitz eines amtlichen Schwerbehindertenausweises sind.

Die WHO geht für 2003 von einem Anteil von Behinderung betroffener Menschen von 7–10 % der Gesamtbevölkerung aus (WHO 2003, 1). Dies deckt sich mit den Zahlen der Kommission der europäischen Gemeinschaften, die ebenfalls von einem Anteil von 10 % ausgeht (Kommission der Europäischen Gemeinschaften 2001, 4). Wenngleich die Daten nicht direkt vergleichbar sind, da es generell Probleme bereitet, das soziale Konstrukt Behinderung exakt abzugrenzen (siehe Kapitel 5) so können diese Zahlen dennoch als Richtwert für die Beurteilung der rein quantitativen Teilhabe von Menschen mit Behinderung am Programm dienen.

9.1.1 Alter; Behinderungsformen

Die Untersuchungen des Fernsehprogramms der 90er haben ergeben, dass Kinder mit Behinderungen im Fernsehen wesentlich häufiger zu sehen sind als behinderte Erwachsene. Huainigg ermittelte für den ORF folgende Relation:

KINDER	204	74,19 %
ERWACHSENE	71	25,81 %

Tabelle 8: Verteilung Kinder und Erwachsene
Quelle: Huainnig 1996, 61.

Bei der Betrachtung dieser Zahlen wird deutlich, dass über behinderte Heranwachsende besonders häufig berichtet wird. Huainigg führt dies darauf zurück, dass die in seinem Sample analysierte Sendung »Licht ins Dunkel« sehr oft sogenannte Schicksale behinderter Kinder zum Thema macht (vgl. 1996, 61). Regelmäßig werden die Beiträge dabei von Spendenaufrufen begleitet. Cumberbatch und Negrine stellten fest, dass in fast der Hälfte der von ihnen untersuchten Nachrichtensendungen Kinder als Handlungsträger involviert waren (1992, 33; siehe auch Karpf 1997, 82).

9. Zum aktuellen Forschungsstand

Vergleicht man diese Daten mit denen der offiziellen Schwerbehindertenstatistik, so sind dort für 2001 nur 2,45 Prozent der Erfassten unter 18 Jahre. Dabei aber eine sehr große Gruppe von Kindern und Jugendlichen mit dem gesellschaftlichen Etikett Behinderung aus der Statistik: ein Großteil der Schülerschaft der Sonderschulen. Den meisten von ihnen wird zumindest für ihre Schulzeit ein Behindertenstatus zugesprochen. Sie tauchen in der Statistik aber nicht auf, so lange sie keinen Schwerbehindertenausweis besitzen. Der mit über 53 Prozent größte Teil der Förderschüler, Kinder mit Lernschwierigkeiten, gilt überhaupt nur in dieser Lebensphase als behindert, da diese Beeinträchtigung von der Ermittlung des sonderpädagogischen Förderbedarfs abhängt. Es handelt sich ausschließlich um eine gesellschaftliche Zuschreibung.

FÖRDERSCHWERPUNKT	SCHÜLER	FÖRDERQUOTE
Lernen	258.854	2,836
Sehen	6.849	0,075
Hören	14.152	0,155
Sprache	43.816	0,480
Körperliche und motorische Entwicklung	25.323	0,277
Geistige Entwicklung	66.181	0,725
Emotionale und soziale Entwicklung	34.902	0,382
Förderschwerpunkt übergreifend bzw. ohne Zuordnung	28.665	0,314
Kranke	9.162	0,100
INSGESAMT	487.904	5,345

Tabelle 9: Schüler mit sonderpädagogischem Förderbedarf und Förderquoten nach Förderschwerpunkten 2000
Quelle: KMK – Kultusministerkonferenz 2002, VII.

Wenngleich der Anteil behinderter Personen im Fernsehprogramm der letzten Jahre leicht angestiegen ist, so scheinen Menschen mit bestimmten Beeinträchtigungen nach wie vor von dieser Entwicklung ausgeschlossen zu sein. Es hat den Anschein als seien schwerste körperliche und mentale Beeinträchtigungen für Fernsehproduzenten nach wie vor genauso wenig vermittelbar wie Menschen, deren Beeinträchtigungen auf den ersten Blick für den Fernsehkonsumenten nicht erkennbar sind. Dies trifft z. B. auf Menschen mit Lernschwierigkeiten zu. Bisherige Untersuchungen haben ergeben, dass einige Beeinträchtigungsarten deutlich seltener zur Darstellung gebracht werden (vgl. Knapp 1980, 54; Huainigg 1996, 60).[27] Cumberbatch und Negrine konstatierten für nicht-fiktionale Fernsehprogramme einen Anteil von 31,6 Prozent für Personen mit Bewegungsbeeinträchtigungen und einen Anteil von 14,1 Prozent für Menschen mit Sinnesbeeinträchtigungen an der Gesamtzahl behinderter Menschen. Die Darstellung von Akteuren mit psychischen Krankheiten machte hingegen nur 2,6 Prozent aus (vgl. 1992, 29). Über Menschen mit schwersten und Mehrfachbehinderungen wird besonders selten in den Medien berichtet. »Schwerstbehinderte gelten in Fachkreisen ›als dem Publikum nicht vermittelbar‹.« (Radtke 2003, 9).

9.1.2 Akteurinnen und Akteure

1993 brachte die Zeitschrift Selbsthilfe eine Ausgabe ausschließlich zum Thema »Behinderte und Medien« heraus. Die Autoren der unterschiedlichen Beiträge waren sich einig in ihrer Einschätzung, dass Menschen mit Behinderung als gleichberechtigte Akteurinnen und Akteure auf dem Bildschirm kaum eine Rolle spielten (vgl. Dahesh 1993, 20 f.; Markowetz 1993, 11; Österwitz 1993; Radtke 1993, 18; Wiedemann 1993, 23; Zörner 1993, 27). Zehn Jahre später (2003) widerspricht Radtke Vorsitzender der Arbeitsgemeinschaft Behinderung und Medien (ABM) seiner 1993 gegebenen Einschätzung.

> Momentan hat es jedoch den Anschein, als ob insbesondere die Privatsender in Talkshows behinderte Menschen als neue Protagonisten entdeckt hätten. […] Hieraus eine Öffnung hin zum Menschen mit Behinderung abzuleiten, wäre noch verfrüht. (2003, 9)

Mit dieser Aussage bezeichnet er lediglich die quantitative Seite der Darstellung, nicht etwa ihre Qualität. Ein überwiegender Teil von Menschen mit Beeinträchtigungen sieht es als Qualitätsmerkmal, auch aktiv mitgestalten zu können, als Träger von Informationen aufzutreten – allein oder mit Nichtbehinderten zusammen (vgl. Bernard, Hovorka 1992, 92).

Huainigg (1996) untersuchte in Anlehnung an eine Studie von Knapp (1980), ob behinderte Menschen nur passiv als Handlungsträger dienen, oder ob sie auch aktiv als Aussageträger Informationen transportieren. Bei den von Knapp untersuchten Beiträgen liegt eine erhebliche Diskrepanz zwischen Handlungs- und Aussageträgern vor. In einem Beitrag vorzukommen heißt demnach nicht, auch automatisch als

---

27 Entgegen der beschriebenen Tendenz ermittelte Huainigg allerdings einen Anteil von 43,64 % geistig behinderter Menschen (vgl. 1996, 61).

Aussageträger zu fungieren. »In den knapp 60% der untersuchten Sequenzen, [...] finden sich Behinderte als Aussageträger in der Rangskala hinter Behördenvertretern und ›sonstigen Experten‹ [...].« (Knapp 1980, 48). Dies wertet der Autor als Abqualifizierung der Betroffenen.

Huainigg, der wie Knapp das ORF-Programm analysierte, hat nochmals eine enorme Zunahme dieses Trends festgestellt »daß mehr über Behinderte informiert wird, als das die Betroffenen selbst zu Wort kommen. Überwiegend kommen als Handlungsträger die Sprecher der Sendung vor.« (1996, 36 und 58).

9.2 Themen

Radtke hat das Themenspektrum, in dem sich die Berichterstattung über Menschen mit Behinderung bewegt, plakativ mit »Batman oder Bettler« beschrieben (2003, 9; siehe auch Bezold 1999, 148f.; Huainigg 1996, 34; Karpf 1997, 79). Tatsächlich drängt sich der Eindruck auf, diese Bevölkerungsgruppe werde nur thematisiert, wenn Nachrichtenfaktoren wie »Negativität« oder »Konflikt« eine Rolle spielen.[28] Wie vorliegende Untersuchungen zeigen, spielen diese Themen in der Berichterstattung bisher eine untergeordnete Rolle. Zu diesem Ergebnis gelangen sowohl Medien- als auch Rehabilitationswissenschaftler.

> [...] Minderheitenthemen [stehen] nicht auf der Agenda von Mainstreammedien, außer sie sind vom Nachrichtenwert ›Konflikt‹ oder ›Besonderheit‹ [...] geprägt. Es wird also eine weitgehend ›minderheitenfreie‹ Welt gezeigt. Für die Rezipienten bedeutet dieser Umstand, dass ein Teil der Wirklichkeit medial nur im Zusammenhang mit bestimmten Ereignissen wahrgenommen werden kann. Medien sind aber nicht nur Instanzen zur Übertragung von Information, sondern sie produzieren selbst Wirklichkeit.
> (Kogoj 2000, 4)

Einige empirische Analysen haben aber auch antithetisch zu der vorstehenden Aussage Daten erbracht, die nahe legen, dass Menschen mit Behinderung durchaus am Programm teilhaben und dabei auch jeweils aktuelle Diskurse aufgegriffen werden. Sieht man sich die Daten Knapps an, so scheint es, als würden Themen, die aktuell mit den Begriffen Teilhabe und Inklusion beschrieben werden, relativ häufig behandelt. Er konstatiert als dritthäufigstes Thema der Berichterstattung »Soziale Integration«, nach »Alltagsprobleme« und »Erziehung/Unterricht«. Im Kommentar zu seinen Ergebnissen weist der Österreicher aber deutlich daraufhin, dass ein Beitrag mit

---

28 Im Archiv der »Brisant« Redaktion sind alle Beiträge zu diesem Themenbereich unter »Skurriles« einsortiert.

dem Etikett Integration diese nicht auch wirklich abbilden muss, da »die Behinderten weiterhin passiv bzw. isoliert dargestellt werden.« (Knapp 1980, 49). Auch Radtke moniert, dass der Tenor der Sendungen oftmals Isolation und Exklusion zum Ausdruck bringe:

> Die Themenschwerpunkte suggerieren dem Leser, Zuschauer oder Zuhörer ein Bild von behinderten Menschen, das erstens nicht stimmt und zweitens in seiner Konsequenz höchst nachteilige Auswirkungen mit sich bringt. Entweder erscheint der Betroffene als reines Objekt des Handelns anderer, oder er wird dem Publikum als einmaliges Phänomen vorgeführt. (1993, 9)

Radtke nennt als »herkömmlichen Kanon von Behindertenthemen« (ebd.):

- Berichte über Einrichtungen und Institutionen
- Berichte über Wohltätigkeitsveranstaltungen und Aktionen
- Inszenierung eigener Spendenaktionen oder Tombolen
- Berichte über soziale Missstände
- Portraits von außergewöhnlichen Einzelschicksalen (vgl. ebd.).

Die Berichterstattung über »Vorzeigebehinderte« lehnt er ab, da sie behinderte Menschen an den Normen der Leistungsgesellschaft und nichtbehinderter Menschen messen würden (vgl. Deffner 1982, 50; Sandfort 1982, 209; Markowetz 1993, 10). Vergleicht man Radtkes Themenkanon mit vorliegenden empirischen Studien, so muss er erweitert werden. So spielen die Themen:

- Betreuung/Behandlung
- Freizeitaktivitäten
- Rechtsfragen
- soziale Situation
- medizinische Behandlung
- neue medizinische bzw. technologische Errungenschaften und Entdeckung neuer Heilmethoden

ebenso eine Rolle (vgl. Longmore 1987, 72; Cumberbatch, Negrine 1992, 30; Huainigg 1996, 59). Huainigg stellte eine deutliche Übermacht von Sendungen, die karitative Aktionen zum Thema haben, fest. In 58 der 91 von ihm untersuchten Beiträge ist der kommunikative Fokus der Berichterstattung darauf gerichtet (vgl. 1996, 59).[29] Diese Sendungen würden dabei die Beeinträchtigung als klassifizierende Charaktereigenschaft herausstellen und die Notwendigkeit finanzieller Unterstützung besonders hervorheben. Zudem reduzierten sie sogenannte Behinderte auf zu therapierende Wesen, denen ausschließlich Expertinnen und Experten helfen könnten (vgl. Heiler 1982, 17). Cumberbatch und Negrine sind zu übereinstimmenden

---

29 Ein Großteil seines Samples bestand allerdings aus der Wohltätigkeitssendung »Licht ins Dunkel«.

Ergebnissen gelangt (1992, 36). Bei der Durchsicht der unterschiedlichen Studien fällt ins Auge, dass bestimmte Themenbereiche nur sehr sporadisch oder auch überhaupt nicht im Fernsehen aufgegriffen werden. Beiträge, welche die Selbstbestimmung behinderter Menschen thematisieren, wie Selbsthilfe und Partnerschaft, sind nur äußerst selten thematisiert worden. Sexualität ist bei Knapp nicht ein einziges Mal codiert worden, bei Huainigg lediglich für eine Sendung, Cumberbatch und Negrine fanden keinen Beitrag dazu. Huainigg (vgl. 1996, 60) stellt eindeutig fest, dass dieses Thema nach wie vor tabuisiert ist. Wenn es aufgegriffen werde, dann stünden sexuelle Abweichungen im Vordergrund (sieh auch Longmore 1987, 72).

Bei Diskussionen mit behinderten Menschen wird als weiteres Defizit in der Auswahl von Themen immer wieder genannt, dass sie Menschen mit Behinderung niemals in normalen thematischen Zusammenhängen sehen würden. »Jede Beschäftigung, sei es Sport oder etwas anderes, wird zur therapeutischen Maßnahme deklariert. Selbstzweck oder Spaß an der Freude sind undenkbar – alles wird aus der Behinderung heraus erklärt.« (Heiler 1982, 22).

9.3 Sprache

Die Sprache, die in den Massenmedien auf behinderte Menschen referiert, reflektiert einerseits gesellschaftliche Wahrnehmungen und beeinflusst diese zugleich (vgl. Auslander, Gold 1999, 1395). Der Gebrauch »behindernder Sprache«, für die sich im angloamerikanischen Sprachraum der Begriff »disabling language« etabliert hat, wurde für die unterschiedlichsten Medien nachgewiesen.[30] Ein unmittelbarer Einfluss unangemessener Sprache auf Einstellungen konnte hingegen bisher nicht klar und eindeutig belegt werden (vgl. dies. 1397).

Es ist anzunehmen, dass Begriffe und Visualisierungen aus dem Themenfeld Behinderung, die durch das Fernsehen propagiert werden, in die Alltagswelt der Rezipienten integriert werden (siehe Kapitel 4 und 7). Zu diesem Phänomen liegen in Bezug auf Menschen mit Behinderung bisher keine empirischen Daten vor, doch wer kennt es nicht, das »Clara-Syndrom«, jemand sieht aus wie der »Glöckner von Nôtre Dame« oder hat einen Gang wie »Quasimodo«. Es ließen sich noch viele Beispiele dafür anführen, dass solche Medienbegriffe Eingang in den alltäglichen

---

30 *Zeitungen und Zeitschriften* siehe Biklen 1987; Wiedemann 1993; Savio 1998; Auslander, Gold 1999. *Literatur* siehe Uther 1981; Höfer 1982; Kagelmann 1982; Radtke 1982; Zimmermann 1982; Prill 1991. *Spielfilm* siehe Withalm 1989; Loukides, Fuller 1990; Norden 1994; Koppold 1996; Safran 1998; Wedel 1999; Bartmann 2002. *Behinderung und Öffentlichkeit allgemein* siehe Bernard, Hovorka 1987.

Sprachgebrauch finden. Beim kommunikativen Gebrauch dieser populären Beispiele ist sich der Benutzende ihrer Verwendung zumeist noch bewusst, es existieren darüber hinaus weitaus unbewusster stattfindende Einflüsse der Medien auf die alltägliche Kommunikation. Diskriminierende Sprachelemente, die nicht immer von den Medien selbst geschaffen, aber doch aufgenommen und transportiert und somit verstärkt werden, können als Ausdruck fehlender Integration von Menschen mit Behinderungserfahrungen in die Gesellschaft gesehen werden (vgl. Bonfranchi 1997, 170).

Die Österreichische Arbeitsgemeinschaft für Rehabilitation (ÖAR) hat im Rahmen ihrer Initiative zum nicht-diskriminierenden Sprachgebrauch oftmals wahrgenommene Formulierungen herausgearbeitet:

> Am häufigsten leider immer wieder verwendet werden folgende Floskeln:
> - Der Begriff ›an den Rollstuhl gefesselt‹ impliziert auch eine Einschränkung der geistigen Mobilität. Es kann jemand einfach ›Rollstuhlfahrer‹ oder ›auf den Gebrauch eines Rollstuhles angewiesen‹ sein.
> - Menschen mit Down-Syndrom werden immer wieder als ›mongoloid‹ bezeichnet. Dieser Begriff stammt aus dem Dritten Reich und diente der Deklaration der Minderwertigkeit.
> - Es gibt ›taubes Gestein‹, ›taube Fingerspitzen‹, jedoch keine ›tauben/taub-stummen Menschen‹. Gehörlose Menschen sind in den seltensten Fällen auch stumm, sondern hatten keine Sprachentwicklung. Der Begriff der ›Taubheit‹ bedeutet zugleich Unsensibilität.
> - Kleinwüchsige Personen werden immer noch fallweise als ›Liliputaner‹ bezeichnet – ein Begriff aus der Jahrmarktsprache. Die Anerkennung als ernstzunehmende Persönlichkeit wird durch diese Formulierung verhindert.
> - Und nicht zuletzt: Auch Sprachspiele wie etwa ›dafür sind manche genauso geeignet wie ein Einbeiniger für einen Marathon‹ sind abwertend und lassen sich mit Sicherheit durch andere Sprachbilder ersetzen.
> (ÖAR 2003, 2–3)

Defizite im Sprachgebrauch werden in ähnlicher Weise von Menschen mit Behinderung und Rehabilitationswissenschaftlern immer wieder beschrieben (siehe z.B. Auslander, Gold 1999; Bezold 1999). So spiegeln laut Radtke und Arnade neben der erwähnten Wendung des »an den Rollstuhl gefesselt sein« auch Sprachmuster wie »des Augenlichts beraubt« das »schreckliche Schicksal« von Menschen mit Assistenzbedarf wider (vgl. Arnade 1994, 5; Radtke 1993a, 14). Die Amerikanerin Lattin beschreibt den exkludierenden Sprachgebrauch im Fernsehen wie folgt:

> In order to get their money, they have to humiliate me [...] to me a wheelchair is a solution, not a sentence. Because I use a wheelchair, I am able to do many things I

otherwise could not. I am not ›confined to a wheelchair‹. I don't ›face a life without meaning‹, and I'm not a poor ›unfortunate cripple who needs your help‹. (Lattin 1977, zit. nach Karpf 1997, 82)

Zur sprachlichen Berücksichtigung von Menschen mit Behinderung in Fernsehprogrammen sind in der Literatur zwar etliche subjektive Einschätzungen, wie die angeführten vorhanden, empirisch gewonnene Ergebnisse finden sich hingegen kaum. Die vorliegenden Studien mit dem Fokus Fernsehen bzw. Film und Behinderung haben die Sprachdimension entweder überhaupt nicht (siehe Knapp 1980; Huainigg 1996; Bartmann 2002) oder nur marginal einbezogen.

Cumberbatch und Negrine konnten für den Sprachgebrauch in nicht-fiktionalen Programmen keine klaren Richtlinien ausmachen – außer offensichtlich herabwürdigende Sprache zu vermeiden. Offensichtlich diskriminierender Sprachgebrauch tauchte in den untersuchten Magazinen nur ein einziges Mal auf. Solcher ist für das Fernsehen auch nicht zu erwarten, da er sozial unerwünscht ist (vgl. 1992, 38). Zwei Sprachmuster fanden die Briten hingegen regelmäßig: entweder »tapfer« und »mutig« oder »unglücklich«. Über ein Drittel der Reporter benutzte die konventionelle Verkürzung »Der Behinderte« (vgl. dies. 1992, 33).

9.4 Ästhetik und Gestaltung

Im folgenden Abschnitt wird ein Aspekt der Fernsehberichterstattung über Menschen mit Behinderung dargestellt, der in bisherigen Studien eher am Rande behandelt wurde: die Ästhetik und Gestaltung von Fernsehsendungen. Für das Medium Fernsehen liegen nur sehr spärliche empirische Daten vor. Hovorka monierte bereits 1985, dass qualitative und quantitative Bildanalysen noch ausstehen würden (1985, 62). An diesem Umstand hat sich seitdem nichts geändert. Der Großteil der Wissenschaftler(innen) hat sich mit den Informationen, die aus der Konstruktion der Bilder und aus der Bild-Text-Montage ergeben, nicht beschäftigt.

Zu den Autoren, die sich mit dem Zusammenspiel von Sprache und Bild beschäftigt haben, gehören die Österreicher Knapp und Huainigg. Knapp kommt dabei zu insgesamt positiven Ergebnissen. »Zu rund zwei Dritteln wurde das Bild-Textverhältnis als koinzident kodiert, die Kamera befand sich in drei Vierteln der Sequenzen in Augenhöhe der Gefilmten.« (1980, 44). Dies wertet er als Indiz für die Gleichwertigkeit von behinderten und nichtbehinderten Akteuren. Inwieweit das Missverhältnis von Wort und Bild in den Beiträgen, die eine Text-Bild-Schere aufweisen (immerhin 31%), sich negativ auf die zu transportierenden Inhalte auswirkt, lässt Knapp offen. Huainigg kommt zum Teil zu deutlich anderen Ergebnissen. Er konstatiert, dass in der überwiegenden Mehrzahl der Beiträge eine Untersicht die dominierende Kameraposition sei, welche ein »heroisches« Bild zeichne (vgl. 1996, 57).

Geht man von den »Zwängen der Darstellbarkeit« (Degenhardt 1999, 61) aus, so muss auch das Thema Behinderung erst einmal über die Massenmedien verkauft werden (siehe Hovorka 1985). Die vorliegenden empirischen Studien bestätigten die Bedeutung der Bildsprache. »Es [werden] zumeist biologisch bedingte Äußerlichkeiten zur Kategorisierung benutzt.« (Degenhardt 1999, 60). Auch daher würden in bisher vorliegenden Untersuchungen Rollstuhlbenutzer(innen) und blinde Menschen die Quantitätsstatistiken anführen (Huainigg 1996, 60).

Laut Bartmann werden in Filmen am häufigsten Personen mit körperlichen Beeinträchtigungen sowie blinde Charaktere dargestellt.

> Sie sind für die Filmindustrie besonders reizvoll, da sie eindeutig und vergleichsweise einfach darzustellen sind. Zudem sind blinde und körperbehinderte Menschen weder in ihrer Kommunikation, noch in ihrer [sic!] kognitiven Leistungsfähigkeiten und ihrer äußeren Integrität eingeschränkt. (2002, 212)[31]

Bei der visuellen Darstellung behinderter Menschen spielt die Darstellung ihrer Hilfsmittel und Kompensationsmöglichkeiten eine entscheidende Rolle. So wird die Sonnenbrille oder der Langstock bei der Darstellung blinder Menschen besonders häufig ins Bild gesetzt. Die Untersuchung von Spielfilmen ergab, dass die Sonnenbrille in fast der Hälfte der von Degenhardt untersuchten Spielfilme das kategorisierende Accessoire blinder Menschen ist (1999, 80).

Als wesentlich für die Gestaltung der Beiträge und für das Bild, welches sie von behinderten Menschen vermitteln, wurde in zahlreichen Studien die Auswahl der Darstellungsorte genannt. Knapp und Huainigg gelangten übereinstimmend zu dem Ergebnis, dass die Ortswahl in dem von ihnen untersuchten ORF-Programm separative Vorstellungen unterstütze. Beide Autoren codierten als zweithäufigsten Darstellungsort diverse Pflegeeinrichtungen. Häufigster Drehort war in der Analyse von Knapp Familie/Wohnung (vgl. 1980, 47) und bei Huainigg das Studio (vgl. 1996, 57f.). Sondereinrichtungen sind demnach in beiden Zeiträumen ein häufiger Aufenthaltsort für Menschen mit Unterstützungsbedarf gewesen.

---

31 Der filminteressierte Leser wird an dieser Stelle einwenden, dass es sehr wohl Beispiele dafür gibt, dass die Behinderung einer Rolle erst zu einem späteren Zeitpunkt augenscheinlich wird, wie etwa bei der Rolle des blinden Don Baker in »Schmetterlinge sind frei« (USA 1972). Dieser Umstand wird aber als dramaturgisches Element eingesetzt, welches wesentlich zur Sprach- und Situationskomik beiträgt.

9.5 Charakterisierung behinderter Akteure

Kollektive Vorstellungen über den Charakter behinderter Menschen bestimmen die Medien und werden von ihnen bestimmt. Dabei sind oft pauschalisierte Vorstellungen von Bedeutung. Das Subjekt tritt in den Hintergrund, da es häufig nicht um die Einmaligkeit und Unverwechselbarkeit des einzelnen Menschen geht, sondern um die Behinderung an sich (vgl. Markowetz 1993, 9). Akteure mit Beeinträchtigungen werden nicht dargestellt, weil sie gewöhnliche Menschen sind, über die Ungewöhnliches zu berichten ist, sondern im Gegenteil, um zu zeigen, dass sie eben nicht gewöhnlich sind, wie Cumberbatch und Negrine für das britische Fernsehen nachweisen konnten (vgl. 1992, 137). Für den Bereich des Spielfilms konnte Bartmann ebenfalls nachweisen, dass eine Behinderung zumeist mit einem moralisch-charakterlichen Anderssein oder einer Persönlichkeitsveränderung einhergeht. Die Filme suggerierten, dass die Behinderung stets einen entscheidenden Einfluss auf den Charakter habe (vgl. 2002, 180).

Bei der Charakterisierung behinderter Menschen im Fernsehen, wie auch in anderen Medien, hat die Literaturauswertung erbracht, dass folgende Faktoren wesentlich für die Qualität der Personendarstellung sind:

- Der Status der Akteure, also welcher Stellenwert ihnen zugeschrieben wird.
- Die Rollen, die sie in der medialen Darstellung einnehmen.
- Fest in der Film- und Fernsehgeschichte verankerte stereotype Vorstellungen von Menschen mit Behinderung.

9.5.1 Status behinderter Akteure

Der Fokus der massenmedialen Berichterstattung ist eher elite- und institutionenorientiert. Dementsprechend verteilt sich auch die Auswahl der Personengruppen, die zu Wort kommen. Für Menschen mit Behinderung, die es ohnehin schwer haben in den Medien zu erscheinen, ist dies besonders unwahrscheinlich, wenn sie weder Amt oder Mandat haben noch prominent sind (vgl. Werner 2000, 39f.). Auch die Bedeutung der Behinderung hängt vom Status des Menschen ab, über den berichtet wird und davon »[...] wie arbeitsfähig und leistungsfähig er ist und wie sehr er der Gesellschaft nutzt.« (Lamprecht 2003, 100).

Einen hohen gesellschaftlichen Status zu besitzen bedeutet aber nicht, dass dieser in der Berichterstattung automatisch eine Rolle spielt. Österwitz dokumentiert, dass behinderte Akteure häufig nicht ihrer Funktion und Rolle gemäß dargestellt werden. Ihre Berufsbezeichnung und offizielle Funktion werde oftmals nicht genannt, sie würden auf ihre Beeinträchtigung reduziert (vgl. 1993, 24f.). Ein Beispiel für diese Art der Darstellung liefert Prof. Dr. Österwitz selbst. Er sprach als langjähriger Vorstand der BAGH, in dieser Funktion im Rahmen einer Ethiktagung mit dem damaligen Bundespräsidenten Richard von Weizsäcker. Der Großteil der Tageszeitungen druckte Bild und Unterzeile wie folgt ab:

»Bundespräsident Richard von Weizsäcker begrüßt Rollstuhlfahrer«
Abbildung 5: Ingolf Österwitz und Richard von Weizsäcker
Quelle: Österwitz 1993, 24 f.

Österwitz betitelte diese Art der Berichterstattung mit »Der dekorative Rollstuhlfahrer« (ebd).[32]

---

32 Ingolf Österwitz ist am 4. März 1999, im Alter von 58 Jahren an den Folgen einer Operation gestorben.

Im Fernsehen ist der Status behinderter Menschen im Vergleich zu Menschen ohne Behinderung niedriger. Es werden seltener Personen in guten Beschäftigungsverhältnissen gezeigt, dafür ist die Quote der Arbeitslosen und der Älteren höher (vgl. Cumberbatch, Negrine 1992, 138). Ein häufig benutztes Darstellungsmuster besteht z.B. darin, nicht die Betroffenen zu Wort kommen zu lassen, sondern ihre Angehörigen, häufig die Eltern (vgl. Huainigg 1994, 37; Knapp 1980, 48). Wiedemann zählt zu den wenigen Autor(inn)en, die sich bisher mit der Berichterstattung von Menschen mit Behinderung durch das Genre Boulevard beschäftigt hat.[33] Sie umschreibt diese Art von Medienbeiträgen als: »Berichterstattung ›*über*‹ und nicht ›*mit*‹« (1993, 23, siehe auch Knapp 1980, 73). Es charakterisiert Menschen grundlegend anders, ob sie nur als Handelnde erwähnt oder gezeigt werden oder ob sie auch selbst zu Wort kommen. Huainigg hat dies als Entmündigung der Handelnden beschrieben, welche in den von ihm untersuchten Fernsehsendungen häufig zu sehen ist (vgl. 1996, 36f.).

9.5.2 Rollen behinderter Akteure

Die Skizzierung der »Leitbilder der Behindertenhilfe im Wandel« (Kapitel 6) hat gezeigt, dass sich die Rolle behinderter Akteure in den letzten Jahren deutlich gewandelt hat. Dies spiegelte sich auch jeweils in der medialen Darstellung wider. Die Entwicklung kann beschrieben werden mit Menschen mit Behinderung als

- »unmündige heilungsbedürftige Individuen« (50er Jahre)
- »sich emanzipierende Empfänger von Hilfen« (70er Jahre)
- »Expert(inn)en in eigener Sache« (80/90er Jahre) (vgl. Soll, Charlton, Lucius-Hoene 1999).

In der Fernsehdarstellung existieren alle drei Rollenbilder nach wie vor nebeneinander. Bartmanns Studie ergab, dass behinderte Akteure in Spielfilmen zumeist in den Rollen des Schützlings und des Opfers zu finden sind, dabei aber überwiegend positiv dargestellt werden (2002, 179). Für die Fernsehdarstellung sind die Befunde ähnlich: Huainigg konstatiert für seine Analyse des ORF-Programms, »daß der Typus des ›bewundernswerten, armen Behinderten‹ überwiegt.« (1996, 35). Eine negative Charakterisierung behinderter Akteure bemerkten Cumberbatch und Negrine ebenso für das britische Fernsehen. Dabei werde selten erwähnt, dass gesellschaftliche Bedingungen sowie soziale Einstellungen und Werte entscheidenden Einfluss auf die Persönlichkeit eines Menschen haben (vgl. 1992, 138).

---

33 Sie beschäftigte sich mit der Darstellung von Gehörlosen in der »Yellow-Press«.

Bei der Charakterisierung behinderter Akteure spielen auch immer ihre sozialen Interaktionspartner eine bedeutende Rolle. Knapp ermittelte, dass auch ein Großteil der Beiträge, die »soziale Integration« thematisierten, Menschen mit Behinderung passiv bzw. isoliert darstellten. Insgesamt waren nur in rund 12% der Sequenzen normale Interaktionen erkennbar (1980, 49 und 55). Dies bestätigt auch Huainigg: »Eine ›normale Interaktion‹ wurde in den wenigsten Berichten gefunden.« (1996, 64).

9.5.3 Stereotypisierung

Stereotypenbildung durch die Medien ist für die unterschiedlichsten sozialen Gruppen, wie z.B. ethnische und religiöse Minderheiten, Frauen, Wissenschaftler etc. untersucht worden.[34] Komplizierte Zusammenhänge müssen in kurzer und kompakter Form umgesetzt werden, dies führt zwangsläufig zu Typisierungen und Vereinfachungen.

Auch die Darstellung behinderter Menschen wurde bereits vielfach auf diese Fragestellung hin analysiert (siehe u.a. Kagelmann, Zimmermann 1982; Longmore 1987; Radtke 1993, 12ff.; Bezold 1999, 73). Cumberbatch und Negrine halten als ein Ergebnis ihrer Studie zur Darstellung von Behinderung im britischen Fernsehen fest:

> a medium [...] which favours stereotypical images, and eschews the full richness of characters and cultures. In other words, it rarely deals with issues sensitively, particularly those issues which are now of increasing many: sexism, racism, ›age-ism‹ and, one should now add, the treatment of people with disabilities (what in the US is now called ›handicapism‹). (1992, 87)

Empirische Studien bestätigen, dass Stereotype, die oftmals Vorurteile aufnehmen, transportieren und verstärken, als größte Hindernisse auf dem Weg zu Gleichberechtigung gesehen werden (vgl. Bernard, Hovorka 1992, 80f.).

»Stereotype greifen auf unser kulturelles Wissen zurück« (Gruber 2003, 449), daher sind sie oft gleichbleibend und werden immer wieder in ähnlicher Weise aufgegriffen und transportiert. Im Rahmen der vorliegenden Untersuchung wird analysiert, ob sie auch in Boulevardmagazinen zum Tragen kommen. Folgende typische Stereotype hat die Auswertung der Literatur für das Medium Fernsehen ergeben:[35]

---

34 Siehe z.B. Hanel 1994; Ruhrmann, Kollmer 1987; Ruhrmann, Demren 2000; Werner 2000.
35 Da sie zur kulturellen Tradition unserer Gesellschaft gehören, sind sie in ähnlicher Form auch in Printmedien, neuen Medien und dem Rundfunk präsent.

9. Zum aktuellen Forschungsstand

- physisch oder psychisch beeinträchtigte Menschen als Emblem für das Böse, für Kriminalität oder Gefährlichkeit,
- Behinderung als Verlust des Menschseins,
- Behinderung gleichgesetzt mit Elend,
- Behinderung als totale Abhängigkeit und Verlust der Selbstbestimmung,
- Menschen mit Behinderung als der Umwelt entfremdete Personen,
- Beeinträchtigung und Sexualität: sexuelle Bedrohung, Abweichung, Gefahr, resultierend aus einem Kontrollverlust,
- Menschen mit Behinderung als Objekte von Spott oder Mitleid,
- Menschen mit Behinderung als Objekte von Wohltätigkeit,
- die Darstellung als »Super-Krüppel«, oft verbunden mit der Überwindung der Beeinträchtigung,
- Menschen mit Behinderung als Opfer,
- der leistungsorientierte Idealbehinderte (Leistung trotz Beeinträchtigung)

(vgl. Sandfort 1982, 212; Longmore 1987, 65–79; Cumberbatch, Negrine 1992, 90; Nelson 1994, 1–17; Huainigg 1996, 34f.; Koppold 1996, 162f.; Safran 1998, 235f.; Radtke 2003, 9).

Untersuchungen zur Stereotypisierung behinderter Menschen in Boulevardmedien beziehen sich bisher ausschließlich auf den Printbereich. Hovorka weist darauf hin, dass sich Tendenzen der Verbindung von Behinderung mit sozialer Abnormität noch heute in der Berichterstattung der Boulevardpresse über »geistig abnorme Triebtäter oder Kriminelle [finden].« (1985, 76). Lamprecht hat herausgearbeitet, dass sich die Berichterstattung über Wolfgang Schäuble in der Bildzeitung oftmals zwischen den Polen »Behinderung als Elend« und »der leistungsfähige Idealbehinderte« bewegt (2003, 101). In audiovisuellen Medien werden diese Stereotype oftmals durch eine bestimmte Bildästhetik erzeugt und transportiert. So symbolisiert z.B. eine körperliche Beeinträchtigung zumeist einen schlechten Charakter.

9.6 Vergleich der Magazine

In Diskussionen über die Darstellung behinderter Menschen im Fernsehen wird häufig behauptet, dass die qualitativen Standards der Berichterstattung des Privatfernsehens besonders niedrig seien (siehe z.B. Radtke 1993, 16). Diese These ist aber nur selten empirisch überprüft worden. Valide Daten sind der Studie von Cumberbatch und Negrine zu entnehmen. Sie stellten für die britische Fernsehlandschaft fest, dass BBC1 (ein öffentlich-rechtlicher Sender) und ITV (ein privater Sender) insgesamt mehr Menschen mit Behinderung in das Programm einbezogen als BBC2 (öffentlich-rechtlich) und Channel4 (privat) (vgl. 1992, 13f.). Demnach ließ sich kein eindeutiger Trend feststellen. Diese rein quantitative Verteilung lässt aber keine Rückschlüsse auf die qualitative Darstellung zu, die im Rahmen der genannten Studie nicht senderspezifisch aufgeschlüsselt wurde.

Neuere Studien für das deutsche Fernsehen nehmen keine kontinuierlichen Analysen eines Senders vor, sondern analysieren lediglich einzelne Sendungen wie z.B. die Studie von Bezold. Empirisch belegte Aussagen liegen aber für den Bereich der Spielfilmanalyse vor.

Bartmann gelangt auf Grund von 217 Filmen, die zum Großteil auch im Fernsehen ausgestrahlt wurden, zu dem eindeutigen Ergebnis:»Filme, die auf den öffentlich-rechtlichen Sendern ausgestrahlt werden, zeigen ferner wesentlich positivere Darstellungen als die privaten Sender.« (2002, 215).

9.7 Ableitung untersuchungsrelevanter Fragestellungen

Im Rahmen der vorliegenden Arbeit wird auf eine Hypothesenbildung verzichtet. Hypothesen wie »Menschen mit Behinderung sind in Boulevardmagazinen unterrepräsentiert« zu veri- oder falsifizieren bringt für den Erkenntnisgewinn wenig, solange man keine differenzierteren Aussagen erhält und keine Zusammenhänge zu den anderen Untersuchungsdimensionen herstellt. Aus der Darstellung und Zusammenfassung des aktuellen Forschungsstandes, sowie der in den Teilen I und II dargelegten theoretischen Grundlegung ergeben sich aber dennoch einige präzise Forschungsfragen, die in fünf Untersuchungsdimensionen gegliedert werden können. Übergreifend soll als sechste Dimension ein Vergleich zwischen öffentlich-rechtlichem und privatem Fernsehen vorgenommen werden.

Es versteht sich, dass dabei nicht allen sechs Bereichen dasselbe Gewicht beigemessen wird. Die quantitative und qualitative Untersuchung der Beiträge soll empirische Ergebnisse zur Beantwortung folgender Fragen liefern:

Quantität

- Wie hoch ist die Gesamtzahl der Beiträge, in denen behinderte Menschen vorkommen?
- Sind diese aktiv beteiligt oder wird ausschließlich *über* sie berichtet?
- Tauchen sie nur in Beiträgen auf, deren kommunikativer Fokus auf dem Thema »Behinderung« liegt?
- Gibt es jahreszeitliche Häufungen in der Berichterstattung?
- Wie häufig werden die einzelnen Formen von Beeinträchtigungen jeweils aufgegriffen?
- Wie ist die Alters- und Geschlechterverteilung?

Themen

- Wie ist das Themenspektrum der Berichterstattung?
- Werden Themen wie Teilhabe, Inklusion und Selbstbestimmung aufgegriffen?
- Welche thematischen Aspekte herrschen vor: medizinische oder psychosoziale?
- Existieren weiterhin Tabuthemen (wie z.B. Sexualität)?
- Kommen Menschen mit Assistenzbedarf auch in Beiträgen vor, die nicht originär »Behinderung« zum Thema haben?

Sprache

- Ist der Sprachgebrauch angemessen, abwertend oder diskriminierend?
- Beschreibt der Sprachgebrauch assistenzbedürftige Menschen als gleichwertige Personen?
- Ist der Sprachgebrauch inkludierend oder exkludierend?
- Wird der Begriff »behindert« als konstituierendes Merkmal einer Person benutzt?
- Wird durch die Sprache Mitleid oder Respekt ausgedrückt?

Ästhetik und Gestaltung

- Welche typischen visuellen Muster und Motive herrschen vor?
- Existiert eine Text-Bild-Schere?
- Welches Bild vermittelt der Darstellungsort?
- Erfüllt die filmische Gestaltung voyeuristische Funktionen?
- Wie werden biologisch bedingte Äußerlichkeiten genutzt?
- Welche Hilfsmittel werden mit welcher Intention gezeigt?
- Welche Kameragestaltung herrscht vor und welche Funktion erfüllt sie?

Charakterisierung

- Wird der Mensch auf seine Behinderung reduziert?
- Werden die Ansichten behinderter Menschen durch sie selbst widergegeben?
- Werden sie an Normen von Menschen ohne Behinderung gemessen?
- In welchen Rollen finden sich Menschen mit Behinderung?

- Werden Umwelt- und Kontextfaktoren und die gesellschaftspolitische Dimension angesprochen?
- Sind die dargestellten Charaktere in ein normales Umfeld und in normale Interaktionen inkludiert?
- Werden Menschen mit Unterstützungsbedarf ihrem Status entsprechend dargestellt?
- Werden Stereotype transportiert? Wenn ja, welche?

Teil IV – Der Untersuchungsgegenstand: Boulevardmagazine

10. Boulevardmagazine im deutschen Fernsehen

Seit der Einführung des Privatfernsehens in Deutschland erleben Boulevardmagazine einen enormen Boom. Alle Sender haben dieses Format inzwischen im Programm. Im Untersuchungszeitraum von Juli 2001 bis Juli 2002 können Fernsehzuschauer(innen) zu allen Tageszeiten Boulevardmagazine konsumieren. Bereits morgens um 6.30 Uhr startet die erste Sendung: die Wiederholung von »taff.« auf Pro Sieben. In der Nacht laufen Wiederholungen von »blitz« (Sat.1) und »S.a.m.« (Pro Sieben). Allein das ARD-Boulevardmagazin »Brisant« wird täglich noch neun Mal in den dritten Programmen und in der ARD selbst wiederholt. »taff.« ist so erfolgreich, dass seine Sendezeit im Jahr 1999 verdoppelt wurde. 2003 kam dann ein tägliches »taff.-spezial« hinzu, so dass die Sendung inzwischen montags bis freitags 1 1/2 Stunden ausgestrahlt wird. In der Vorabendzeit, in der sogenannten »Access Prime Time« sind im Zeitraum von 17–20 Uhr fünf Boulevardmagazine zu sehen: »Brisant« (ARD), »Hallo Deutschland« (ZDF), »taff.« (Pro Sieben), »blitz« (Sat.1) und »Explosiv« (RTL). Zur »Prime Time« werden keine Boulevardmagazine ausgestrahlt. Die Vielzahl der privaten Sender setzt dann aber wieder zur »late prime« auf die Anziehungskraft dieses Formats. In der Wahrnehmung des Zuschauers werden Boulevard- und Lifestylemagazine häufig als identisches Genre wahrgenommen. Die Präsentationsweise beider Formate zeigt auch eine hohe Übereinstimmung. Bei den inhaltlichen Schwerpunkten zeigen sich hingegen deutliche Unterschiede. Während Boulevardmagazine multithematisch angelegt sind, widmen sich die Lifestylemagazine ausschließlich den Themen »Prominente« und »Show-Business« wie z.B. »Leute heute« (ZDF) oder »Exklusiv« (RTL). Hinzu kommen noch einige Magazine mit stark boulevardesken Elementen, wie »Stern TV« (RTL), »Spiegel TV« (Sat.1/VOX), »Süddeutsche TV« (VOX) und »Focus TV« (Pro Sieben), die als Ausgangsbasis alle ein Printprodukt aufweisen und zum Teil eng mit deren Redaktionen zusammenarbeiten. Sie sind daher eindeutig von den reinen Boulevardmagazinen abzugrenzen (vgl. Schultheiß 2001, 42 f.).

Name	Sender	Sendeplatz/-Länge	Erstausstrahlung	Moderation	Produzent
Tagesmagazine					
S.a.m.	Pro Sieben	Mo–Fr, 13.00–14.00 Uhr		Silvia Laubenbacher	Pro Sieben, Unterföhring
Brisant	ARD	Mo–Fr, 17.15–17.43 Uhr; Sa, 18.10 Uhr	03.01.1994	Axel Bulthaupt, Griseldis Wenner, Ines Krüger	MDR, Leipzig;
Hallo Deutschland	ZDF	Mo–Fr, 17.15 Uhr	16.06.1997	Susanne Stichler, Marco Schreyl	ZDF, Mainz
Explosiv- Das Magazin	RTL	Mo–Fr, 19.10–19.40 Uhr; Sa, 19.10 Uhr (Explosiv Weekend)	11.05.1992	Markus Lanz, Petra Schweers	RTL, Köln
Blitz	Sat.1	Mo–Fr, 19.00 Uhr; So, 18.00 Uhr	06.01.1997	Caroline Beil	Sat.1, Berlin
taff.	Pro Sieben	Mo–Fr, 17.00–18.00 Uhr; z.T. Sa, 19.00 Uhr (taff. extra)	29.05.1995	Stefan Pinnow und Anna Bosch (bis 01/02) Dominik Bachmair und Miriam Pielhau (ab 02/02)	Pro Sieben, Unterföhring
Wochenmagazine					
Die Reporter	Pro Sieben	Do, 22.30 Uhr	11.10.1992	Michael Marx, Toni Fröstl	FOCUS TV GmbH, München
Die Redaktion	RTL II	Do, 22.05 Uhr; Die Redaktion spezial: Di, 22.55 Uhr	15.12.1994	Andreas Schulze	Ufa Berlin, Potsdam
Akte 2001/02	Sat.1	Di, 22.15 Uhr		Ulrich Meyer	Meta TV, Berlin/Manfred Hering
K1 Das Magazin	Kabel 1	Do, 23.05 Uhr	25.09.1997	Sanja Nowara	Janus TV, Ismaning

Tabelle 10: Boulevardmagazine im deutschen Fernsehen
Daten: Schultheiß 2001, 46; Homepages der Sender; eigene Darstellung; Stand: Ende 2002

10.1 Auswahl der Fernsehsendungen

Generelles Ziel einer jeden wissenschaftlichen Untersuchung ist es, ein möglichst detailliertes Bild des jeweiligen Untersuchungsgegenstandes zu liefern. Aus arbeitsökonomischen Gründen ist es aber nur selten möglich, eine Totalerhebung durchzuführen. Dies wäre auch nicht sinnvoll, da die aufgeführten Sendungen auf Grund ihrer Sendefrequenz, ihres Sendeplatzes und ihrer Einschaltquoten nicht unmittelbar miteinander vergleichbar sind. Als Untersuchungszeitraum wurde ein Jahr festgelegt, da sich so auch Aussagen über die Präsenz des Thema Behinderung zu unterschiedlichen Jahreszeiten treffen lassen.

ZUSCHAUER AB 3 JAHREN, BRD GESAMT, FERNSEHPANEL (D)							
Millionen und Marktanteile in %						MA in	
Sender	Titel	Tag	Datum	Beginn		Mi	%
ARD	Brisant	Mo–Sa	2001	17:15/18:10		2,75	21,3
ARD	Brisant	Mo–Sa	2002	17:15/18:10		2,73	20,7
PRO7	»taff.«	Mo–Fr	2001	17:00		1,06	8,9
PRO7	»taff.«	Mo–Fr	2002	17:00		0,95	7,5
RTL	Explosiv-Das Magazin	Mo–Sa	2001	19:10		3,28	15,0
RTL	Explosiv-Das Magazin	Mo–Fr	2002	19:10		3,42	15,2
SAT.1	Blitz	Mo–Fr/So	2001	19:00/18:00		1,73	8,3
SAT.1	Blitz	Mo–Fr/So	2002	18:50/18:00		1,54	7,1
ZDF	Hallo Deutschland	Mo–Fr	2001	17:15		1,73	14,2
ZDF	Hallo Deutschland	Mo–Fr	2002	17:15		1,95	15,6

Tabelle 11: Einschaltquoten Boulevardmagazine
Quelle: GfK-Fernsehforschung 2003

Folgende Kriterien haben bei der Auswahl eine Rolle gespielt:

- bundesweite, wochentägliche Ausstrahlung
- Sendezeit
- Einschaltquote
- Repräsentation der zwei großen deutschen privaten Fernsehanbieter (Bertelsmann und Saban) und mindestens eines öffentlich-rechtlichen Senders
- multithematische Ausrichtung

Um die Vergleichbarkeit der Daten zu gewährleisten, wurden nur Sendungen der »Access Prime Time« ausgewählt. Auf Grund der Kriterien wochentägliche, bundesweite Ausstrahlung und Sendezeit kamen die während der »Prime Time« bzw. »Late Prime« ausgestrahlten Magazine für die Analyse nicht in Frage.

Im Rahmen der vorliegenden Studie werden die von der GfK ermittelten Einschaltquoten zu Grunde gelegt. Als Auswahlkriterium dienen die Marktanteile.

Diese stellen sich im Untersuchungszeitraum 2001/02 für die fünf Hauptsender wie folgt dar:

AB 3 JAHRE	2001	2002
ARD	13,7%	14,6%
ZDF	13,0%	14,1%
RTL	14,8%	14,4%
SAT.1	10,1%	9,9%
Pro7	8,0%	7,0%

Tabelle 12: Marktanteile der fünf Hauptsender
Daten: ARD 2003; eigene Darstellung

Die Marktführerschaft der öffentlich-rechtlichen Sender hat die ARD. Ihr Boulevardmagazin »Brisant« liegt mit einer durchschnittlichen Einschaltquote zwischen 20 und 25 Prozent auch deutlich vor dem zeitgleich im ZDF ausgestrahlten Boulevardmagazin »Hallo Deutschland«, welches Einschaltquoten zwischen 10 und 19 Prozent aufweist. Daher wird für die öffentlich-rechtlichen Sender »Brisant« ausgewählt.

Marktführer der privaten Sender ist seit Jahren unangefochten RTL. Das Boulevardmagazin »Explosiv« des Kölner Senders war das erste Boulevardmagazin im deutschen Fernsehen und Vorbild für zahlreiche Nachfolger wie z.B. »taff.«. Es erreicht nach wie vor die meisten Zuschauer. Aus der Senderfamilie RTL/VOX (Bertelsmann/CLT/UFA) ist daher »Explosiv« für die Analyse ausgewählt worden.

Aus der Programmgruppe Pro Sieben/Sat.1 (Saban) wird das Boulevardmagazin »taff.« untersucht. Zum einen, da diese Sendung gegenüber »Blitz« im Untersuchungszeitraum einen höheren Marktanteil aufweist und zum anderen, da »Blitz«, Untertitel: »Neuigkeiten aus der Welt der Reichen und Schönen«, einen starken Schwerpunkt bei den Themen »Königshäuser und Promis« (vgl. Scharf 1997, 13) setzt und somit den Lifestylemagazinen zuzuordnen ist. Das Kriterium multithematische Ausrichtung wird also nicht erfüllt.

Nach der Überprüfung der Grundgesamtheit der im deutschen Fernsehen ausgestrahlten Boulevardmagazine an Hand des genannten Kriterienkatalogs wurden demnach folgende Sendungen für die Auswahleinheit ermittelt:

- »Brisant« (MDR/ARD)
- »taff.« (Pro Sieben)
- »Explosiv« (RTL).

10.2 Porträt der untersuchten Sendungen

Jede Redaktion hat dabei eine eigene Art das Genre Boulevardmagazin umzusetzen. Die unterschiedlichen Konzepte sind dabei stark von der Entstehungsgeschichte der jeweiligen Sendungen beeinflusst und finden ihren Ausdruck in der Konzeption, bei den Themen, den Gestaltungsprinzipien und der Zielgruppe. Die folgende Darstellung liefert einen kurzen Überblick über die jeweilige Sendung. Die Daten beziehen sich jeweils auf den Untersuchungszeitraum.

10.2.1 »Brisant« (MDR)

Erstausstrahlung: 3. Januar 1994
Sendedauer: 28 Minuten
Frequenz: Montag bis Freitag: 17.15–17.43 Uhr
Samstag: 18.10–18.40 Uhr
Moderation: Axel Bulthaupt, Ines Krüger, Griseldis Wenner (im Wechsel)
Marktanteil: 2001: 21,3 Prozent; 2002: 20,7 Prozent

Die ARD war der erste öffentlich-rechtliche Sender, der ein Boulevardmagazin ins Programm aufgenommen hat. Der Erfolg der privaten Konkurrenz in Form von »Explosiv« setzte die ARD unter Druck. »Die Zeit war reif für ein öffentlich-rechtliches Boulevard-Magazin.« (Redaktionsleiterin Claudia Schreiner, zit. in Scharf 1997, 10). Der öffentlich-rechtliche Charakter der Sendung wird durch den Anspruch der Redaktion auf Seriosität und Glaubwürdigkeit unterstrichen. Bei der Wahl der Themen unterscheidet sich die Sendung kaum von der privaten Konkurrenz. Eine Differenz zeigt sich hingegen deutlich in der Art der Präsentation und bei der Auswahl der Bilder. Im Gegensatz zu »Explosiv« zeigen die Moderatorinnen und der Moderator keine distanzierte Unterkühltheit, sondern emotionale Beteiligung. Weitere Differenzierungsmerkmale von »Brisant« gegenüber den privaten Anbietern sind neben der nicht vorhandenen Werbeunterbrechung eine stärkere Informationsorientierung und ein weitgehender Verzicht »nackte Haut« zu zeigen (vgl. Schultheiß 2001, 185).

Eine Ausgewogenheit der Themen soll durch feste Rubriken garantiert werden (Aktuelles, Crime, Ratgeber, Schicksal, Skurriles, Thema des Tages, Prominente).³⁶ Der Aufbau der Sendung folgt einem relativ festen Schema: Zu Beginn aktuelle Themen, in der Mitte Schicksalsthemen, die oftmals den Rubriken Medizin/Behinderung zuzuordnen sind, weiterhin werden in diesem Sendungsteil Beiträge mit Prominenten gezeigt. Am Ende folgt dann die Rubrik Vermischtes. Das Magazin ist aufgebaut wie eine klassische Zeitung. Vorne das aktuelle Geschehen in Form von Fakten und am Ende die letzte Seite »Aus aller Welt« (siehe 10.3).

Die Beiträge werden grundsätzlich anmoderiert mit Ausnahme von zwei festen Blöcken mit Kurzmeldungen, die als »Brisant-Spots« gesendet werden. Zielgruppe ist nicht ausschließlich die werberelevante Zuschauergruppe der 14–49 jährigen. Sowohl die Präsentation als auch die inhaltliche Gestaltung zielen auch auf ältere Zuschauer ab, die de facto einen großen Teil der Rezipienten darstellen. Die Bildgestaltung personalisiert, ist aber zurückhaltender als bei der privaten Konkurrenz. Die Zuschauer sollen nicht unnötig schockiert und die Intimsphäre von Betroffenen soll immer gewahrt bleiben (vgl. Scharf 1997, 11).

»Brisant« hat sich auf dem Markt etabliert und verteidigt seit Jahren den zweiten Platz bei den Einschaltquoten der Boulevardmagazine. Es hat sogar einen höheren Marktanteil als »Explosiv«, welcher sich aber auf Grund der früheren Sendezeit in einer geringeren absoluten Zuschauerzahl widerspiegelt. Zusätzlich erreicht das Magazin zahlreiche Zuschauer durch seine täglichen Wiederholungen in den dritten Programmen der ARD. Die Wiederholung von »Brisant« im MDR erreicht immerhin noch einen Marktanteil zwischen 10 und 15 Prozent in seinem Sendegebiet.

10.2.2 »taff.« (Pro Sieben) Erstausstrahlung: 29. Mai 1995

Sendedauer:	zunächst 30 Minuten, seit 1999: 60 Minuten
Frequenz:	Montag bis Freitag: 17.00–18.00 Uhr
Moderation:	bis Januar 2002: Stefan Pinnow und Anna Bosch (gemeinsame Moderation); ab Februar 2002: Dominik Bachmair und Miriam Pielhau (gemeinsame Moderation)
Marktanteil:	2001: 8,9 Prozent; 2002: 7,5 Prozent

Vorbild für »taff.« war der Marktführer »Explosiv-das Magazin«. Zunächst wurde das tägliche Boulevardmagazin um 19 Uhr ausgestrahlt. Erste Moderatorin war Sabine Noethen. Im Dezember 1996 wurde sie von Eva Mähl abgelöst. 1998 übernahm Britta Sander. Die heutige Doppelmoderation wurde 1999 eingeführt. Zunächst mit Britta Sander und Steven Gätjen. Fast ebenso häufig wie die Moderato-

---

36 Bei einem Besuch der Redaktion wurde festgestellt, dass Beiträge, die explizit über Menschen mit Behinderung berichten, unter der Rubrik Skurriles einsortiert werden.

rinnen und Moderatoren wechselte Pro Sieben den Sendeplatz. Begann »taff.« für eine Interimszeit um 19.45 Uhr, so wird das Magazin seit 1999 ab 17 Uhr gesendet. Mit dem Relaunch von 1999 war auch eine Verdopplung der Sendezeit auf eine Stunde verbunden. Auch im Rahmen des Untersuchungszeitraums dieser Studie haben die Moderatoren bereits wieder gewechselt. Moderierten zunächst Anna Bosch und Stefan Pinnow, so übernahmen am 18. Februar 2002 Miriam Pielhau und Dominik Bachmair diese Aufgabe (vgl. Pro Sieben 2003).

Die frühe Sendezeit um 17 Uhr bedeutet, dass »taff.« von allen vorabendlichen Boulevardmagazinen als Erstes ausgestrahlt wird. Es befindet sich damit in direkter Konkurrenz zu »Brisant« (17.15 Uhr) und zu den ZDF Magazinen »Hallo Deutschland« (17.15 Uhr) und »Leute heute« (17.40 Uhr). Die Zuschauer möchten nach Einschätzung der Produzenten zunächst über das tagesaktuelle Geschehen informiert werden (vgl. Schultheiß 2001, 195). Auf diesen aktuellen Einstieg, der wie alle Beiträge von einem Moderatorenduo anmoderiert wird, »folgen Beiträge anderer Couleur: Skurriles, Lustiges, Schicksalsschweres etc.« (ebd.). Als logische Konsequenz der Dauer des Magazins, dessen Sendezeit doppelt so lang wie bei den Konkurrenten ist, ist auch die Themenpalette breiter als beispielsweise die von »Explosiv«, wie »taff.«-Chef Michael von Dessauer betont. (vgl. Dessauer in: Gangloff 1996, 56).

Der Aufbau der Sendung folgt festen Rubriken. Neben den eigentlichen Beiträgen und den zahlreichen »Sehen-Sie-Jetzt-Teasern«, gibt es die »Frage des Tages«, den »taff.-Tag«, den »taff.-Klatsch«, das »taff.-net« und »taff.-Life«. Die zahlreichen Blöcke mit Kurzmeldungen gehören ebenso zum Sendungskonzept wie die relativ langen Moderationen und eine oder zwei Schaltungen zu nachfolgenden Sendungen. Die Anzahl der ausführlicheren Filmberichte liegt trotz der deutlich längeren Sendezeit nicht höher als bei den Mitbewerbern. Eine Besonderheit des Magazins: Es sind mitunter Studiogäste anwesend, die live interviewt werden. Die Gestaltungsprinzipien der Sendung beschreibt Kai Schnebel, Schlussredakteur bei »taff.« mit »a) leichte Verständlichkeit, b) eine ›menschliche‹ Perspektive, c) die Beantwortung aller Fragen [...] und d) eine ›runde‹ Geschichte mit einem Spannungsbogen.« (Schnebel in: Schultheiß 2001, 197). Bei der Auswahl der Bilder haben die Redakteure den Anspruch, auf billige Effekthascherei weitgehend zu verzichten. »Ich muss nicht episch lange mit der Kamera auf dem Blut oder auf der Leiche bleiben«. (Dessauer in: Gangloff 1996, 73). Kennzeichnend für »taff.« ist eine leichte und lockere Präsentation.

Die Moderatoren zeigen dabei deutlich ihre Meinung zu den gezeigten Beiträgen. Damit soll die anvisierte Zielgruppe der 14–29jährigen Zuschauer (vgl. Pro Sieben 2003, 2) besonders angesprochen werden. Insgesamt präsentiert sich das

Boulevardmagazin als jung, frech, temporeich und unverkrampft. Dieses Konzept scheint aufzugehen: Insgesamt hatte die Sendung 2002 einen Marktanteil von 7,5 Prozent. Bei der werberelevanten Zuschauergruppe der 14 bis 49 jährigen Zuschauer waren es hingegen 14,8 Prozent, in der Zielgruppe der 14 bis 29 jährigen sogar 20,1 Prozent (vgl. Pro Sieben 2003, 2). Gerade in dieser Zielgruppe wird die Sendung häufig als Information und nicht als Unterhaltung rezipiert. Schorb und Theunert konnten durch eine Zuschauerbefragung belegen, dass »taff.« und »Explosiv«, von jungen Zuschauern (12–17 jährige), besonders mit formal niedriger Bildung, als wichtige Informationsquellen gesehen und genutzt werden (vgl. 2000, 8; siehe auch Hanjok 2004).

10.2.3 »Explosiv« (RTL)

Erstausstrahlung: 11.05.1992 (damit erstes Boulevardmagazin im deutschen Fernsehen)
Sendedauer: 25 Minuten
Frequenz: Montag bis Freitag: 19.10–19.40 Uhr; Samstag: 19.10–20.15 Uhr
Moderation: Markus Lanz, Petra Schweers (im Wechsel)
Marktanteil: 2001: 15 Prozent; 2002: 15,2 Prozent

Gerade in der Entstehungs- und Etablierungsphase des Privatfernsehens in Deutschland setzten die jungen Sender auf Formate, die bisher bei den öffentlich rechtlichen Sendern nicht existierten und die stark unterhaltungsorientiert sowie bewusst provozierend waren. 1989 startete der Kölner Sender RTL in Form von »explosiv-der heiße Stuhl« die erste Konfrontationstalkshow im deutschen Fernsehen.

Im vierzehntägigen Wechsel mit dieser »Live-Sendung« wurde ab 1991 »explosiv-Das Magazin« ausgestrahlt. Die Produktion von »explosiv-der heiße Stuhl« wurde 1994 eingestellt, »Explosiv-Das Magazin« wurde ab 1992 als tägliches Boulevardmagazin mit großem Erfolg fortgeführt. Das erste Boulevardmagazin des deutschen Fernsehens verteidigt seitdem unangefochten seine Marktführerschaft. Die höchste Quote erreichte die Sendung am 2.2.1998 mit einem Marktanteil von 26,8%, was 7,22 Millionen Zuschauern entsprach. Im Durchschnitt der Jahre 2001/02 erreichte die Sendung 3,35 Millionen Zuschauer und konnte somit die höchste Gesamtzuschauerzahl aller Boulevardmagazine für sich verbuchen.

Über Jahre hinweg wurde die Sendung mit ihrer Frontfrau Barbara Eligmann identifiziert, die auch gleichzeitig die Redaktion leitete. Ende Dezember 2000 verließ sie die Redaktion. Die Moderation wurde von Markus Lanz, der sie zuvor an einzelnen Tagen vertreten hatte, und Petra Schweers im Wechsel übernommen.

Konzeptionell setzt die Redaktion vor allem auf die Vermittlung von Kompetenz und Glaubwürdigkeit, die aber nicht mit der Seriosität des üblichen Nachrichtenjournalismus gleichgesetzt werden kann (vgl. Scharf 1997, 11). Der Themenkanon des Magazins ist relativ weit: Aktuelles, Medizin, Kinder, Sport, Behördenwillkür, Skurriles, Investigatives. Auffallend ist die relativ große Anzahl exklusiver Interviews, wie z.B. Beispiel mit dem Kaufhauserpresser »Dagobert«. Prominententhemen werden nur behandelt, wenn sie mit Emotionalität verbunden sind, da für diese Beiträge ein eigenes RTL Magazin existiert: »Exklusiv«. Emotionalität ist wichtigstes Kriterium für die ausgestrahlten Beiträge. »Explosiv« erhebt den Anspruch immer besonders nah am Zuschauer zu sein, eine Identifikation mit den Gezeigten zu ermöglichen.

Wichtiger Themenlieferant sind, wie bei den anderen Magazinen auch, die Boulevardzeitungen, allen voran die Bildzeitung. »›Wenn unsere Zuschauer morgens eine spannende Meldung hören, können sie sich darauf verlassen, dass wir am Abend in aller Ausführlichkeit darüber berichten werden‹, so Markus Lanz.« (RTL Television 2003, o. S.). »Explosiv« kann dabei oft exklusive Bilder zeigen. Die Zuschauer bekommen fast immer O-Töne von den Betroffenen zu hören. Laut Aussage Barbara Eligmanns haben dabei O-Töne einen besonders hohen Stellenwert, um die Sicht der Betroffenen wiederzugeben (siehe Eligmann in: RTL Kommunikation 2000). »Wer dabei Scheckbuchjournalismus unterstellt, liegt vielleicht nicht ganz falsch: Exklusivität ist manchmal auch eine Frage des Geldes.« (Gangloff 1996, 56).

Wenngleich für »Explosiv« die Identifikation mit den Moderierenden wichtig ist, so sind die Moderationen kurz und etwas unterkühlt angelegt. Die Moderierenden zeigen keine emotionale Beteiligung. So folgt auch schnell nach dem Eröffnungstrailer und der Begrüßung die erste MAZ. Der Aufbau der Sendung ist sehr klar strukturiert: Moderation-Beitrag-Moderation-Beitrag, er entspricht also dem VAVA Modell (siehe 4.2). Insgesamt zeigt »Explosiv« während der 25 Minuten reiner Sendezeit 5–6 Beiträge à 3–4 Minuten (in Ausnahmefällen bis zu 10 Minuten). Gestaltungsprinzip ist die gute Umsetzbarkeit eines Themas in Bilder. Häufig werden die Aussagen der Protagonisten durch weitere Expertinnen und Experten vertieft und erweitert.

Seit 2000 ist im Rahmen des Magazins ein kurzes Stück täglicher Doku-Soap zu sehen. Eine Woche lang werden bestimmte Personen mit der Kamera begleitet: z.B. die Mordkommission oder Teilnehmer einer Casting-Show. Seit 1995 hat »Explosiv« einen Wochenendableger: »Explosiv-weekend«. In diesem 50minütigen Magazin werden die Themen der Woche noch einmal aufgegriffen und vertieft.

Exkurs 1: Intentionen der Kommunikatoren – Beispiel Mitteldeutscher Rundfunk

Bei der vorliegenden Studie handelt es sich um eine Produktanalyse. Dies verbietet Rückschlüsse auf die Intentionen der Kommunikatoren, also der Produzenten der jeweiligen Beiträge. Hintergründe über die Entstehung der Beiträge und die Intentionen, der für die Beiträge verantwortlichen Redaktionen, sind nur durch Interviews mit den verantwortlichen Redakteuren zu erfahren. Exemplarisch für die untersuchten Magazine gab der Redaktionsleiter des Boulevardmagazins »Brisant«, Hans Müller-Jahns, im Rahmen eines Interviews Auskunft über die Arbeitsweise und Intentionen der Redaktion.

Interview mit Hans Müller-Jahns, Redaktion »Brisant« [Auszüge]

Was würden Sie für eine Zielgruppe für Brisant angeben? Das ist natürlich für ein jüngeres Publikum gemacht [...].
Das freut mich, wenn sie sagen, dass das für ein jüngeres Publikum gemacht ist. Das hat ja dann zumindest nach außen hin so den Touch, dass man das auch als junger Mensch sehen kann und möchte. Wir wissen, das wir ein älteres Publikum haben. Wir wissen, dass unsere Klientel, die denn in erster Linie guckt, 45 und älter ist. [...]

Wie hoch ist denn die Einschaltquote im Durchschnitt?
Ich habe heute gerade einen aktuellen Durchschnitt bekommen: immer zwischen 20 und 25 Prozent. [...] Und da sind wir sehr stolz drauf und inzwischen ist die ARD auch sehr stolz drauf, uns an der Stelle zu haben. Eine Sendung, die tagtäglich mehr als 20 Prozent bringt, ist ein Pfund mit dem man dann wuchern kann.

[...] Wo würden sie den Unterschied zu den anderen beiden Magazinen sehen?
Taff ist ganz deutlich auf jüngeres Publikum zugeschnitten. Das ist klar. Sie sind ein privater Sender und sie haben die Werbewirtschaft im Nacken und von daher gelten für die andere Gesetze, die <u>denken</u> zumindest, dass sie bei den Leuten zwischen 20 und 50 in irgendeiner Art und Weise Fuß fassen müssen, [...]. [...] Also der eine große Unterschied zu Taff ist, dass die wirklich junges jüngeres Publikum ansprechen auch dementsprechend moderieren lassen. Wir setzen auf Glaubwürdigkeit, auf Seriosität und trotzdem auf Entspannung.

Wie würden sie denn so die Mischung beschreiben [...]? [...]. Informationen und Unterhaltung zusammen. Was steht denn im Vordergrund?
Information steht im Vordergrund. Das kann man so sagen. Wir haben einen großen Vorteil gegenüber RTL und gegenüber dem ZDF. Das ZDF und RTL haben diesen Bereich Boulevard aufgeteilt in Spektakuläres, Sex and Crime und Promis. Beide haben dafür zwei extra Sendungen und das war, glaub ich, der große Clou und der große Fortschritt, dieses in eine Sendung zu packen. [...]
Vorne die Aktualität, in der Mitte Schicksalsthemen, die oftmals ins medizinische reingehen. Da ist Schicksal schnell und deutlich ausgeprägt, aber auch andere Schicksalsgeschichten und Promisachen und am Ende oftmals dann noch ein bissel was Tierisches, noch ein bissel was Skurriles noch en bissel was Nettes. So dass wir eigentlich aufgebaut sind wie eine herkömmliche klassische Zeitung. Vorne die harten Facts und am Ende letzte Seite so aus aller Welt, so was nettes. [...]

Und jetzt zu der Frage, ob wir manchmal Sachen produzieren lassen, wo wir nicht sofort den Sendetag wissen: Das ist sogar die Regel so. [...] wahrscheinlich die Hälfte der Dinge, die uns ARD-Kollegen und freie Produzenten anbieten, sind zwar auf einen Tag geplant, aber wenn dann jemand krank wird oder gerade nicht drehen kann oder der Schnitt nicht so funktioniert hat, dann ist es auch kein Beinbruch, ob man es nun heute sendet oder morgen sendet, weil wenn ein Kind mit einer furchtbaren Krankheit lebt und da jetzt dies berichtenswert erscheint, das ist erst mal zeitlos, dieses Kind ist heute krank und das ist morgen krank und das ist übermorgen immer noch krank. Das Stück kann man nur nicht senden, wenn das Kind inzwischen gestorben ist.

Wie kommen Sie an die Themen ran? Machen Sie nur Eigenproduktionen oder auch Fremdproduktionen?

Wir machen alles. Brisant ist eine Kopfredaktion. Das heißt, hier sitzen Leute und kontrollieren die Beiträge, die reinkommen. Das hier Beiträge gemacht werden, kommt relativ selten vor, außer wenn Bildmaterial, also internationales Bildmaterial, angeboten wird, was uns gefällt. Dann heißt es, du machst aus dem Material das Stück und du machst aus dem Material das Stück. Dass von hier jemand rausfährt zum Drehen kommt ganz selten vor, weil wir ja unsere ARD haben [...] und darüber hinaus gibt es freie Firmen im ganzen Land, freie Produktionsfirmen, die auch Beiträge anbieten. [...]

Wie ist das, wenn Gruppen von außen an sie herantreten. Also z.B. eine Selbsthilfegruppe oder ein Verband und sagt, das Thema ist wichtig für uns. Würden sie so was machen oder grundsätzlich gar nicht?

So etwas gibt es und dann fragen wir nach, wo können wir es personalisieren, weil es nur dann einen Sinn macht. Es hat keinen Zweck eine Gruppe X und eine Gruppe Y darzustellen und zu sagen hier gibt es diese Selbsthilfegruppe, sondern man muss Fälle haben, an denen sich etwas personalisiert und diese Fälle müssen natürlich gleichzeitig auch so spektakulär sein, dass man das Gefühl hat, da ist was Neues oder Interessantes im Fernsehen. [...] Man muss mehrere Faktoren zusammen haben, nämlich den Neuigkeitswert, den Schicksalswert und darüber hinaus einen allgemeinen Informationswert.

Gibt es Themen, wo sie sagen, das bringen wir grundsätzlich nicht aus bestimmten ethischen Erwägungen?

Ethik fängt ja in der Regel bei den zu zeigenden Bildern an. Da hatten wir letztlich einen Flugzeugabsturz in Russland und die sowjetischen oder russischen Kameraleute waren so hart drauf, dass die wirklich verbrannte Menschenkörper closed gezeigt haben. [...] Das Material haben wir uns angeguckt und haben gesagt, das *wollen wir so* nicht senden [...] Wir haben auch darüber berichtet, dass das da passiert ist, aber wir haben nicht diese Horroraufnahmen gemacht. Man muss nicht mehr schockieren als notwendig. [...]

Das ist jetzt die zweitausendste Sendung. Hat sich die Themenauswahl geändert oder ist das in den letzten sieben Jahren gleich geblieben?

Hat sich stark verändert. Am Anfang war Brisant kein aktuelles Magazin. Da wusste der CVD heute, was er am Ende der Woche sendet. Das war alles fest geplant und das war einfach und das hat sich völlig geändert. Wir haben gemerkt, dass wir mit Aktualität Leute interessieren, dass unser Magazin zusätzlich zur Tagesschau eben auch als Informationsmagazin gesehen wird.

Die Menschen draußen, wenn man sie fragt, was denn Brisant ist, sagen dann plötzlich auch Nachrichten. Wenn ich die Tagesschau nicht geguckt habe, dann guck ich Brisant. Das sind völlig zwei verschiedene Genres, aber wir werden oftmals draußen als Nachrichtenmagazin gesehen. [...]

Mich interessieren besonders die Behindertenthemen. Nach welchen Kriterien nehmen Sie diese in die Sendung? [...]

[...] Es gibt kein Zeitraster, wo man sagt, wir müssen jetzt mal wieder ein Behindertenthema machen. Wir sind da völlig offen, und es kommt darauf an, wer was anbietet. Wenn jemand ein gutes Behindertenthema anbieten würde, dann würden wir das bestimmt senden und wenn er nächste Woche wieder ein gutes Behindertenthema anbieten würde, würden wir das wahrscheinlich auch in der darauffolgenden Woche senden. Wenn er das jetzt Woche für Woche macht, dann haben wir langsam eine Rubrik: unser Behinderter der Woche. Dann wäre das zuviel des Guten. [...]

Gerade die Behindertenverbände monieren, dass die Betroffenen selbst nicht zu Wort kommen. Bei Brisant kommen sie hingegen <u>immer</u> zu Wort [...] Ist das ein grundsätzliches Prinzip? [...]
Wir lassen grundsätzlich denjenigen, über den wir berichten, auch was sagen. Es ist manchmal schwer, und es muss manchmal auch mit einem Crowl unterlegt werden. Also jemand, der nur noch eine schwächliche Stimme hat, den muss man mit einem Crowl unterlegen, aber vom Prinzip her lassen wir da niemanden außen vor, weil die Leute selbst erzählen sollen. Das ist das, was die Menschen interessiert.

Was für ein Bild von Behinderungen vermittelt Brisant?
Wenn wir über Behinderte berichten, dann berichten wir in der Regel darüber, wie viel sie noch selbst können oder wie stark sie sind, was sie selbst machen wollen. [...] Also Stärke von Behinderten, um zu zeigen, es ist nicht nur einfach alles grau und schwarz und alles Asche. Nein im Gegenteil. Ein Fotomodell, was behindert ist und solche Sachen, das sind die Themen, wo wir dann sagen: das ist herausragend.[...]

Bei »taff.« gibt es immer wieder diese Spendenadressen, die eingeblendet werden [...]
Das machen wir grundsätzlich nicht. Wir verweisen dann auf unser Internet und da können die Leute sich weitere Informationen holen, weil wir nicht diejenigen sein wollen und können, die dann dafür verantwortlich sind, weil wir das mit der gesamten ARD abgesprochen haben müssen. [...]

Wie wichtig ist es Ihnen, weitere Hintergrundinformationen zu geben?
Wir können uns nicht groß mit dem beschäftigen was gestern war. [...] In der Regel neuer Tag, neues Glück.

Die Themen chronische Krankheit, Schicksale und Behinderungen, besonders bei Kindern, spielen ja eine relativ große Rolle. Gibt es jemand in der Redaktion, der da einen besonderen Hintergrund hat oder machen Sie das aus Ihrer journalistischen Routine heraus?
Das machen wir aus der Routine heraus [...] und wir haben eine Expertenkartei, da wird dann manchmal im Vorfeld einfach mit den Leuten drüber geredet [...]. Die dann auch erst mal so eine Sache einordnen. Was ist das und was ist das für eine komische Krankheit.

Teil V – Forschungskonzeption

11. Konzeption der Studie

11.1 Untersuchungsziele

Zentrales Ziel der vorliegenden Studie ist es, Daten darüber zu gewinnen, wie Menschen mit Behinderung in Boulevardmagazinen des deutschen Fernsehens dargestellt werden. Die Strukturen der Darstellung werden herausgearbeitet, um die Wahrnehmung sowohl von Rezipienten als auch von Kommunikatoren dafür zu sensibilisieren, in welcher Art und Weise, mit welchem Verständnis und mit welchen Intentionen Menschen mit Behinderung in Boulevardmagazinen dargestellt werden.

In der theoretischen Auseinandersetzung mit den Funktionen und Aufgaben von Öffentlichkeit und Massenmedien ist deutlich geworden, dass das Fernsehen einen entscheidenden Beitrag zur alltäglichen Konstruktion der sozialen Zuschreibung »behindert« leistet. Die übergeordnete Prüfgröße der Darstellung ist dabei die Teilhabeidee. Es ist also von Interesse, welches Menschenbild in Boulevardmagazinen transportiert wird. Lassen sich die Fernsehbilder unter den Stichpunkten Teilhabe und Selbstbestimmung einordnen oder wird ein defizitorientiertes Bild von Menschen mit Behinderung gezeichnet? Es stellt sich also die Frage, wie das Medium seinem Integrationsauftrag quantitativ und qualitativ nachkommt.

Bisher liegt keine umfassende Studie über die Darstellung behinderter Menschen in nonfiktionalen Programmen für das deutsche Fernsehen vor. Die vorliegende Arbeit kann daher als Pilotstudie aufgefasst werden, die der Frage nachgeht, »wie häufig«, »was«, »wie« und »wozu« über behinderte und chronisch kranke Menschen berichtet wird.

11.2 Auswertungsverfahren

Daten über charakteristische Merkmale der Berichterstattung können nur in einer zusammenfassenden und Komplexität reduzierenden Analyse offensichtlich gemacht werden.

Für die Auswertung der Fernsehbeiträge wurde eine Mischung aus quantitativen und qualitativen Verfahren gewählt. Eine Verbindung dieser beiden Methoden erscheint sinnvoll, da es einerseits darum geht, statistisch valide Zahlen über die Darstellung von behinderten Menschen in Boulevardmagazinen zu gewinnen. Andérerseits soll die Untersuchung nicht zu einer reinen Auszählung verkommen, daher werden qualitative Verfahren einbezogen, die Aussagen über

- Repräsentation und Themen
- verwendete Sprache
- Ästhetik und Gestaltung
- Figuren und Akteure (vgl. Mikos 2003, 39)
- und Qualität

in der Berichterstattung erlauben. Auf Grund dieser Daten ist es darüber hinaus möglich, Unterschiede zwischen verschiedenen Sendungen herauszuarbeiten.

11.2.1 Film- und Fernsehanalyse

Auf Grund des Untersuchungsgegenstandes wurde die Fernsehanalyse als geeignetes Verfahren ausgewählt. Sie dient einem tieferen Verstehen audiovisueller Produkte, im konkreten Fall der vorliegenden Boulevardmagazine.

Bei einer Fernsehanalyse muss grundsätzlich zwischen folgenden Arbeitsschritten unterschieden werden:

1. Beschreibung,
2. Analyse,
3. Interpretation und
4. Bewertung (vgl. Mikos 2003, 70).

ad 1.: Die sprachliche Beschreibung von Fernsehsendungen stellt die basalste Ebene dar. Sie dient zunächst einmal dazu, die Daten durch ihre sprachliche Beschreibung zu sichern. Ihre Techniken, wie etwa das Sequenzprotokoll, verlieren aber zunehmend an Bedeutung, da es inzwischen technisch möglich ist, Sendungen digital zu speichern und Elemente jedweder Größe jederzeit abzurufen. Bei der vorliegenden Arbeit wird gänzlich darauf verzichtet, da das Datenmaterial komplett vorliegt und jederzeit abgerufen werden kann. Eine Beschreibung aller 175 Sendungen der Stichprobe würde nur zu größerer Unübersichtlichkeit führen.

ad 2.: Die Analyse dient dazu, sich über die Strukturen einzelner Produkte bewusst zu werden. Sie ermöglicht es, durch eine systematische, methodisch kontrollierte und reflektierte Analyse, charakteristische Merkmale herauszuarbeiten (vgl. Hickethier 2001, 26; Mikos 2003, 70). Die herausgearbeiteten Komponenten einer Fernsehsendung werden anschließend wieder in Beziehung zum gesamten Beitrag bzw. zur gesamten Sendung gesetzt und in ihrem Gesamtkontext analysiert.

ad 3.: Mit Hilfe von Interpretationen werden die Werte und Normen, die einem

Film- oder einer Fernsehsendung immanent sind, offensichtlich gemacht. Die Interpretation stellt im Anschluss an die Analyse den Bezugsrahmen her, der die Ergebnisse in den theoretischen und historischen Kontext einordnet. Die in der Analyse zergliederten Elemente werden wieder in ihrer Gesamtheit gesehen und vor dem Hintergrund der entwickelten Theorie, entlang der formulierten Forschungsfragen interpretiert. Für die vorliegende Studie wurde ein soziologischer Ansatz gewählt. Faulstich definiert diese Interpretationsmethode wie folgt:

> Es geht um seine Parteilichkeit für oder gegen bestimmte Randgruppen, Schichten, Institutionen oder Personen, auch in Problemfragen und Interessensgegensätzen. Die soziologische Filminterpretation untersucht und bewertet den Film im Hinblick auf seine Wiedergabe von zeitgenössischer Wirklichkeit. (2002, 196)

ad. 4.: Wenngleich dieser Meinung hier gefolgt wird, so ist doch in einem zentralen Punkt eine Einschränkung vorzunehmen: Bei der Bewertung der Wiedergabe von zeitgenössischer Wirklichkeit gilt zu bedenken, dass es den Produzenten audiovisueller Produkte nicht um eine möglichst objektive Abbildung von Wirklichkeit geht. Folgt man einem systemtheoretischen Wirklichkeitsverständnis, ist dieses auch schlechthin nicht möglich. Es geht vielmehr um die Repräsentation einer Wirklichkeit, die zuvor dramaturgisch und ästhetisch gestaltet wurde (vgl. Mikos 2003, 71). Die Bewertung der analysierten und interpretierten Daten erfolgt vielmehr vor dem Hintergrund der entwickelten theoretischen Grundlagen.

11.2.2 Inhaltsanalyse als Forschungsmethode

Die Fernsehanalyse kennt keine universelle Methode, mit der sich Sendungen untersuchen ließen. Unterschiedliche Methoden und dazugehörige Messinstrumente haben sich herausgebildet. Grundsätzlich lassen sich zwei Ansätze unterscheiden: inhaltsanalytische Verfahren und hermeneutische Interpretationsverfahren. Für eine Studie, die interdisziplinär sowohl in der Rehabilitationssoziologie als auch in den Kommunikationswissenschaften angesiedelt ist, erscheint eine empirisch sozialwissenschaftliche Methode der Fernsehanalyse geeignet. Hermeneutische Interpretationsverfahren kommen nicht in Frage, da es mit ihren Arbeitstechniken, die denen der Literaturanalyse ähneln, unökonomisch ist, große Datenmengen zu bearbeiten.

Durchweg geeignet erscheint hingegen die Methode der Inhaltsanalyse, da sie gewährleistet, dass die Ergebnisse beliebig reproduzierbar oder mit einem modifizierten Analyseinstrument am selben Gegenstand wiederholbar und somit valide sind. Sie ermöglicht es, an Hand konkreter Fragestellungen, Häufigkeiten bestimmter Merkmale innerhalb größerer Produktmengen herauszuarbeiten, und ihre Zusammenhänge mit anderen Variablen zu ermitteln. Sie ist also zunächst quantifizierend angelegt. Die Analyse der Ästhetik des Produkts wird dabei allerdings vernachlässigt (vgl. Hickethier 2001, 31 f.). Diese spielt im Rahmen der vorliegenden Untersuchung allerdings eine untergeordnete Rolle, da vor allem die inhaltlichen Aussagen herausgearbeitet werden sollen.

Es existieren unzählige Verfahren und Anwendungen wie auch Definitionen der Inhaltsanalyse. Die »klassische« Definition von Berelson: »Content analysis is a research technique for the objective, systematic, and quantitative description of the manifest content of communication« (1952, 18), scheint abgesehen von der erheblichen Kritik, die sie auslöste, für die vorliegende Studie nur für ein Segment der Untersuchung anwendbar: für den quantitativen Teil der Inhaltsanalyse. Die formulierten Ansprüche auf Objektivität und Systematik sind natürlich als grundlegende Kriterien wissenschaftlicher Vorgehensweise gültig. Unter ›objective‹ verstand Berelson die intersubjektive Nachvollziehbar- und damit Wiederholbarkeit der Analyse. ›Systematic‹ ist eine Studie, wenn jeder relevante Inhalt des Untersuchungsgegenstandes erfasst worden ist und zuvor exakt die zu Grunde liegenden Forschungsfragen formuliert werden.

Merten wählt eine weiter gefasste Definition des Begriffs: »Inhaltsanalyse ist eine Methode zur Erhebung sozialer Wirklichkeit, bei der von Merkmalen eines manifesten Textes auf Merkmale eines nichtmanifesten Kontextes geschlossen wird.« (1995, 15 und 59). »Ziel ist der Schluß von Merkmalen des Textes auf Merkmale des Kontextes resp. Merkmale der sozialen Wirklichkeit.« (ders., 16).

Merten versteht unter sozialer Wirklichkeit soziale Strukturen aller Art wie z.B. das soziale Handeln von Kommunikator(inn)en. Dazu muss kritisch angemerkt werden, dass sich Aussagen über die Rezeption der Fernsehtexte nur mit Einschränkungen treffen lassen, da diese immer einem aktiven Prozess unterliegt. Auch der direkte Schluss auf gesellschaftliche Gegebenheiten ist nur bedingt möglich, da Fernsehsendungen immer nur einen bewusst ausgewählten Ausschnitt von Realität abbilden. Diese bewusst konstruierte Realität gewinnt aber für viele Menschen zunehmend an Bedeutung. Sie sind von der Berichterstattung der Medien abhängig, da ihnen eigene Erfahrungen fehlen (siehe Kapitel 7).

Die Methode der Inhaltsanalyse erlaubt keine direkten Rückschlüsse auf eine unmittelbar erfahrbare soziale Realität. Sie ist vielmehr dazu geeignet, das Bild, welches sich Rezipienten bietet und welches sich für eine überwiegende Mehrzahl von ihnen als soziale Wirklichkeit darstellt, zu analysieren.

Bei der Forschungskonzeption der vorliegenden Studie stellte sich die Frage, mit welchem der unzähligen Verfahren der Inhaltsanalyse gearbeitet werden sollte. Da audiovisuelles Material vorliegt, musste eine Methode gewählt werden, mit dem sich sowohl sprachliches als auch optisch präsentiertes Material untersuchen lässt. Zahlreiche inhaltsanalytische Verfahren zielen ausschließlich auf mündliche oder schriftliche Äußerungen ab (siehe z.B. Mayring 1990; Wernet 2000). Für die Analyse von Fernsehsendungen sind solche Verfahren ungeeignet, da die Kommunikationsinhalte von Fernsehsendungen immer aus einer Kombination von Bild, Ton und Sprache bestehen (vgl. Berghaus 1974, 344).

Daher wurden die Methoden von Merten aufgegriffen, da dieser sich speziell mit der Problematik der Inhaltsanalyse von Fernsehsendungen beschäftigt hat. Er weist darauf hin, dass »Fernseh-Analysen [...] die größten Anforderungen [stellen], weil hier nicht nur optischer und akustischer Kanal analysiert werden müssen, sondern weil die Kanäle auch synchron aufeinander bezogen werden müssen.« (1995, 153). Wenngleich sich diese Untersuchung an den Techniken der Inhaltsanalyse von Merten orientiert, so erfordert die vorliegende Untersuchungsfrage speziell entwickelte Auswertungsinstrumente. Bei der Untersuchung audiovisuellen Materials stellt sich in diesem Zusammenhang die Frage, ob der Schwerpunkt sich stärker auf die visuelle oder auf die verbale Ebene richten soll. Im vorliegenden Fall wurden die sprachlichen bzw. inhaltlichen Dimensionen detaillierter betrachtet, da sie für die Beantwortung der forschungsleitenden Frage differenziertere Ergebnisse erwarten ließen, die ästhetische Gestaltung der Produkte hingegen wurde vor allem in Hinblick auf ihre Funktion für die inhaltlichen Aussagen betrachtet.

Die Frage, ob dabei eher quantitative oder eher qualitative Verfahren zur Anwendung gelangen sollten, erwies sich als obsolet, da auf Grund der großen Datenmenge quantifizierende, statistische Verfahren zur Anwendung gelangen mussten, um so zu den deutenden, qualitativen Daten zu gelangen. Der jahrzehntelang andauernde Streit um quantitative oder qualitative Zugangsweisen erscheint ohnehin retrospektiv betrachtet keinen Widerspruch darzustellen. Im Rahmen von quantitativen Inhaltsanalysen sollen ausschließlich »manifeste«, in ihrem qualitativen Pendant sollen ausschließlich »latente« Aussagen erfasst werden. Autoren wie Früh (vgl. 1989, 111–120) haben längst gezeigt, dass eine trennscharfe Zuordnung nicht möglich ist. Rezipienten interpretieren auch »manifeste« Inhalte. Ebenso können auch »latente« Aussagen sehr genau bestimmten Kategorien zugeordnet werden«. Für die Validität einer Studie ist vielmehr entscheidend, dass die untersuchten Merkmale eindeutig bestimmten Kategorien zugeordnet werden können.

Die Inhaltsanalyse hat zunächst eine ordnende Funktion. Sie bildet die Grundlage für die folgenden Fragestellungen. Auf diese Weise wird von dem konkreten Fernsehtext auf Ziffern abstrahiert. Damit werden allerdings die Kontexte, in denen die erhobenen Daten stehen, ausgeblendet. Zunächst wird ausschließlich das reine Produkt gesehen. Es ist nicht möglich, auf Grund des Produktes Rückschlüsse auf die Absichten der Produzenten oder auf Wirkungen bei den Rezipienten zu ziehen. Die Fernsehsendungen werden »also nach der Herstellung und vor der Nutzung« (Berghaus 1974, 338) analysiert.

Auf Grundlage der ermittelten Daten ist es im Anschluss möglich, eine tiefergehende Analyse vorzunehmen. Sie ermöglicht es, Korrelationen zwischen einzelnen Dimension sichtbar zu machen. Von besonderem Interesse sind dabei zum einen Kontingenzen in der Berichterstattung und zum anderen die Frage, welche Leit- und Menschenbilder sich in den Beiträgen widerspiegeln.

12. Erhebungsinstrumente

Um die Darstellung von Menschen mit Behinderung in den vorliegenden Fernsehbeiträgen nachvollziehbar und eindeutig beurteilen zu können, wurde ein detailliertes Kategoriensystem in Form von Codierbögen entwickelt, in dem die bereits skizzierten Forschungsfragen operationalisiert wurden. Um den qualitativen Ansprüchen einer Inhaltsanalyse genügen zu können, sollte jedes Kategorienschema mehrere Bedingungen erfüllen. Zunächst wurden die aus der theoretischen und empirischen Auseinandersetzung gewonnenen Forschungsfragen in eine adäquate Datenstruktur übersetzt. Weitere Bedingungen bei der Erstellung der Indizes bestanden darin, sie wechselseitig exklusiv anzulegen und für jede Kategorie einen klar abgrenzbaren Bedeutungsgehalt zu definieren (vgl. Früh 1989, 88f.).

Die konkreten Messinstrumente in Form von Codierbögen bestehen zum einen aus dem Codeplan und zum anderen aus dem Codebuch (siehe Anhang). Auf Recode Konstrukte wurde verzichtet, da eine Recodierung problemlos mit Hilfe des Codebuchs möglich ist. Die Erfassung der Beiträge erfolgt an Hand des Codeplans. Systematisch hat der Codierende bei jeder einzelnen Variable zu prüfen, ob die vorgegebenen Merkmale zutreffen. Alle für den Codierenden wichtigen Information sind unmittelbar in den Codeplan eingearbeitet. Auf zusätzliche Kommentare oder Listen wurde verzichtet. Die einzelnen Definitionen der Variablen können dem Codebuch entnommen werden. Es gibt darüber hinaus Hilfestellungen und Beispiele bei schwierigen Entscheidungen. Die Codes wurden ausschließlich numerisch gewählt, wobei die Null Verwendung findet, wenn keine Codierung vorgenommen werden kann. Dies kann auch zutreffen, wenn die Erhebung dieser Variablen nicht erfolgen kann, da sie irrelevant für den dargestellten Zusammenhang ist. Abweichend von der ausschließlichen Verwendung von numerischen Codes wurden für die Erfassung der Themen Zahlen-/Buchstabenkombinationen benutzt, da so jedes Thema nur einmal aufgelistet werden musste und sofort als Haupt- oder Nebenthema codiert werden konnte. Generell waren nur Einfachcodierungen möglich, bei 15 der 73 abgefragten Variablen auch Mehrfachnennungen.

Dabei wurde zum Teil auf bereits durchgeführte Fernsehanalysen, auch zu anderen Themen, zurückgegriffen. Für zahlreiche Forschungsfragen mussten Codierungen modifiziert oder kombiniert werden, für andere wurde ein komplett neues Kategoriensystem entwickelt. Die grundlegende Struktur orientiert sich dabei an den fünf herausgearbeiteten Untersuchungsdimensionen.

12.1 Aufbau des Codeplans

Entlang dieser zentralen Analysegruppen wurde der Codeplan aufgebaut. Die in fünf Gruppen zusammengefassten Kategorien wurden wechselseitig exklusiv angelegt. Der Frage nach den Unterschieden in der Berichterstattung ist keine eigene Codiereinheit zuzuordnen, da sich entsprechende Aussagen auf Grund der Ergebnisse der fünf vorangehenden Kriterien sowie des Interviews mit dem MDR (siehe Exkurs 1), wie auch der Sonderauswertung (siehe Exkurs 2) treffen lassen.

Die Qualität der Beiträge soll entsprechend dem Aufbau der Arbeit aus rehabilitationswissenschaftlicher Sicht beurteilt werden. Die journalistische Qualität der Produkte wird hingegen nicht untersucht. Dem interdisziplinären Aufbau dieser Arbeit entsprechend, haben bei der Entwicklung der Erhebungsinstrumente hingegen kommunikationswissenschaftliche Methoden wichtige Impulse gegeben. Dies gilt insbesondere für die Kategorien zur Analyse der Nachrichtenwertfaktoren (vgl., Schulz 1976, 123–139; Schlemmer 1994, Anhang: Kodierbuch Seite 19 f.; Eilders 1997, 317–331). Diese wurden nicht in einer eigenen Dimension codiert, sondern den fünf Untersuchungsdimensionen inhaltlich zugeordnet, wobei ein Großteil im Bereich Themen zu finden ist. Auf die Codierung der Nachrichtenwerte »Schaden« und »Erfolg« wird bewusst verzichtet, da unter »Schaden« auch Behinderung/chronische Krankheit codiert werden müsste. Dies würde im Ergebnis zu einer Nullaussage führen. Die unterschiedliche Intensität von Nachrichtenwertfaktoren wird nur codiert, wenn dies für das Untersuchungsziel dienlich scheint, da dies nicht in den Kernbereich der vorliegenden Fragestellung einzuordnen ist.

Die Codierung wird ausschließlich nach der Variable A8 fortgesetzt, wenn es sich in den Beiträgen um real existierende Menschen handelt. Tiere mit Behinderungen oder Fantasiegestalten wie z.B. Cartoonfiguren werden nicht in die Analyse einbezogen. Der bimodale Aufbau der Codierung hat den Vorteil, dass nicht alle Beiträge auf alle Variablen hin untersucht werden müssen und bedeutet daher eine enorme Arbeitserleichterung (vgl. Merten 1995, 326 f.). Bei der Codierung der formalen Daten wird auch die Bedeutung von Menschen mit Behinderung innerhalb der Sendungen erfasst. Wenn sie nur als Nebenthema auftauchen, werden diese Beiträge keiner differenzierteren Analyse zugeführt. Auf diese Weise lässt sich aber ermitteln, ob Menschen mit Behinderung selbstverständlich teilhaben, oder ob sie nur in Beiträgen präsent sind, deren kommunikativer Fokus sich diesem Thema widmet.

12. Erhebungsinstrumente

Die folgende Abbildung gibt einen Überblick über den Aufbau des Codeplans.

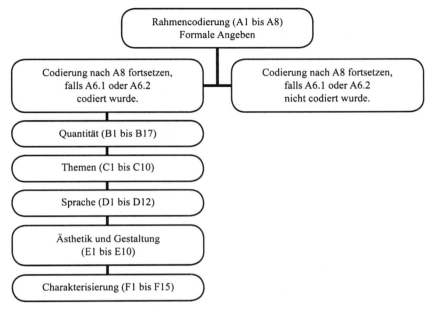

Abbildung 6: Aufbau des Codeplans

13. Ablauf der Untersuchung

13.1 Auswahl und Erhebung der Daten

Die Auswahl der Magazine für die Analyse ist in Kapitel 10.1 ausführlich beschrieben worden. Abbildung 7 zeigt, wie die einzelnen Sendungen und die einzelnen Beiträge für die detaillierte Untersuchung ausgewählt wurden.

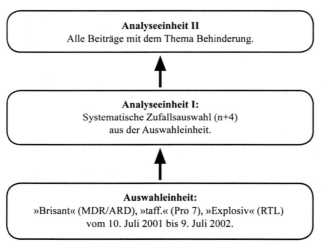

Abbildung 7: Auswahl der Analyseeinheiten

- Auswahleinheit:
  Wochenausgaben der Boulevardmagazine: »Brisant« (MDR/ARD), »taff.« (Pro 7), »Explosiv-Das Magazin« (RTL) vom 10. Juli 2001 bis 9. Juli 2002.
- Analyseeinheit I:
  Für die Analyse ausgewählt werden die Sendungen jedes vierten Tages (n+4). Durch dieses »rotarded sample« (vgl. Berelson 1952, 183) ist nach vier Wochen genau eine »künstliche Woche« mit allen Wochentagen im Sample enthalten.
- Analyseeinheit II:
  Alle Beiträge, die Behinderung als »zentrales Thema« oder als »Hauptaspekt« beinhalten, werden einer quantitativen und qualitativen Analyse unterzogen.

Der Untersuchungszeitraum 10. Juli 2001 bis 9. Juli 2002 hatte insgesamt 249 Arbeitstage. Auf Grund von Großereignissen, vor allem Sport (Olympische Winterspiele, Fußballweltmeisterschaft 2002) und dem 11. September 2001 wurden innerhalb des Zeitraums vier Mal keine Sendungen ausgestrahlt (3x »Brisant« und 1x »Explosiv«). Damit ergaben sich insgesamt 743 Sendungen mit rund 500 Stunden Sendezeit. Die einzig arbeitsökonomisch sinnvolle Möglichkeit, detaillierte Aussagen treffen zu können, liegt in der Bildung einer repräsentativen Stichprobe.

Als Auswahlverfahren für die Analyseeinheiten ist eine Wahrscheinlichkeitsauswahl in Form einer systematischen Zufallsauswahl vorgenommen worden. Als Frequenz wurde dabei jeder vierte Tag für die Analyse ausgewählt, da sich so für jeden Monat des Untersuchungszeitraums mindestens eine künstliche Woche ergab. Die Feiertage, die nicht zur Auswahleinheit gehören, da an ihnen zum Teil keine Sendung produziert wird, wurden mitgezählt, um eine stärkere Gewichtung bestimmter Wochentage zu vermeiden. Bei einer echten Zufallsauswahl hätte sich eine Häufung bestimmter Wochentage ergeben können. Dies sollte vermieden werden, da u. a. die Frage von Interesse ist, ob es einerseits jahreszeitliche und andererseits wochentägliche Häufungen in der Berichterstattung gibt. Wären für die Untersuchung z. B. 13 natürliche Wochen in der Vorweihnachtszeit ausgewählt worden, so hätte dies die Ergebnisse verzerren können, da zu vermuten ist, dass in diesem Zeitraum besonders häufig über Spendenaktionen berichtet wird.

Da sich die Sendezeiten der Magazine »taff.« und »Brisant« überschneiden, wurden die Wiederholungen von »Brisant« im MDR bzw. NDR aufgezeichnet, welche sich zu 100 Prozent mit der Erstausstrahlung in der ARD decken. Sondereinflüsse, z. B. auf Grund besonderer Ereignisse in der Sozialgesetzgebung wurden durch den Erhebungszeitraum ein Jahr ausgeschlossen. Eine besondere Rolle in der Berichterstattung spielten natürlich die Terroranschläge am 11. September 2001 in New York und Washington und ihre Folgen.

ANALYSEEBENE	ZAHL DER EINHEITEN
Auswahleinheit	743 Sendungen
Analyseeinheit I	175 Sendungen
Analyseeinheit II	119 Beiträge

Tabelle 13: Zahl der ausgewählten Einheiten

Die systematische Zufallsauswahl ergab abzüglich der Feiertage 61 Arbeitstage für den Untersuchungszeitraum. Damit wären 183 Sendungen zu analysieren gewesen. Am 24.05.2002 wurde »Brisant« auf Grund von Sportberichterstattung nicht produziert, daher ergaben sich 182 Sendungen. Technische Probleme führten dazu, dass vier Sendungen von »Brisant« (26.09.01, 02.10.01, 22.01.02, 22.04.02), je zwei

Ausstrahlungen von »taff.« (01.08.01, 22.01.02) und eine Folge von »Explosiv« (16.07.01) nicht aufgezeichnet wurden. Da dies rund 4% der Analyseeinheit entspricht, ist dies in Hinblick auf die Untersuchungsziele unerheblich. Für die Analyseeinheit I ergeben sich somit 175 Einheiten.

13.2 Analyse der Daten

Zunächst wurden die der Analyse zu Grunde liegenden 175 Sendungen komplett gesehen und analysiert, um die formalen Daten festzuhalten. Ergab diese Rahmencodierung, dass Behinderung als »zentrales Thema« oder als »Hauptaspekt« eine Rolle spielt, wurden diese Beiträge Analyseeinheit II zugeordnet und direkt im Anschluss codiert. Dafür mussten sie mehrfach gesehen werden. Diese Form der bimodalen Codierung bedeutete zugleich eine gewisse Arbeitserleichterung, da die Daten aus der Rahmencodierung nur einmal erfasst werden mussten, auch wenn mehrere relevante Beiträge in einer Sendung vorlagen.

Wenngleich der theoretische Teil der vorliegenden Studie sich ausführlich mit der Definition von Behinderung beschäftigt und klare Abgrenzungen schafft, so erwies sich in der Praxis, dass die Phänomene Behinderung und chronische Krankheit nicht immer eindeutig zu trennen sind. Auch die Unterteilung der Personenkreise in Menschen mit bzw. ohne Behinderung ist nicht immer ohne weiteres möglich. Ein Beispiel soll diese Abgrenzungsproblematik verdeutlichen: Die Themen Übergewicht wie auch Mangelernährung spielen in Analyseeinheit I eine große Rolle. Sie haben dennoch nur fünf Mal Aufnahme in Analyseeinheit II gefunden, da diese Beiträge ausschließlich detaillierter untersucht wurden, wenn das enorme Über- oder Untergewicht entweder weitere Behinderungen nach sich gezogen hat, oder wenn Akteure unmittelbar als behindert bezeichnet worden sind. Als Grundlage diente also das Verständnis der Kommunikatoren vom sozialen Phänomen Behinderung. Aus der beschriebenen Abgrenzungsproblematik konnten darüber hinaus wertvolle Hinweise gewonnen werden, was bei den unterschiedlichen Magazinen unter dem Label behindert ausgestrahlt wird.

Für die Datenverarbeitung wurde das Statistikprogramm SPSS verwendet. Dabei wurde die Codierung zunächst auf Papier vorgenommen und anschließend in den Computer übertragen, um spätere Kontrollen vornehmen zu können.

13.3 Reliabilität

Valide Untersuchungsergebnisse lassen sich nur erzielen, wenn die verwendeten Messinstrumente von hoher Zuverlässigkeit sind. Externe Gültigkeit der Untersuchungsergebnisse setzt interne Zuverlässigkeit voraus. Um die Aussagekraft der Analyseergebnisse zu überprüfen, wurde ihre Reliabilität auf zwei Ebenen evaluiert.
1. instrumentale Zuverlässigkeit: Präzision des Messergebnisses
2. temporale Zuverlässigkeit: Stabilität des Ergebnisses bei wiederholter Anwendung

Häufig wird noch die interpersonelle Zuverlässigkeit untersucht. Da im vorliegenden Fall aber ausschließlich von einer Person codiert wurde, ist die Untersuchung der Reliabilität auf dieser Ebene im vorliegenden Fall irrelevant (vgl. Merten 1995, 303).

13.3.1 Instrumentelle Zuverlässigkeit

Der Codeplan schreibt eindeutig und trennscharf die unterschiedlichen Codierungen vor. Um seine Zuverlässigkeit zu erhöhen, wird er von einem rund 30 Seiten starken Codebuch begleitet, welches die Codierungen verbindlich vorschreibt (siehe Anhang B, C). Um die Eindeutigkeit und Trennschärfe der einzelnen Variablen sicherzustellen, wurde das Untersuchungsinstrument zahlreichen Pretests unterzogen, bevor es für die eigentliche Untersuchung Verwendung fand.
1. Zunächst wurden nach dem Zufallsfallsprinzip fünf Sendungen aus der Auswahleinheit I codiert. Die Variablen wurden daraufhin geprüft, ob sie wechselseitig exklusiv und eindeutig angelegt sind und ob die jeweiligen Definitionen ausreichende Informationen für eine eindeutige Zuordnung liefern.
2. Nach einer ersten Überarbeitung des Codierplans und des Codierbuchs wurde ein Auszug daraus einer Gruppe von Journalist(inn)en vorgelegt, um zu überprüfen, ob die Untersuchungsanlage auch für Außenstehende logisch stringent ist. Dieselbe Plausibilitätsprüfung wurde nochmals für den gesamten Codierplan und das gesamte Codierbuch an Hand eines zufällig ausgewählten Beitrags mit einer Gruppe von Rehabilitationswissenschaftler(inne)n vorgenommen. Auf Grund der Ergebnisse und der sich anschließenden Diskussionen wurde das Untersuchungsinstrument nochmals überarbeitet, insbesondere hinsichtlich der Eindeutigkeit der Variablendefinitionen.
3. Der Codeplan wurde daraufhin in das SPSS übertragen. Dabei waren wiederum einige Modifikationen nötig, insbesondere musste in jeweils gesonderte Untersuchungsteile für die Analyseeinheit I und II unterteilt werden. Wäre alles in einer Datenmatrix erfasst worden, hätte dies zu Verzerrungen geführt, da in einigen Sendungen mehrere relevante Beiträge zu codieren waren. Diese wären

also mehrfach erfasst worden und hätten den Anteil der Sendungen mit »Behinderung als zentrales Thema bzw. als Hauptaspekt« unzulässig erhöht.
4. Anhand des mit SPSS erstellten Codeplans wurde nochmals ein Pretest an zehn zufällig ausgewählten Sendungen vorgenommen. In dieser letzten Phase waren nur noch wenige Modifikationen notwendig. Sie betrafen vor allem die Reihenfolge der einzelnen Variablen und technische Notwendigkeiten.

13.3.2 Temporale Zuverlässigkeit

Bei der temporalen Zuverlässigkeit geht es um die Stabilität des Ergebnisses bei wiederholter Anwendung. Gerade bei der Anwendung von Codierbögen als Analyseinstrument besteht die Gefahr, dass trotz intensiver Schulung und genauer Definition der Variablen Gewöhnungs- oder Lerneffekte des bzw. der Codierenden dazu führen, dass sich bestimmte Entscheidungen über die Zeit verändern (vgl. Merten 1995, 303). Um den Effekt zu minimieren, dass unterschiedlich reliable Ergebnisse auf Grund der Reihenfolge der Codierung zu Stande kommen, folgt die Reihenfolge der Codierungen nicht einer natürlichen Ordnung wie z.B. Datum oder Sender. Sie wird auf Grund einer systematischen Zufallsauswahl festgelegt. Analyseeinheit I wurde diesem Verfahren entsprechend durchnummeriert. Die Reihenfolge der Codierung der einzelnen Beiträge (Analyseeinheit II) folgte der Reihenfolge der Analyse der Gesamtsendungen.

Stabilität bei wiederholter Anwendung impliziert auch die Frage, wie hoch die Zuverlässigkeit ist, wenn die Untersuchung unter den gleichen Bedingungen noch einmal durchgeführt würde. Um sie zu beantworten, wurde aus der Analyseeinheit II eine zehnprozentige Stichprobe nach dem Zufallsprinzip gezogen (»Test-Retest-Prinzip« nach Merten 1995, 330). Diese wurde sechs Monate nach der ersten Codierung von der selben Person nochmals codiert, um so die Intracoderreliabilität zu messen (vgl. Früh 1989, 180). Rein formale Variablen wie Datum, Wochentag, Sender wurden dabei nicht nochmals erfasst, da eine Überprüfung der Reliabilität dieser Variablen lediglich zu Redundanzen wie der Aussage geführt hätte, dass ein Montag tatsächlich ein Montag ist und nicht etwa ein Dienstag. Es wurden also ausschließlich die inhaltlichen Variablen auf die Zuverlässigkeit des Messinstruments getestet. Aus der Zahl der Übereinstimmungen der ersten und zweiten Codierung wurde der Reliabilitätskoeffizient gebildet.[37] Bei der praktischen Durchfüh-

---

[37] Dabei wurde folgende Formel zu Grunde gelegt (vgl. Früh 1989, 183; Merten 1995, 305): Intracoderreliabilität als Prozentsatz gleicher Entscheidungen bei zwei Codierungen:

$$Z = \frac{2 \times C1,2}{C1 + C2}$$

C1,2 = Zahl der übereinstimmenden Codierentscheidungen
C1 = Zahl der Codierentscheidungen der ersten Codierung
C2 = Zahl der Codierentscheidungen der zweiten Codierung

13. Ablauf der Untersuchung

rung des Reliabilitätstests kam dabei die Frage auf, was denn als Übereinstimmung gewertet werden soll, da die Übereinstimmungen die Grundlage für die Berechung des Reliabilitätskoeffizienten bilden. Bei dichotomen Variablen sind diese eindeutig zu bestimmen; auch bei metrisch, ordinal und nominal skalierten Variablen lässt sich die Intracoderreliabilität anhand der Anzahl übereinstimmender Markierungen im Codeplan berechnen. Da das Kategoriensystem für einige Variablen auch Mehrfachantworten zulässt, stellt sich die Frage, wie hier vorgegangen werden soll: Es gibt grundsätzlich die Möglichkeit unterschiedlicher Codierungen und den Fall, dass eine unterschiedliche Anzahl von Variablen markiert wird. So ist es z.B. möglich, dass eine divierende Anzahl von Nebenthemen auftaucht. Dies wird wie eine Abweichung gezählt. Aus diesem Grund ist bei den Variablen, bei denen Mehrfachcodierungen möglich sind, a priori eine geringere Übereinstimmung zu erwarten.

VARIABLE	Z	VARIABLE	Z
Platzierung des Beitrags	1	Beschreibung behinderter Charaktere	0,5
Aufmacher/Teaser	1	Kommunikation behinderter Akteure	1
Titel des Beitrags	1	Einstellungen	0,75
Aktualität	1	Wertungen	0,83
Darstellungsart	1	Mitleid/Respekt	1
Behinderte Hauptakteure	1	Ursachen einer Schädigung	1
Personenkonstellationen	0,81	Hilfsmittel/attributive Gegenstände	0,92
Geschlecht behinderter Akteure	1	ikonografische Funktion der Gegenstände	1
Alter der beh. Akteure	1	Kameraperspektive	1
Arten von Funktionsstörungen	0,88	Darstellungsorte	0,86
unterschiedliche Ausprägungen/Schwere	0,83	Koinzidenz von Sprache und Bild	0,67
Handlungsträger	0,82	Musikeinsatz	0,91
Aussageträger	0,91	Evidenz der Beeinträchtigung	0,92
Ausführlichkeit der Aussagen von MmB	0,83	Einstellungsgrößen	0,88
persönlicher Einfluss	1	Bildkomposition	1
Relevanz	0,83	Emotion	0,91
Hauptthema	0,83	Status von behinderten Akteur(inn)en	1
Nebenthemen	0,71	Familienstand	0,78
Zentralität	1	Beziehungen zur Umwelt	0,8
Kontinuität der Themen	0,83	Bewertung sexueller Beziehungen	1
Fokus Behinderung	1	Wohnformen	1
Normalität	0,83	Entscheidungen	0,78

Umwelt-/Kontextfaktoren	0,66	soziale Reaktionen	0,59
Gleichberechtigung	1	Bezugspersonen	0,78
Nähe	1	Valenz behinderter Charaktere	0,83
Ethnozentrismus	0,92	Menschenwürde	1
Überraschung	0,78	soziale Folgen der Beeinträchtigung	0,92
Bezeichnung von MmB Off-Ton	0,92	Beseitigung von Barrieren	1
Off-Ton	0,83	Normalitätserwartungen	0,66
Bezeichnung von MmB O-Töne	0,83	Interaktion mit Nichtbehinderten	1
O-Töne	0,83	Stereotype	0,91
Kritik an herabwürdigender Sprache	0,83	Gesamt	0,89

Tabelle 14: Intracoderreliabilität

Im Durchschnitt liegt die Intracoderreliabilität bei 0,89. Dies ist ein zufriedenstellender Wert, vor allem, da die rein formalen Angaben zu den untersuchten Sendungen hier nicht berücksichtigt wurden (vgl. Früh 1989, 187). Wären sie einbezogen worden, würde die interne Gültigkeit noch höher liegen. Das Analyseinstrument hat sich als zuverlässig erwiesen. Auch für die in der Tabelle kursiv gedruckten Kategorien, bei denen Mehrfachnennungen möglich sind, haben sich nur vereinzelt niedrige Werte ergeben. Mehrfachantworten bergen allerdings ein gewisses Risiko für die Zuverlässigkeit der Messung, welches minimiert werden kann, wenn man sie in dichotome Variablen umwandelt. Dies lässt sich deutlich an den Werten zur Kategorie »Nähe« ablesen. War sie ursprünglich als Mehrfachantwort konzipiert, so führte die Umsetzung in SPSS dazu, dass sie aufgeteilt wurde in drei dichotome Variablen: politische Nähe, räumliche Nähe und kulturelle Nähe. Hier ergab die erste und die zweite Codierung eine absolute Übereinstimmung. Die Zuverlässigkeit der Messung war hingegen bei einigen Kategorien als Folge sehr vieler Auswahlmöglichkeiten (wie z.B. »soziale Reaktionen«), oder auf Grund undeutlicher Trennschärfe zwischen den Antwortmöglichkeiten, recht niedrig. Die Folgen ungenauer Variablendefinitionen zeigen sich z.B. bei der Kategorie »negative bzw. positive Beschreibung behinderter Charaktere«. Mit einer Reliabilität von 0,5 ist sie nur bedingt aussagekräftig. Dies ist vor allem auf die ungenaue Abgrenzung der Zeitintervalle zurückzuführen, da die Definitionen »ansatzweise«, »in einigen Sequenzen« und »ausführlich« nicht ausreichend trennscharf definiert wurden. Solche Abweichungen sind zwar keinesfalls wünschenswert, werden aber dennoch als zulässig innerhalb des Interpretationsspielraums gewertet. Die Tendenz der Aussage, ob behinderte Akteure negativ oder positiv beschrieben werden, wird richtig erfasst.

Teil VI – Ergebnisse der Fernsehanalyse

14. Zum Bild von Menschen mit Behinderung in Boulevardmagazinen

Zunächst werden die formalen Daten der ausgewerteten Stichprobe vorgestellt. Grundlage der Analyse sind 175 Sendungen von »taff.«, »Brisant« und »Explosiv«. Die Tabelle zeigt die grundlegenden Strukturdaten der Analyseeinheit I.

	GESAMT	»BRISANT«	»taff.«	»EXPLOSIV«
Analysierte Sendungen	175	57	58	60
Analysierte Beiträge	1133	416	461	255
Beiträge pro Sendung	6,47	7,3	7,95	4,25
Beiträge pro Sendestunde	10,3	14,6	7,95	8,5
Analysierte Kurzmeldungen	1165	264	838	49
Kurzmeldungen pro Sendung	6,63	4,63	14,45	0,82
Kurzmeldungen pro Sendestunde	8,45	9,26	14,45	1,64

Tabelle 15: Strukturdaten: Analyseeinheit I

Aus den 175 Sendungen der Stichprobe mit 1133 Beiträgen werden 119 Berichte für die Analyseeinheit II vorgesehen, da entweder ihr kommunikativer Fokus auf Behinderung bzw. chronische Krankheit gerichtet ist oder zumindest einen Hauptaspekt darstellt.

68% aller Sendungen zeigen Beiträge, in denen Menschen mit Behinderung eine wichtige Rolle spielen. Dieser Durchschnittswert bedeutet aber nicht, dass in über zwei Dritteln der Sendungen auch wirklich Menschen mit Behinderung inkludiert sind. »Brisant« zeigt bis zu drei entsprechende Beiträge in einer Sendung, dies gilt ebenso für »taff.«. Das Magazin »Explosiv« hingegen strahlt im Höchstfall einen entsprechenden Beitrag pro Sendung aus. Besondere Häufungen zeigen sich vor allem bei den aus altem Material zusammengestellten »Brisant Dry« Sendungen. Die Redaktion scheint Beiträge mit behinderten Menschen demnach häufig für besonders gelungen zu halten (vgl. Interview mit Müller-Jahns, Redaktionsleiter »Brisant«, Exkurs 1). Sie scheinen sich für diese Wiederholungen zudem besonders anzubieten, da bei ihnen zumeist keine aktuellen Bezüge hergestellt werden und sie somit auch in der Zweitverwertung noch »aktuell« sind.

	»Brisant«	»taff.«	»Explosiv«	Gesamt
Analysierte Beiträge	416	461	255	1133
(% aller Beiträge)	(36,7%)	(40,7%)	(22,5%)	(100%)
Behinderung als zentrales Thema	35	41	15	91
Behinderung als Hauptaspekt	9	15	4	28
Gesamt	44	56	19	119
(% aller Beiträge des Magazins)	(10,6%)	(12,1%)	(7,4%)	(10,5%)

Tabelle 16: Strukturdaten: Analyseeinheit II

Der Wert von 68% aller Sendungen, in denen Menschen mit Behinderung eine Rolle spielen, erscheint sehr hoch. Er relativiert sich, wenn man nicht die Gesamtsendungen, sondern die einzelnen Beiträge betrachtet. In 85,2% aller Beiträge sind Menschen mit Behinderung völlig ausgeblendet. Sie sind weder zu sehen, noch wird das Thema in irgendeiner Weise angesprochen. In 10,5% der Beiträge sind sie hingegen deutlich präsent. Bei der Berichterstattung über Menschen mit Behinderung steht ihr Handicap zumeist im Mittelpunkt. Von den 119 Beiträgen, die für Analyseeinheit II vorgesehen wurden, legen 76,5% den kommunikativen Fokus der Berichterstattung auf die Behinderung, in 23,5% der Beiträge ist sie nicht zentrales Thema, stellt aber einen Hauptaspekt dar. Insgesamt beschäftigt sich rund jeder zehnte Beitrag näher mit behinderten Menschen. Dies entspricht in etwa der Repräsentation dieser Gruppe in der Bevölkerung.

Dabei zeigen sich erhebliche Unterschiede zwischen den Sendungen. »taff.« liegt deutlich über diesem Wert, »Explosiv« ebenso deutlich darunter. Bei den Berichten des Magazins »Brisant« sind Menschen mit Handicap zu 10,6% von entsprechender Bedeutung. In absoluten Zahlen: auf »Explosiv« entfallen 19 Beiträge, die ausführlich untersucht wurden, auf »taff.« 56 und auf »Brisant« 44.

	»Brisant«	»taff.«	»Explosiv«	Gesamt	% der Beiräge
Beiträge: Behinderung als Nebenaspekt	2 (0,48%)	15 (3,2%)	7 (2,7%)	44	4,3
Kurzmeldungen	262	838	49	1165	% der Kurzmeldungen nach Themen
Behinderung als zentrales Thema	1	1	0	2	0,17%
Behinderung als Hauptaspekt	5	3	0	8	0,68%

14. Zum Bild von Menschen mit Behinderung in Boulevardmagazinen

Behinderung als Nebenaspekt	5	4	1	10	0,85%
Kurzmeldungen					
nach Sendern	11 (4,2%)	8 (0,95%)	1 (2%)	20 (1,7%)	20 (1,7%)

Tabelle 17: Behinderung als Nebenaspekt und Kurzmeldungen

Zur Beantwortung der Frage, ob Menschen mit Behinderung selbstverständlich in die allgemeine Berichterstattung inkludiert sind, dienen u.a. die Indizes »Behinderung als Nebenaspekt« in den Beiträgen und »Bedeutung des Themas Behinderung« in den Kurzmeldungen. Betrachtet man die 1014 Beiträge wird deutlich, dass »Behinderung als Nebenaspekt« nur selten vorkommt. Die entsprechenden 44 Beiträge stellen nur 4,3 Prozent. Menschen mit Behinderung tauchen also nur sehr selten im Programm auf, wenn es nicht explizit um das Thema geht. Für die Privatsender und die ARD zeigt sich dabei ein unterschiedliches Bild. Das Thema Behinderung spielt als Nebenaspekt bei »taff.« und »Explosiv« eine ungleich größere Rolle als bei »Brisant«.

Bei den Kurzmeldungen ist das Thema Behinderung insgesamt noch deutlich weniger präsent. Als zentrales Thema spielt Behinderung nur in zwei von 1165 Kurzmeldungen eine Rolle, auch als Haupt- oder Nebenaspekt ist jeweils ein Anteil von unter einem Prozent festzustellen.

Betrachtet man die Daten aufgeschlüsselt nach Sendungen, zeigt sich ein differenzierteres Bild. Rein quantitativ ist das Thema Behinderung in Kurzmeldungen etwas häufiger bei »Brisant« als bei »taff.« oder »Explosiv« von Bedeutung. Insgesamt wird es aber lediglich in 1,7% aller Kurzmeldungen erwähnt oder gezeigt.

MONAT	SENDUNGEN	PROZENT	BEITRÄGE	PROZENT
Januar	13	7,4	15	12,6
Februar	15	8,6	12	10,1
März	15	8,6	11	9,2
April	14	8,0	5	4,2
Mai	11	6,3	6	5,0
Juni	15	8,6	11	9,2
Juli	16	9,1	12	10,1
August	17	9,7	11	9,2

September	14	8,0	7	5,9
Oktober	18	10,3	7	5,9
November	15	8,6	12	10,1
Dezember	12	6,9	10	8,4
Gesamt	175	100,0	119	100,0

Tabelle 18: Jahreszeitliche Verteilung

Die Verteilung der untersuchten Sendungen pro Monat ergibt sich aus der unterschiedlichen Verteilung der Feiertage und somit aus der divergierenden Zahl der ausgestrahlten Sendungen. Zwischen der Menge der Sendungen und der Summe der zu analysierenden Beiträge gibt es offensichtlich keinen proportionalen Zusammenhang. So ist das Thema Behinderung im Oktober, in dem das Maximum an Sendungen analysiert wurde, mit nur sieben Beiträgen sehr schwach vertreten, während im Januar bei lediglich 13 ausgewählten Sendungen, 15 Beiträge zu diesem Themenkomplex untersucht wurden.

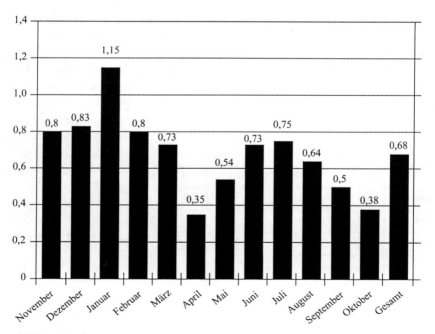

Abbildung 8: Relevante Beiträge pro Sendung

Betrachtet man die relative Häufigkeit der Beiträge pro Sendung, so lässt sich ein jahreszeitlicher Schwerpunkt der Berichterstattung in den Wintermonaten November bis Februar konstatieren. Der Maximalwert mit 1,15 Beiträgen pro Sendung wird im Januar erreicht. Der Zusammenhang zwischen vorweihnachtlichen Spendenaufrufen und der Häufung von Berichten über behinderte Protagonist(inn)en ist demnach nur schwach ausgeprägt.

14.1 Quantitative Basisdaten: Beiträge und Akteure

37% aller relevanten Beiträge werden durch einen Teaser angekündigt. Damit wird das Thema Behinderung zum Eyecatcher, der das Interesse der Zuschauer an den folgenden Inhalten wach halten soll. Diese Zahl erscheint insbesondere bemerkenswert, wenn man bedenkt, dass »Explosiv-das Magazin« fast vollständig auf den Einsatz von Teasern verzichtet. Dass der Wert für diese Variable dennoch so hoch ist, geht vor allem auf das Konto von »taff.«. Berichte über behinderte Menschen werden in dem Pro Sieben Magazin zu rund 68% durch Teaser angekündigt und so besonders herausgehoben.

Als Einstieg in die Sendung werden Berichte über Menschen mit Behinderungen oder chronischen Erkrankungen nur äußerst selten gewählt. Lediglich 5% der relevanten Berichte werden als erster Beitrag ausgestrahlt. Sie werden zumeist in der Mitte der Sendungen platziert, am Ende der Sendungen ist das Thema ebenfalls nur sehr sporadisch vertreten, bei »Explosiv« nie.

Wenngleich der Nachrichtenfaktor Aktualität in der Diskussion um die Qualität journalistischer Produkte eine äußerst wichtige Rolle spielt, scheint dies für die Berichterstattung über Menschen mit Behinderung nicht zuzutreffen. Nur gut ein Viertel (26,1%) der Beiträge weist einen aktuellen Zeitbezug auf. Dies erklärt auch ihre gelegentliche Wiederholung. In der Stichprobe wurden insgesamt fünf Beiträge in völlig identischer Form ein zweites Mal ausgestrahlt. Dieses Phänomen betrifft aber ebenso alle anderen Personengruppen, über die berichtet wird.

99,2 Prozent aller Beiträge werden in der Form von Filmberichten ausgestrahlt, drei Mal mit dem Einsatz von Korrespondentinnen. Ein einziges Mal wird eine Glosse als Darstellungsart gewählt.

Akteure mit Behinderung

Bei der Analyse wird zwischen der Gesamtzahl der Beiträge, der Darstellung von Gruppen und der Darstellung von Einzelpersonen unterschieden, da die Charakterisierung von Personengruppen anderen Gesetzmäßigkeiten folgt als die von einzelnen Akteurinnen und Akteuren. Die Darstellung der Ergebnisse erfolgt daher, wenn dies für die Beantwortung der forschungsleitenden Untersuchungsziele relevant erscheint, getrennt voneinander.

Insgesamt sind 141 Einzelpersonen in den Beiträgen zu sehen, die in irgendeiner Form als behindert bezeichnet werden. Der Anteil von Gruppen ist mit rund 6,5 Prozent (n=10) sehr gering. Sie bleiben dabei in drei Beiträgen völlig anonym. Sieben Mal wird eines der Gruppenmitglieder näher vorgestellt. Die Gesamtzahl der Akteure übersteigt die Anzahl der Beiträge, da bis zu vier Personen pro Beitrag eine Rolle als Hauptakteur(in) spielen. Zu 74% wird aber ausschließlich über einzelne behinderte Protagonisten berichtet.

	HAUPTAKTEURE MIT BEHINDERUNG	
	ANZAHL	%
keine Akteure mit Behinderung	2	1,3%
Name genannt/Einzelpersonen	138	90,2%
anonyme Gruppe	10	6,5%
anonyme Einzelperson	3	2,0%
Gesamt	153	100,0%

Tabelle 19: Anzahl von Menschen mit Behinderung

Zwei Mal wurden Beiträge codiert, deren Hauptthema »Behinderung« ist, es ist aber niemand mit Handicap zu sehen. Dabei handelt es sich in beiden Fällen um karitative Aktionen von Prominenten, bei denen diese eindeutig im Mittelpunkt stehen. Menschen mit Behinderung treten als Akteure nicht in Erscheinung.

In einem Beitrag wird über das Kleid und die Unterwäsche der Sängerin Sarah Connor berichtet, die diese zu Gunsten von Kindern mit Depressionen versteigern will. Die Kinder sind aber nicht zentrales Thema der Berichterstattung. Auch im zweiten Beitrag ohne behinderte Akteure ist der kommunikative Fokus auf die prominenten Spenderinnen und Spender gerichtet, die im Rahmen einer Gala aufgefordert sind, Geld für die deutsche Aids-Stiftung zu geben. Zu der Veranstaltung sind Betroffene nicht eingeladen.

Einige Akteure tauchen mehrmals auf. Daniel und Manuela Ruda wie auch Harald Juhnke sind Hauptakteure in jeweils drei Beiträgen, wobei über die Demenzerkrankung des Schauspielers Juhnke ausschließlich bei »Brisant« berichtet wird und über den Mordprozess gegen das Ehepaar Ruda ausführlich bei den beiden Privatsendern. Über Heather Mills, Model mit Handicap sowie Paul McCartneys Frau, wird zwei Mal berichtet (ARD und Pro Sieben). Bei den Akteur(inn)en ohne Prominentenstatus wird lediglich eine Person zwei Mal dargestellt (ARD und Pro Sieben), alle anderen sind nur in jeweils einem Bericht zu sehen.

Der Faktor Prominenz scheint somit eine gewisse Rolle für die Nachrichtenauswahl zu spielen. Dabei definieren die Medien zum Teil selbst, welchen Personen Prominenz zugesprochen wird. So wurde im Untersuchungszeitraum mehrfach über das Strafverfahren gegen das Ehepaar Ruda ermittelt. Der sogenannte »Satanistenprozess« fand somit auch mehrfach Eingang in Analyseeinheit II, da auch immer wieder die mentalen Funktionsstörungen der Täter thematisiert wurden. Insgesamt ist noch häufiger über sie berichtet worden, ihre Persönlichkeitsstörungen sind aber nicht immer erwähnt worden. In anderen Fällen ist in Kurzmeldungen berichtet worden, daher wurden auch diese Berichte nicht in die Analyseeinheit II aufgenommen. Der Nachrichtenfaktor Prominenz sollte aber nicht überbewertet werden, denn außer den Genannten tauchten nur noch Niki Lauda, Queen Mum und Richard Oetker als bekannte Persönlichkeiten mit Funktionsstörungen auf. Damit liegt der Anteil Prominenter an der Gesamtzahl der dargestellten Personen mit Behinderung (ohne Gruppen) bei 9,9%.

14.1.1 Arten von Funktionsstörungen

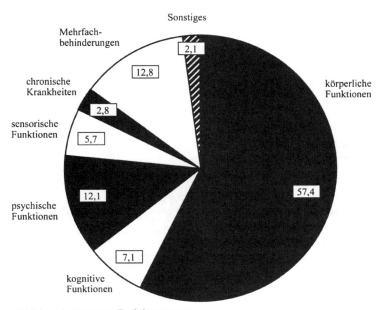

Abbildung 9: Arten von Funktionsstörungen

Der weitaus größte Anteil der behinderten Akteurinnen und Akteure hat eine Funktionsstörung im körperlichen Bereich. Dies entspricht in der Tendenz den Zahlen der amtlichen Schwerbehindertenstatistik. Sie weist für 2001 einen Anteil von Personen mit körperlichen Funktionseinschränkungen von rund 69% aus. Auch die Zahlen für die Akteure mit Störungen im kognitiven und psychischen Bereich, die zusammen 19,2% betragen, weisen eine erstaunliche Übereinstimmung mit dieser Statistik auf. Sie machen dort rund 16% aller schwerbehinderten Menschen aus (vgl. StBA 2003, 24).

Die Abbildung oben zeigt als zweitgrößte Gruppe Personen mit Mehrfachbehinderungen. Der Wert von 12,8% entspricht 18 Akteur(inn)en. Die Gruppe der Menschen mit Sinnesbehinderungen ist mit 5,7 Prozent vertreten. Die Vermutung, dass schwerstbehinderte Akteure als dem Publikum nicht vermittelbar gelten (siehe 9.1.1), hat sich demnach nicht bestätigt. Menschen mit Anfallsleiden oder mit Multipler Sklerose tauchen aber gar nicht auf. Auch über andere Behinderungsformen, die viele Menschen betreffen, wie z. B. Lernbeeinträchtigungen wird nur sehr selten berichtet. Dies trifft ebenso auf geistig behinderte Akteure zu, über die der Informationsgrad der Bevölkerung ohnehin sehr niedrig ist (vgl. Europäische Kommission 2001, 66f.).

FUNKTIONSSTÖRUNGEN	AKTEURE (IN %)
körperliche Funktionen	57,4
sensorische Funktionen	5,7
kognitive Funktionen	7,1
Mehrfachbehinderungen	12,8
Chronische Krankheiten	2,8
psychische Funktionen	12,1
Sonstiges	2,1
Zusammen	n=141

Tabelle 20: Arten von Funktionsstörungen – eigene Erhebung

ART/URSACHE DER SCHWERSTEN BEHINDERUNG	HUP-GESAMT (IN %)
Körperbehinderung	34,6
Sinnesbehinderung	6,2
Funktionseinschränkung innerer Organe	20,7

geistige Behinderung/Mehrfachbehinderung mit geistiger Behinderung	26,1
Anfallskrankheit	2,8
Multiple Sklerose	4,0
psychische Behinderung	1,7
nicht zuzuordnen	4,0
Zusammen	n=353

Tabelle 21: Behinderungsformen nach HuP[38] Schematisierung
Quelle: Häußler, Wacker, Wetzler (1996, 155)

Die prozentuale Verteilung entspricht etwa den Anteilen, die Häußler, Wacker, Wetzler (vgl. 1996, 155) für die einzelnen Personengruppe ausweisen. Die soziale Wirklichkeit scheint zumindest in diesem Punkt in den Boulevardmagazinen recht genau wieder gegeben zu werden.[39]

Auf die Möglichkeit unterschiedlicher Ausprägungen und Schweregrade einer Funktionsstörung wird zumeist nicht hingewiesen (59,7%). Immerhin 21% der Berichte beschäftigt sich damit in einigen Sequenzen, in 17,6% wird dies ansatzweise thematisiert, ausführlich nie. Aufgrund der kurzen Beitragslänge ist es nicht immer möglich Hintergrundinformationen zu liefern, die ein detailliertes Bild der dargestellten Beeinträchtigungen liefern.

In allen Magazinen spielen Menschen mit den unterschiedlichsten Funktionsstörungen eine bedeutende Rolle. Dabei setzen die Sender unterschiedliche Schwerpunkte. Die angegebenen Prozentzahlen geben die Anzahl der Menschen mit den jeweiligen Funktionsbeeinträchtigungen pro Magazin an.

Die größte Gruppe bilden bei allen Sendern Menschen mit körperlichen Beeinträchtigungen. Die Privatsender berichten zudem besonders häufig über Menschen mit psychischen Funktionsstörungen. Thematischer Schwerpunkt dieser Beiträge ist Kriminalität. So sind 50% der Menschen mit psychischen Funktionsstörungen, über die bei »taff.« berichtet wird, Straftäter. Es wird also ein enger Zusammenhang zwischen dieser Personengruppe und Kriminalität hergestellt.

---

38 HuP=Studie über Menschen mit Hilfe und Pflegebedarf. Sie enthält als einzige in den letzten Jahren veröffentlichte Untersuchung sowohl gesamtdeutsche Zahlen, als auch eine genaue Differenzierung nach Behinderungsformen und Altersklassen.
39 Die gesondert ausgewiesenen Gruppen der Menschen mit Körperbehinderung und der Personen mit Funktionseinschränkung der HuP Studie werden dabei wie in der eigenen Erhebung als Gruppe von Menschen mit körperlichen Funktionsstörungen verstanden.

	Sendungen			Gesamt
	»Brisant«	»taff.«	»Explosiv«	
körperliche Funktionen	26	38	17	81
	54,2%	55,1%	70,8%	57,4%
kognitive Funktionen	8	2	0	10
	16,7%	2,9%	0%	7,1%
psychische Funktionen	2	12	3	17
	4,2%	17,4%	12,5%	12,1%
sensorische Funktionen	5	3	0	8
	10,4%	4,3%	0%	5,7%
chronische Krankheiten	1	2	1	4
	2,1%	2,9%	4,2%	2,8%
Mehrfachbehinderungen	4	11	3	18
	8,3%	15,9%	12,5%	12,8%
Sonstiges	2	1	0	3
	4,2%	1,4%	0%	2,1%
Gesamt	48	69	24	141
	100,0%	100,0%	100,0%	100,0%

Tabelle 22: Funktionsbeeinträchtigungen nach Sendungen

Weiterhin fällt ins Auge, dass »Explosiv« weder Menschen mit Lernschwierigkeiten noch sensorisch beeinträchtigte Personen darstellt.[40] Auch »taff.« berichtet deutlich seltener über Menschen mit sensorischen bzw. kognitiven Beeinträchtigungen als das Boulevardmagazin des Ersten. Der einzige Beitrag des Pro Sieben Magazins, der über eine blinde Person berichtet, ist zugleich auch die einzige Glosse, die für die Stichprobe ermittelt wurde (»Zukunft von hinten«, »taff.«, 09.07.02). Im ARD Magazin »Brisant« wird hingegen über Menschen mit sensorischen bzw. kognitiven Funktionsstörungen wesentlich häufiger berichtet. Mehr als jeder vierte Bericht beschäftigt sich mit diesen Personengruppen.

---

40 Betrachtet man auch Sendungen des Untersuchungszeitraums, die nicht Bestandteil der Stichprobe waren, zeigt sich, dass mentale oder sensorische Beeinträchtigungen aber kein grundsätzliches Ausschlusskriterium für die Berichterstattung bei »Explosiv« sind.

Arten von Funktionsstörungen – Gruppen

ARTEN VON FUNKTIONSSTÖRUNGEN	EINZELPERSON		GRUPPE	
	ANZAHL	%	ANZAHL	%
körperliche Funktionen	81	57,4%	3	30,0%
kognitive Funktionen	10	7,1%	1	10,0%
psychische Funktionen	17	12,1%	1	10,0%
sensorische Funktionen	8	5,7%		
chronische Krankheiten	4	2,8%	2	20,0%
Mehrfachbehinderungen	18	12,8%	3	30,0%
Sonstiges	3	2,1%		
Gesamt	141	100,0%	10	100,0%

Tabelle 23: Arten von Funktionsstörungen Einzelpersonen vs. Gruppen

Betrachtet man die Ergebnisse für Personengruppen, stellen sich die Anteile der unterschiedlichen Funktionsstörungen deutlich anders dar. Gruppen von Menschen mit Mehrfachbehinderungen sind ebenso häufig vertreten wie solche, deren Mitglieder körperliche Beeinträchtigungen haben. Sinnesbehinderungen spielen überhaupt keine Rolle.

14.1.2 Altersverteilung

	HÄUFIGKEIT	PROZENT
Kleinkinder/Säuglinge	20	14,2
Grundschulkinder	23	16,3
Jugendliche	8	5,7
junge Erwachsene	29	20,6
ältere Erwachsene	51	36,2
Rentner(innen)	10	7,1
Gesamt	141	100,0

Tabelle 24: Altersverteilung der Einzelakteure

	HÄUFIGKEIT	PROZENT
Kleinkinder/Säuglinge	3	30,0
Grundschulkinder	3	30,0
Jugendliche	1	10,0
junge Erwachsene	1	10,0
ältere Erwachsene	1	10,0
gemischte Altersverteilung	1	10,0
Gesamt	10	100,0

Tabelle 25: Altersverteilung der Gruppen

Über ein Drittel der dargestellten Einzelakteure sind ältere Erwachsene, das heißt zwischen 30 und 60 Jahre alt. Auffallend niedrig ist der Prozentsatz der dargestellten

Rentnerinnen und Rentner (ab 60), obwohl sie doch zumindest laut amtlicher Schwerbehindertenstatistik seit Jahren nahezu unverändert einen Anteil von nahezu 60% aller Menschen mit Schwerbehindertenstatus stellen (siehe StBA 2003, 8). Bei den beiden privaten Sendern zählt diese Altersklasse auch nicht zur Zielgruppe. Der Anteil von Kindern bzw. Kleinkindern unter den Akteuren ist als gering einzustufen, wenn man diese Zahl mit den Ergebnissen anderer Untersuchungen vergleicht. Diese haben ergeben, dass Kinder wesentlich häufiger dargestellt werden als Erwachsene (siehe Huainigg 1996, 61; Cumberbatch, Negrine 1992, 33).

Bei den Gruppen dominieren die Altersklassen der Kleinkinder und Kinder hingegen deutlich. Sie machen zusammen 60% Prozent aus. Die anderen Altersgruppen sind jeweils ein Mal vertreten, mit Ausnahme der Rentner(innen). Sie sind unter den Gruppen nicht vertreten.

	MAGAZINE			GESAMT
	»BRISANT«	»taff.«	»EXPLOSIV«	
Kleinkinder/Säuglinge	6	11	2	19
	12,5%	15,9%	8,3%	13,5%
Grundschulkinder	6	15	2	23
	12,5%	21,7%	8,3%	16,3%
Jugendliche	1	6	1	8
	2,1%	8,7%	4,2%	5,7%
junge Erwachsene	7	17	6	30
	14,6%	24,6%	25,0%	21,3%
ältere Erwachsene	20	18	13	51
	41,7%	26,1%	54,2%	36,2%
Rentner	8	2	0	10
	16,7%	2,9%	0%	7,1%
Gesamt	48	69	24	141
	100,0%	100,0%	100,0%	100,0%

Tabelle 26: Alter der Akteure nach Sendern

Im ARD Magazin »Brisant« spielen behinderte Rentner(innen) eine deutlich größere Rolle als bei der privaten Konkurrenz. Besonders jung sind, gemäß der Zielgrup-

14. Zum Bild von Menschen mit Behinderung in Boulevardmagazinen

pe der 14–19 jährigen, die Akteure in den »taff.«-Beiträgen. Der Anteil behinderter Protagonist(inn)en die älter als dreißig Jahre alt sind, liegt hingegen bei unter einem Drittel. Bei »Explosiv« stellt die Gruppe der 30 bis 59 jährigen die größte Zahl der Akteure.

Für die schulpflichtigen Einzelakteurinnen und -akteure (Grundschulkinder und Jugendliche) scheint eine weitere Aufschlüsselung der Altersstruktur nach den Arten von Funktionsstörungen aufschlussreich, da es für diesen Bereich valide Daten gibt, so dass die vorliegenden Ergebnisse mit amtlichen Zahlen verglichen werden können.

	ALTER DER BEH. AKTEUR(INNEN)				GESAMT	
	GRUNDSCHULKIND(ER)		JUGENDLICHE(R)			
DYSFUNKTIONEN	ANZAHL	% DER GESAMTZAHL	ANZAHL	% DER GESAMTZAHL	ANZAHL	% DER GESAMTZAHL
körperlich	11	35,5%	6	19,4%	17	54,8%
kognitiv	1	3,2%	0	0%	1	3,2%
psychisch	4	12,9%	0	0%	4	12,9%
sensorisch	1	3,2%	1	3,2%	2	6,5%
chronische Krankheiten	1	3,2%	0	0%	1	3,2%
mehrfach	5	16,1%	0	0%	5	16,1%
Sonstiges	0	0%	1	3,2%	1	3,2%
Gesamt	23	74,2%	8	25,8%	31	100,0%

Tabelle 27: Schulpflichtige Akteur(innen) nach Arten von Funktionsstörungen

Der größte Teil der dargestellten Schülerinnen und Schüler lebt mit körperlichen Beeinträchtigungen. Die Kultusministerkonferenz weist in der offiziellen Statistik der Schüler mit sonderpädagogischem Förderbedarf für diese Gruppe nur einen Anteil von 5,19% der Schülerschaft an Sonderschulen aus (vgl. KMK 2002, 7). Sie werden also weit überproportional dargestellt. In der Realität stellen Schülerinnen und Schüler mit dem Förderschwerpunkt Lernen die weitaus größte Gruppe. Sie machen in der Schulstatistik 53,05% aus. Unter den dargestellten Akteur(inn)en findet sich nur ein einziger Schüler mit Lernbehinderung. Gründe dafür liegen zum einen in der schwierigen Vermittelbarkeit der Beeinträchtigung für die Zuschauenden und zum anderen in der ausschließlichen Zuschreibung dieser Behinderung durch das Schulsystem. Der einzige Schüler mit Lernschwierigkeiten wird in der Opferrolle und sehr negativ dargestellt. Er wird von seiner Mutter getötet. Rein statistisch findet sich kein einziger Schüler und keine einzige Schülerin mit einer geistigen Behinderung. Hinter den fünf Personen mit Mehrfachbehinderungen, die 16,1 % der erfassten Schüler(innen) ausmachen, verbergen sich allerdings fünf Menschen mit gleichzeitig geistigen und körperlichen Beeinträchtigungen. Huainigg, der in seiner Studie ebenfalls Kinder und Erwachsene nach unterschiedlichen Arten von Funktionsstörungen getrennt ausweist, kommt zu dem Ergebnis, dass 27% der Akteure Kinder mit geistiger Behinderung seien (1996, 60). Ein Grund liegt sicherlich in der Auswahl seiner Stichprobe. Wählte der Österreicher für seine Untersuchung unter anderem die Sendung »Licht ins Dunkel« aus, in der Spenden für Kinder mit kognitiven Funktionsstörungen gesammelt werden, so hat keines der hier untersuchten Boulevardmagazine eine fortlaufende Aktion für diese Personengruppe im Programm.

14.1.3 Geschlechterverteilung

	HÄUFIGKEIT	PROZENT
männl. Person	66	46,8
weibliche Person	74	52,5
intersexuell	1	0,7
Gesamt	141	100,0

Tabelle 28: Geschlecht behinderter Akteur(innen)

Betrachtet man die Geschlechterverteilung der Einzelakteur(innen), so überwiegt leicht das weibliche Geschlecht. Diese Zahl relativiert sich aber, wenn man die Gruppen in die Betrachtung einbezieht. 80% von ihnen sind heterogen zusammengesetzt, 20% bestehen ausschließlich aus Männern. Über reine Frauengruppen wird nicht berichtet.

Die amtliche Schwerbehindertenstatistik 2001 weist folgendes Verhältnis aus: 52,6% der Menschen mit Schwerbehindertenstatus sind weiblich und 47,4% männlich (StBA 2003, 21). Die für die Stichprobe ermittelten Zahlen sind in sofern ungewöhnlich, da Frauen im Fernsehen, ob mit einer Beeinträchtigung lebend oder nicht, im Allgemeinen unterrepräsentiert sind.

Differenziert man die Geschlechterverteilung nach Funktionsstörungen, zeigt sich der übergroße Anteil von Akteurinnen vor allem bei der Darstellung körperlich behinderter Menschen. In anderen Gruppen, z.B. bei kognitiv beeinträchtigten Protagonist(inn)en, sind Mädchen und Frauen nur marginal vertreten.

		GESCHLECHT BEHINDERTER AKTEUR(INNEN)			GESAMT
		MÄNNL. PERSON	WEIBL. PERSON	INTERSEXUELL	
körperliche Funktionen	Anzahl	32	49	0	81
	% der Gesamtzahl	22,7%	34,8%	0%	57,4%
kognitive Funktionen	Anzahl	9	1	0	10
	% der Gesamtzahl	6,4%	0,7%	0%	7,1%
psychische Funktionen	Anzahl	11	6	0	17
	% der Gesamtzahl	7,8%	4,3%	0%	12,1%
sensorische Funktionen	Anzahl	2	6	0	8
	% der Gesamtzahl	1,4%	4,3%	0%	5,7%
chronische Krankheiten	Anzahl	1	3	0	4
	% der Gesamtzahl	0,7%	2,1%	0%	2,8%
Mehrfachbehinderungen	Anzahl	10	8	0	18
	% der Gesamtzahl	7,1%	5,7%	0%	12,8%
Sonstiges	Anzahl	1	1	1	3
	% der Gesamtzahl	0,7%	0,7%	0,7%	2,1%
Gesamt	Anzahl	66	74	1	141
	% der Gesamtzahl	46,8%	52,5%	0,7%	100,0%

Tabelle 29: Geschlecht behinderter Akteure nach Arten von Funktionsstörungen

Erstaunliche Unterschiede zeigen sich auch bei der Altersverteilung der Geschlechter. Entsprechend ihrer größeren Präsenz stellt das weibliche Geschlecht in vier von sechs Altersgruppen die Mehrheit. Ausnahmen bilden die Gruppe der Rentner(innen) mit 80% Männern und die Gruppe der Grundschulkinder mit einem Verhältnis von Jungen zu Mädchen von 65 zu 35%.

14.1.4 Aussage- und Handlungsträger(innen)

Dass eine beträchtliche Anzahl von Menschen mit Assistenzbedarf in Boulevardmagazinen präsent ist, ist bereits deutlich geworden. Die folgende Abbildung zeigt, ob nur über diese Personengruppe berichtet wird oder ob sie dabei auch selbst zu Wort kommt.

HANDLUNGSTRÄGER (HT)	HÄUFIGKEIT	PROZENT	AUSSAGETRÄGER (AT)	HÄUFIGKEIT	PROZENT
nicht codierbar/ keine dominierenden Handlungsträger	1	0,3	keine Meinungsäußerung von Akteur(innen) im Beitrag	1	0,4
Menschen mit Behinderung handlungstragend	112	36,4	Menschen mit Behinderung als Aussageträger(innen)	80	28,8
Angehörige/Freunde handlungstragend	68	22,1	Angehörige/Freunde aussagetragend	66	23,7
Profis handlungstragend	41	13,3	Profis aussagetragend	59	21,2
Behördenvertreter(in) handlungstragend	13	4,2	Behördenvertreter(in) aussagetragend	6	2,2
Vertreter(in) sozialer Träger handlungstragend	7	2,3	Vertreter(in) von sozialen Trägern aussagetragend	9	3,2
sonstige Expert(inn)en handlungstragend	23	7,5	sonstige Expert(inn)en aussagetragend	30	10,8
sonst. Nichtbehinderte handlungstragend	27	8,8	sonst. Nichtbehinderte(r) aussagetragend	13	4,7
Journalist(in) handlungstragend	4	1,3	Journalist(in) aussagetragend	4	1,4
Prominente handlungstragend	12	3,9	Prominente(r) aussagetragend	10	3,6
	308	100		278	100

Tabelle 30: Handlungsträger vs. Aussageträger

In 112 der 119 codierten Beiträge tauchen Menschen mit Behinderung auch als Handlungsträger(innen) auf. Sie stellen 36,4 % aller Handlungstragenden und somit die dominante Gruppe, noch vor den Angehörigen (22,1 %). Auch bei den Aussageträger(inne)n stellen sie den größten Anteil (28,8 %). Von 112 behinderten Handlungsträgern sind 80 auch zugleich Aussageträger. Das bedeutet, 32 Personen sind zwar für den narrativen Fortgang des Beitrags von großer Bedeutung, es sind aber keine O-Töne von ihnen zu hören. Hier wird stärker über behinderte Personen berichtet, als dass diese sich auch selbst dazu aktiv äußern dürften. Insgesamt lässt sich aber festhalten, dass in 67,2% aller Beiträge O-Töne von Betroffenen selbst zu hören sind. Dabei ist zu bedenken, dass in der Gruppe der Kleinkinder und Säuglinge zehn Akteure erfasst werden, die zu jung für eine eigenständige Äußerung waren.

Die häufig kritisierte Praxis »für« Menschen mit Assistenzbedarf zu sprechen, während diese zu sehen sind, findet sich in der Stichprobe kein einziges Mal. In knapp der Hälfte aller Fälle (49,6%) äußern sich die Betroffenen ausführlich. In 18 Beiträgen (15,1%) mit ein paar kurzen Sätzen und in zwei Beiträgen nur knapp.

Als zweitgrößte Gruppe der Aussage- wie auch der Handlungsträger(innen) finden sich Angehörige und Freunde. Die absoluten Zahlen sind fast deckungsgleich, was darauf zurückzuführen ist, dass fast immer O-Töne von Angehörigen verwendet werden, wenn diese handlungstragend sind. Sie berichten dabei vor allem über ihre behinderten Freunde oder Angehörigen, äußern sich aber ebenso zu eigenen Befindlichkeiten. In mehr als der Hälfte der Beiträge (55,5%) sind Aussagen von ihnen zu hören.

Bei den Profis übersteigt die Anzahl der Aussageträger die der Handlungsträger bei weitem. Das ist darauf zurückzuführen, dass sie sich häufig zu bestimmten Menschen mit Behinderung oder auch allgemein zu einzelnen Beeinträchtigungen, losgelöst von der eigentlichen Handlung, äußern. Personen mit Assistenzbedarf werden dann vor allem aus medizinischer Sicht betrachtet. Behandlung und Therapie stehen im Vordergrund.

		HÄUFIGKEIT	PROZENT
Gültig	nicht codierbar	19	16,0
	gar nicht thematisiert	46	38,7
	ansatzweise thematisiert	15	12,6
	in einigen Sequenzen thematisiert	27	22 7
	durchgängig thematisiert	7	5,9
	Gesamt	114	95,8
Fehlend	System	5	4,2
Gesamt		119	100,0

Tabelle 31: Umwelt-/Kontextfaktoren

Die Umwelt- und Kontextfaktoren, die eine Behinderung wesentlich beeinflussen, werden zumeist ausgeblendet. In 51,3% der Beiträge werden sie nicht oder nur ansatzweise thematisiert. Ausführlich wird mangelnde Teilhabe auf Grund unpassender Umwelt- bzw. Kontextfaktoren nur in sieben Beiträgen angesprochen. Immerhin ein gutes Fünftel der Berichte spricht dieses Problem in einigen Sequenzen an und charakterisiert Behinderung somit aus bio-psycho-sozialer Sichtweise. Umwelt- und Kontextfaktoren haben im Alltag einen entscheidenden Einfluss darauf, wie sich Funktionsstörungen bei einzelnen Personen auswirken. Teilhabe am alltäglichen Leben ist in den Berichten über Menschen mit Behinderung sehr häufig zu sehen. Alltägliches spielt eine wesentliche größere Rolle als Sondersituationen.

		HÄUFIGKEIT	PROZENT
Gültig	nicht codierbar	2	1,7
	gar nicht	21	17,6
	ansatzweise thematisiert	9	7,6
	in einigen Sequenzen	45	37,8
	durchgängig	41	34,5
	Gesamt	118	99,2
Fehlend	System	1	0,8
Gesamt		119	100,0

Tabelle 32: Behinderte Akteure in alltäglichen Situationen

In 21 Beiträgen werden MmB jedoch kein einziges Mal im Alltag wie beim Einkauf, bei der Arbeit oder bei Spaziergängen gezeigt. Die Berichte, in denen alltägliche Situationen nicht gezeigt werden, betreffen thematisch karitative Aktionen und andere Bereiche, die sich dem Nachrichtenfaktor Konflikt zuordnen lassen (Gewaltkonflikt, Kriminalität, interpersonale Gewalt, Katastrophen/Unglücke).

		HÄUFIGKEIT	PROZENT
Gültig	spielt keine Rolle	85	71,4
	Elite Institution	1	0,8
	Institution mit geringem Einfluss	6	5,0
	Elite Person	4	3,4
	Person mit geringem Einfluss	22	18,5
	Gesamt	118	99,2
Fehlend	System	1	0,8
Gesamt		119	100,0

Tabelle 33: Persönlicher Einfluss

Unerwartet niedrig ist die Rolle der prominenten Handlungs- wie auch Aussageträger(innen). Sie scheinen bei der Berichterstattung über Menschen mit Behinderung keine besondere Rolle zu spielen und kommen in nur 8,4% aller Beiträge vor. Dies liefert einen ersten Hinweis auf ein weiteres Ergebnis zu den Aussageträger(innen). Der Nachrichtenfaktor »persönlicher Einfluss« spielt in der Stichprobe nur eine sehr geringe Rolle. In über 70% der Beiträge ist er irrelevant.

Als Handlungs- wie auch als Aussageträger spielen Menschen mit Behinderung also eine bedeutende Rolle. Aufschluss darüber, ob ihr soziales Umfeld dabei vor allem aus anderen gehandicapten Personen besteht, oder ob eher integrierende Kontakte dargestellt werden, gibt die untersuchte Personenkonstellation.

Gruppen, denen ausschließlich behinderte Personen angehören, finden sich demnach äußerst selten. Am häufigsten werden Menschen mit Behinderung allein dargestellt. Dies bedeutet aber nicht, dass sie auch allein leben. Darauf scheint auch die Zahl der Paarbeziehungen hinzuweisen. Bedenkend, dass knapp ein Drittel der Protagonist(inn)en Kinder sind, erhält man für die Personen ab 15 Jahren einen Anteil von 34% behinderter Menschen, die in Paarbeziehungen leben. Insgesamt werden 16 Paare vorgestellt. Darunter vier, bei denen beide Partner mit einer Beeinträchtigung leben und zwölf in der Konstellation: ein Partner mit, der andere ohne Behinderung. Es werden also beide Möglichkeiten aufgezeigt. Der Lebensbereich Liebe und Partnerschaft wird damit zumindest in einem Teil der Beiträge dargestellt als selbstverständlich dargestellt.

14.1.5 Zusammenfassung und Bewertung der Dimension Quantität

Die Ergebnisse zur Untersuchungsdimension Quantität sind sehr eindeutig: Menschen mit Behinderung werden in Boulevardmagazinen häufig dargestellt. Rein quantitativ sind die Grundvoraussetzungen erfüllt, an der Reduzierung des Informationsdefizits über Menschen mit Behinderung mitzuwirken und damit zu ihrer Gleichstellung beizutragen. Zugleich ist deutlich geworden, dass behinderte Menschen fast ausschließlich einen Platz in den Magazinen einnehmen, wenn auch explizit über die Themen Behinderung oder chronische Krankheit berichtet wird. In alltäglichen Situationen, wie z.B. Straßenumfragen, bei politischen Ereignissen oder den für Boulevardmagazine typischen »soft news« ist diese Bevölkerungsgruppe stark unterrepräsentiert und fällt auf, wenn sie Teil der Meldungen ist.

Insgesamt zeigen die Ergebnisse der Dimension Quantität, dass über Menschen mit Behinderung zwar häufig berichtet wird, dass sie aber zumeist eine Sonderstellung einnehmen, was nicht dem Konzept gleichberechtigter Teilhabe entspricht. Dennoch zeigen sich zahlreiche Aspekte der Berichterstattung, die mit einer modernen Sicht auf Menschen mit Behinderung verbunden werden können. So werden z.B. die behinderten Protagonist(innen) zu über 70% in alltäglichen, d.h. normalen Situationen gezeigt.

14.2 Themen

Nachdem sich die vorangehenden Kapitel mit dem »Wie häufig« und »Wer« beschäftigt haben, geht es nun um das »Was«. Diese Dimension trägt am stärksten zur Bedeutungsbildung der untersuchten Fernsehbeiträge bei. Die Analyse der Themen zeigt, welche Ereignisse zur Nachricht gemacht werden und damit die mediale Realität bestimmen.

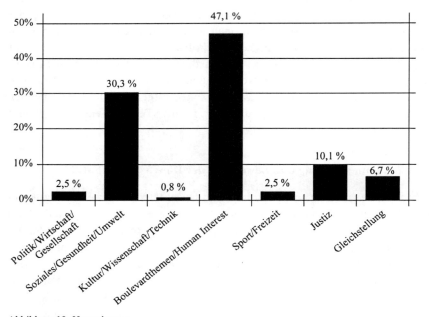

Abbildung 10: Hauptthemen

Die Themenstruktur bildet exakt die Konzeption von Boulevardmagazinen ab (vgl. Kapitel 4.2). »Weiche« Themen aus den Bereichen Human Interest (47,1%) und Soziales/Gesundheit Umwelt (30,3%) nehmen mit Abstand den größten Raum ein. Die dargestellte Fernsehwirklichkeit wird nach den Gesetzen des Genres Infotainment konstruiert. Abbildung 10 stellt lediglich die groben Bereiche der Hauptthe-

14. Zum Bild von Menschen mit Behinderung in Boulevardmagazinen

men dar. Schlüsselt man diese Bereiche wieder in ihre jeweiligen Unterthemen auf, zeigt sich folgendes Bild:

		HÄUFIGKEIT	PROZENT
Gültig	Gewaltkonflikt	3	2,5
	gemeinsamer Unterricht	1	0,8
	karitative Aktion	9	7,6
	Gesundheitspolitik	2	1,7
	Kostenträger	3	2,5
	Überwindung einer Beeinträchtigung	4	3,4
	Unterhaltung	1	0,8
	Prominente	9	7,6
	Sensation/Kuriosität	18	15,1
	Mode/Lifestyle/Schönheit	1	0,8
	Liebe/Partnerschaft	1	0,8
	Katastrophen/Unglücke	3	2,5
	juristische Fragen	3	2,5
	Kriminalität	9	7,6
	Gewalt gegen MmB	3	2,5
	Exklusion	2	1,7
	Barrierefreiheit	1	0,8
	Rehabilitation/Therapie	12	10,1
	Heil-/Hilfsmittel	2	1,7
	Prävention und Aufklärung	2	1,7
	medizinische Forschung	1	0,8
	Porträt	24	20,2
	Breitensport exklusiv	1	0,8
	Spitzensport exklusiv	2	1,7
	Inklusion	1	0,8
	spezielle Leistung/Errungenschaft	1	0,8
Gesamt		119	100,0

Tabelle 34: Einzelthemen

Ein Fünftel aller Beiträge sind Einzelporträts behinderter Menschen, über deren »Schicksal« boulevardesk berichtet wird. Dennoch sind in jedem dritten Beitrag gleichstellungsrelevante Aspekte als Nebenthema zu finden. Überwiegend zeigt sich jedoch bei den Porträts ein traditionelles Bild von Menschen mit Behinderung. Ein deutlicher Indikator dafür ist, dass am häufigsten Nebenthemen aus dem Bereich Soziales/Gesundheit/Umwelt angesprochen werden (in 66,6% der Porträts).

Das zweitwichtigste Hauptthema ist die Darstellung von Menschen mit besonders seltenen Funktionsstörungen, die als Sensation oder Kuriosität präsentiert werden (15,1%). Bei den Sensationsthemen spielen gleichstellungsrelevante Aspekte zu 39% eine Rolle. Aber auch hier stammt das Gros der Nebenthemen aus dem Bereich Gesundheit/Soziales/Umwelt (69% der Nebenthemen; Mehrfachnennungen).

Ein relativ großer Bereich der Hauptthemen kommt aus dem Gesundheitsbereich; hier geht es vor allem um Rehabilitation und Therapie. In diesem Themenfeld zeigt sich naturgemäß ein medizinischer Blick auf behinderte Menschen, besonders bei der Berichterstattung über die Überwindung von Beeinträchtigungen, ebenso in den Themenfeldern Gesundheitspolitik und medizinische Forschung. Betrachtet man die Sendungen in ihrer Gesamtheit und nicht einzelne Beiträge, so finden sich medizinische Themen noch wesentlich häufiger, jedoch mit dem Schwerpunkt auf Akuterkrankungen. Diese Beiträge sind daher nicht für die Analyseeinheit II ausgewählt worden.

14.2.1 Themen differenziert nach Sendungen

		MAGAZINE			GESAMT
		»BRISANT«	»taff.«	»EXPLOSIV«	
Politik/Wirtschaft/ Gesellschaft	Anzahl	1	1	1	3
	% von Sender	2,3%	1,8%	5,3%	2,5%
Soziales/Gesundheit/ Umwelt	Anzahl	15	18	3	36
	% von Sender	34,1%	32,1%	15,8%	30,3%
Kultur/Wissenschaft/ Technik	Anzahl	0	1	0	1
	% von Sender	0%	1,8%	0%	1,8%
Boulevardthemen/ Human Interest	Anzahl	19	24	13	56
	% von Sender	43,2%	42,9%	68,4%	47,1%
Sport/Freizeit	Anzahl	1	2	0	3
	% von Sender	2,3%	3,6%	0%	2,5%
Justiz	Anzahl	3	8	1	12
	% von Sender	6,8%	14,3%	5,3%	10,1%

Gleichstellung	Anzahl	5	2	1	8
	% von Sender	11,4%	3,6%	5,3%	6,7%
Gesamt	Anzahl	44	56	19	119
	% von Sender	100,0%	100,0%	100,0%	100,0%

Tabelle 35: Themengruppen nach Sendungen

Vergleicht man die drei Magazine hinsichtlich ihrer Themenstruktur, so tritt die boulevardeske Ausrichtung am deutlichsten bei »Explosiv« hervor. Zwei Drittel der Beiträge sind im Boulevardbereich angesiedelt. Betrachtet man die sich hinter dieser Zahl verbergenden Einzelthemen, so wird deutlich, dass der kommunikative Fokus der Berichterstattung in diesem Bereich auf Sensationen und Kuriositäten gerichtet ist. Dies macht über 40% der codierten Hauptthemen des RTL Magazins aus. Zum Vergleich: bei »Brisant« beträgt der Anteil 4,5% und bei »taff.« 14,3%.

Der zweitgrößte Themenbereich, der Bereich Soziales/Umwelt/Gesundheit ist hingegen bei »Explosiv-das Magazin« nur halb so oft vertreten wie bei seinen ARD und Pro Sieben Pendants. »taff.« berichtet dabei besonders häufig über karitative Aktionen wie auch über Rehabilitation und Therapie. Eine weitere Besonderheit für das Münchner Magazin besteht in der häufigen Ausstrahlung von Kriminalitätsthemen in Verbindung mit behinderten Menschen. Hier gehen 7 von 9 Beiträgen auf das Konto von »taff.«. Die Koppelung dieser Personengruppe mit Verbrechen ist offensichtlich.

Gleichstellungsrelevante Themen, die insgesamt in den Boulevardmagazinen wenig Beachtung finden, sind am ehesten bei »Brisant« zu sehen. Diese Themen machen hier einen Anteil von 11,4% aus.

Die geringste Themenvielfalt hat »taff.«. Dies zeigt sich deutlich an dem Quotienten aus der Zahl der Beiträge und der Hauptthemen. Dabei ergibt sich für »Brisant« und »Explosiv-das Magazin« jeweils ein Wert von 0,5, während er für das Pro Sieben Magazin bei 0,32 liegt.

14.2.2 Nebenthemen

Um genauere Aussagen über das Themenspektrum der Berichterstattung zu erhalten, wurden bis zu drei weitere Themen codiert, die in den jeweiligen Beiträgen angesprochen werden (im Folgenden als Nebenthemen bezeichnet).

Auch bei den Nebenthemen, die bei 102 der 119 Beiträge zusätzlich zu den Hauptthemen als bedeutsam identifiziert wurden, spielen Rehabilitation und Therapie die entscheidende Rolle. Boulevardmagazine sind also ein großes Forum für diese Themen. An zweiter Stelle und inhaltlich eng verknüpft, folgen die Nebenthemen Heil- und Hilfsmittel. Der Themenbereich sieben, der alle gleichstellungsrelevanten Themen umfasst, macht 26,9% der Nebenthemen aus.

		HÄUFIGKEIT	PROZENT
Gültig	gar nicht thematisiert	95	79,8
	ansatzweise thematisiert	5	4,2
	in einigen Sequenzen thematisiert	11	9,2
	durchgängig thematisiert	4	3,4
	Gesamt	115	96,6
Fehlend	System	4	3,4
Gesamt		119	100,0

Tabelle 36: Gleichberechtigung

Die Frage der Thematisierung rechtlicher Gleichberechtigung wurde noch einmal gesondert untersucht. In knapp 80% der Beiträge spielt sie keine Rolle, da es nicht der Anspruch von Boulevardmagazinen ist, aufklärend zu wirken.

Eine kontinuierliche Begleitung von Themen, die auch die Möglichkeit bietet, mehr Hintergrundinformationen zu liefern, und den Zuschauer darüber zu informieren, welchen Verlauf und welches Ende ein Ereignis gefunden hat, findet 34 Mal statt, 69 Beiträge behandeln neue Themen (16 mal nicht feststellbar).

Liebe und Sexualität spielen sowohl als Haupt- wie auch als Nebenthemen nur eine marginale Rolle, obwohl sie insgesamt ein wichtiges Element in Boulevardmagazinen sind. Analysen der Dimension »Charakterisierung« führten zu übereinstimmenden Ergebnissen. Sexualität behinderter Menschen scheint immer noch ein besonderes (Un-)Thema zu sein.

14.2.3 Nachrichtenfaktoren

		HÄUFIGKEIT	PROZENT
Gültig	Relevanz wird nicht thematisiert	37	31,1
	geringste Relevanz	48	40,3
	geringe Relevanz	26	21,8
	große Relevanz	7	5,9

	Gesamt	118	99,2
Fehlend	System	1	0,8
Gesamt		119	100,0

Tabelle 37: Relevanz

Der Nachrichtenfaktor Relevanz scheint bei der Auswahl der Ereignisse nicht von entscheidender Bedeutung zu sein. In 62,1 % der Beiträge sind vor allem Einzelpersonen oder eine begrenzte Personengruppe betroffen. Auch der Nachrichtenfaktor Überraschung ist nicht sehr ausgeprägt. Lediglich in 27,5 % der Beiträge ist er von Bedeutung. Am häufigsten stellt sich dabei der Verlauf des Ereignisses entgegen der Erwartung dar (42,9 %). Zeitpunkt oder Resultat des Ereignisses sind deutlich seltener überraschend (9,2 bzw. 28,6 %). Das ist ein Indiz dafür, dass der Nachrichtenfaktor Sensation bei der Berichterstattung eine untergeordnete Rolle spielt. Betrachtet man hingegen die Analyse der Haupt- und Nebenthemen, so ist dort Sensation/Kuriosität am zweithäufigsten zu finden. Als Indikator für eine sensationelle Berichterstattung scheint der Nachrichtenfaktor Überraschung demnach ungeeignet zu sein.

	HÄUFIGKEIT	PROZENT
spielt keine Rolle	6	5,0
Ereignis in Deutschland, nur Deutsche beteiligt	50	42,0
Ereignis in Deutschland mit multinationaler Beteiligung	15	12,6
Ereignis im Ausland mit deutscher Beteiligung	7	5,9
Ereignis im Ausland ohne deutsche Beteiligung	41	34,5
Gesamt	119	100,0

Tabelle 38: Ethnozentrismus

Überraschend hingegen stellen sich die Ergebnisse für den Nachrichtenfaktor Ethnozentrismus dar. Ein relativ hoher Prozentsatz der Berichte findet ohne deutsche Beteiligung statt. 34,5 Prozent der Beiträge zeigen ausschließlich Personen nichtdeutscher Nationalität. Ein Großteil dieser Berichte wird im Ausland gedreht. Aber auch bei den in Deutschland stattfindenden Ereignissen zeigt sich ein hoher Prozentsatz nichtdeutscher Beteiligter. Ein Grund für diese Tendenz liegt in der häufigen Darstellung von Beeinträchtigungen, die in Deutschland nicht mehr oder nur noch in abgemilderter Form vorkommen. Besonders häufig sind Berichte zu sehen, die von us-amerikanischen Produktionsteams erarbeitet wurden. 53,8% aller Berichte wurden ausschließlich in Deutschland gedreht. Häufigste Drehorte sind Berlin und Bochum.

In 22,7% der Beiträge wird ausschließlich aus den USA berichtet. Dies bestätigt den hohen Einfluss des Nachrichtenfaktors »Elite-Nation«. Alle anderen Nationen sind demgegenüber zu vernachlässigen. Es folgen: Großbritannien und Österreich mit je 3,4%. Dementsprechend zeigen sich Interdependenzen bei der Analyse des Nachrichtenfaktors Nähe: politische und kulturelle Nähe sind für je 89,1% der Beiträge relevant, räumliche Nähe hingegen nur für 68,9%.

14.2.4 Zusammenfassung und Bewertung der Dimension Themen

Die Auswertung der Dimension Themen hat keine Überraschungen ergeben. Erwartungsgemäß sind nahezu 50% der Beiträge im Boulevardbereich angesiedelt. Danach folgt der Themenbereich Soziales/Gesundheit/Umwelt mit rund einem Drittel. Medizin ist hier das größte Einzelthema. Zusammenfassen lassen sich diese Themen unter dem Tenor »Fürsorge, Versorgung und Betreuung«. Der Anteil gleichstellungsrelevanter Themen ist mit ca. 6% verschwindend gering.

Dreiviertel aller Themen beschäftigen sich unmittelbar mit der Behinderung der Protagonisten und machen diese zum zentralen Aspekt der Berichterstattung. In einem Viertel aller Beiträge zielt der kommunikative Fokus hingegen nicht auf das Thema Behinderung. Das zeigt, dass Menschen mit Behinderung auch in allgemeinen thematischen Zusammenhängen von Bedeutung sind. Eine Beeinträchtigung ist dort eine personale Eigenschaft unter vielen. Thematisch ist diese Art der Berichterstattung so angelegt, dass die Behinderung nicht in den Mittelpunkt gerückt wird. Sie zeigt Menschen mit Behinderung somit als selbstverständlichen Teil der Gesellschaft (siehe dazu Bezold 1999, 159; Davies 1997).

Auch die Betrachtung der Nebenthemen relativiert das Ergebnis, dass der Themenkanon ausschließlich einer traditionellen Sichtweise auf Menschen mit Behinderung folgt. Insgesamt sind 27% aller Nebenthemen gleichstellungsrelevanten Aspekten zuzuordnen. Gleichberechtigte Teilhabe spielt demnach eine nicht unbedeutende Rolle, wenngleich Rehabilitation und Therapie, wie auch medizinische Verfahren auch beim Blick auf die Nebenthemen das Gros der »Storylines« darstellen.

Die Auswertung der Nachrichtenfaktoren zeigt besonders deutlich den Voyeurismus in Boulevardmagazinen: Themen werden auf die Agenda gesetzt, die so in Deutschland keine Rolle mehr spielen.

14.3 Sprachliche Gestaltung

Folgt man weiter den W-Fragen des Journalismus, dann geht es nach der Darlegung des »Wer«, »Wie häufig« und »Was« nun um das »Wie« der Darstellung. Beim Fernsehen spielen Sprache und Bild eine Rolle. Wenngleich sich dem Zuschauer die beiden Kanäle fast immer gleichzeitig präsentieren, so erschließen sich ihre Bedeutungselemente eindeutiger bei einer getrennten Betrachtung.

Zunächst erfolgt die Analyse und Interpretation der sprachlichen Gestalt der untersuchten Beiträge, für die ein vierstufiges Variablensystem zu Grunde gelegt wird, welches sich für einzelne Kategorien noch weiter differenziert.

1. würdigend
2. neutral
3. implizit herabwürdigend
4. explizit herabwürdigend[41]

Dieses System wurde bei der Analyse der Bezeichnung behinderter Menschen in Off-Tönen wie auch in O-Tönen benutzt. In modifizierter Form hat es ebenso bei der Bewertung der Sprache insgesamt Anwendung gefunden. Bei den Bezeichnungen waren Mehrfachnennungen möglich. Bei der Betrachtung der gesamten Sprache konnte hingegen nur eine Variable codiert werden.

14.3.1 Off-Töne

BEZEICHNUNGEN FÜR MMB	GESAMT	
	HÄUFIGKEIT	PROZENT DER ANTWORTEN
1 würdigend	88	62,4
2 neutral	21	14,9
3 implizit herabwürdigend	9	6,4
4 explizit herabwürdigend	23	16,3
Gesamt	141	100,0
119 gültig; Mehrfachnennungen		

Tabelle 39: Bezeichnung von MmB: Off-Töne

---

41 Die Variablendefinitionen und entsprechende Beispiele finden sich im Codebuch (Anhang C).

Die Tabelle zeigt, dass würdigende Sprache bei der Bezeichnung behinderter Akteure überwiegt. Die Anzahl der Beiträge, in denen Menschen mit Behinderung in den Off-Tönen unter anderem mit explizit herabwürdigenden Begriffen bezeichnet werden, ist mit 16,3% der Antworten erstaunlich hoch, gilt doch dieser Sprachtypus gerade im Fernsehen als sozial unerwünscht. Auch in den Beiträgen, bei denen keine Mehrfachcodierungen vorgenommen wurden, da die Bezeichnungen einem einheitlichen Muster folgen, finden sich zu 15,9% explizit herabwürdigende Bezeichnungen. In diesen Beiträgen sind die Begriffe für Menschen mit Behinderung also überwiegend abwertend.

		HÄUFIGKEIT	PROZENT
Gültig	nicht codierbar	1	0,8
	neutral	43	36,1
	explizit herabwürdigend	20	16,8
	implizit herabwürdigend	30	25,2
	würdigend	20	16,8
	Umgangssprache	4	3,4
	Gesamt	118	99,2
Fehlend	System	1	0,8
Gesamt		119	100,0

Tabelle 40: Sprachgebrauch Off-Töne

Betrachtet man nicht ausschließlich den Behinderungsbegriff, sondern den Sprachgebrauch in seiner Gesamtheit, zeigt sich ein deutlich negativeres Bild. Insgesamt sind nur 52,9% der Off-Töne neutral oder würdigend. Explizit herabwürdigende Sprache überwiegt in 16,8% der Beiträge. Wenn umgangssprachliche Ausdrücke überwiegen, sind sie als extreme Form explizit herabwürdigenden Sprachgebrauchs zusätzlich erfasst worden. Addiert man solche Berichte hinzu, so zeigt sich in über 20% der Beiträge explizit herabwürdigender Sprachgebrauch. Zu einem höheren Anteil findet sich implizit herabwürdigende Sprache, die oftmals sicherlich unbewusst benutzt wird. Besonders häufig finden sich Ausdrücke, die in positiver Absicht verwendet werden, dabei aber hervorheben, dass eine Behinderung nicht als Normalität betrachtet wird. Daher sind auch solche Ausdrücke als implizit herabwürdigend zu interpretieren:

- »Obwohl Norman behindert ist, lernt er jeden Tag etwas hinzu.« (»taff.« 29.08.01)
- »[...], der sie schon im Krankenhaus ›normal‹ behandelte.« (»Explosiv« 19.02.02)
- »[...] endlich als ganz ›normale‹ junge Frau mit zwei gesunden Beinen.« (»Brisant« 19.03.02)
- »Sie werden trotzdem alles versuchen, um glücklich zu sein.« (»Explosiv« 11.06.02)

Diese Ausdrücke machen bereits deutlich, dass Mitleid gegenüber Menschen mit Behinderung häufig erwähnt wird. In 43 Berichten (36,1%) spricht aus den Off-Tönen eine Haltung, die behinderte Akteure vor allem als Opfer oder als tragische »Fälle« bezeichnet.

Diese Ausdrücke machen bereits deutlich, dass Mitleid gegenüber Menschen mit Behinderung häufig erwähnt wird. In 43 Berichten (36,1%) spricht aus den Off-Tönen eine Haltung, die behinderte Akteure vor allem als Opfer oder als tragische »Fälle« bezeichnet.

Herabwürdigende Sprache in Off-Tönen

Herabwürdigender Sprachgebrauch ist in den untersuchten Beiträgen weder die Regel, noch mehrheitlich der Fall. Er macht aber zusammen genommen einen erheblich Anteil aus (45,4%). Betrachtet man die in den Off-Tönen gemachten Aussagen unter besonderer Berücksichtigung der Prüfgröße gleichberechtigte Teilhabe, so wird deutlich, dass insbesondere explizit herabwürdigende Ausdrucksweisen einer Gleichstellung von Menschen mit Behinderung entgegenstehen. Wenngleich die folgenden Zitate immer in ihrem jeweiligen Kontext zu sehen sind, so sind sie auch isoliert betrachtet typische Beispiele für Beiträge, in denen explizit herabwürdigende Off-Töne überwiegen:

- »Sie ist an den Rollstuhl gefesselt. Ihr Leben ist restlos verpfuscht. Sie ist geisteskrank.« (»taff.« 19.12.01)
- »Dan sah schaurig aus. Bakterien begannen sein Gesicht aufzufressen.« (»Explosiv« 30.10.01)
- »Ein Gangster hat beim Raubüberfall sein Holzbein verloren. Dem Räuber sind die Verfolger dicht auf der Ferse, im wahrsten Sinne des Wortes. Wann reißt man schon mal einem Verbrecher ein Bein aus?« (»Explosiv«, 22.01.02)
- »Ihre Füße sind völlig entstellt.« (»taff.« 27.11.01)
- »Es ist ein Inzestkind, ein Schandfleck der Gesellschaft: ein Schicksal, unter dem das Opfer ein Leben lang zu leiden hat.« (»taff.« 25.02.02)

- »Mit Abscheu und Ekel sieht sie ihr Bein. Sie ist gefangen im eigenen Körper.« (»Explosiv« 24.10.01)
- »Sie sieht aus wie ein Monster, wie eine Greisin.« (»Explosiv« 16.04.02)
- »Die schwere Missbildung ist eine Strafe Gottes. Das Mädchen mit den Pferdefüßen dachte für immer ein Krüppel zu bleiben.« (»taff.« 07.08.01)

Bei diesen Beispielen fällt auf, dass herabwürdigende Sprache besonders häufig bei den Magazinen der beiden Privatsender Verwendung findet. Schlüsselt man die Off-Töne nach Sendern auf, bestätigt sich diese Vermutung.

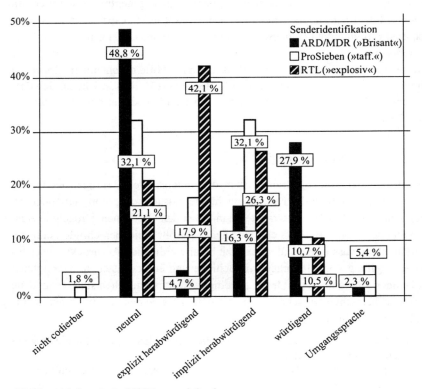

Abbildung 11: Sprache in Off-Tönen nach Sendungen

Überwiegen neutrale Formulierungen in nahezu der Hälfte der »Brisant« Beiträge, so liegt der entsprechende Anteil bei »Explosiv« lediglich bei rund einem Fünftel. Im Umkehrschluss zeigt sich beim RTL Magazin ein besonders hoher Anteil explizit herabwürdigender Sprache. Er ist fast neun Mal so hoch wie bei seinem ARD-Pendant. Auch für den Bereich der implizit herabwürdigenden Off-Töne wurden für die Privatsender die prägnantesten Ergebnisse ermittelt. Hier zeigen sich die höchsten Werte für »taff.« Rund ein Drittel der Beiträge wird von implizit herabwürdigender Sprache dominiert, fast doppelt so viele wie bei »Brisant«. Das Boulevardmagazin von Pro Sieben erreicht auch die höchsten Werte im Bereich der Umgangssprache. Dies könnte mit der Ausrichtung auf die junge Zielgruppe zusammenhängen. Valide Aussagen lassen sich aber auf Grund der geringen Fallzahlen nicht treffen.

Besondere Stilblüten und falsche Bezeichnungen sind auch bei der Nennung der Ursachen der einzelnen Funktionsstörungen erwartet worden. Diese Erwartung hat sich eindeutig nicht erfüllt: Entweder die Nennung einer Ursache besitzt keine Bedeutung (21%) oder sie wird richtig genannt (74,8%). In fünf Beiträgen ist sie allerdings im Bereich des Mystischen angesiedelt. In einem dieser Beiträge möchte sich die Akteurin nicht öffentlich äußern, in einem anderen wird nach der medizinischen Ursache noch geforscht. In einem Beitrag wird die Ursache der Funktionsstörung eindeutig als Schicksal bezeichnet (»Strafe Gottes«; »taff.« 07.08.01). Er hat als Handlungsort die Karibik und beschreibt den gesellschaftlichen Stellenwert von Menschen mit Behinderung dort. Die Mystifizierung der Beeinträchtigungen der Hauptakteurin wird dabei vom Off-Ton unreflektiert übernommen.

14.3.2 O-Töne

Die Dimension »Quantität« hat gezeigt, dass die Beiträge stark von ihren O-Tönen geprägt werden. Die größte Gruppe von Aussageträger(inne)n stellen dabei die behinderten Protagonist(inn)en selbst. An zweiter Stelle folgen die Angehörigen. Dieser Abschnitt geht der Frage nach, welche Sprache sie benutzen und ob es Unterschiede zu den Off-Tönen gibt.

	GESAMT	
	HÄUFIGKEIT	PROZENT DER ANTWORTEN
0 nicht codierbar	2	1,6
1 angemessen/würdigend	100	78,1
2 neutral	12	9,4
3 implizit herabwürdigend	5	3,9
4 explizit herabwürdigend	9	7,0
Gesamt	128	100,0
118 gültig, 1 fehlend; Mehrfachnennungen		

Tabelle 41: Bezeichnung von MmB: O-Töne

78,1 % aller Aussagen sind würdigend, d. h. Begriffe aus dem Wortfeld »Behinderung« werden sparsam und angemessen verwendet, behinderte Akteure selbst und auch alle anderen Aussageträger(innen) benutzen Namen, Rolle, Beruf oder Funktion zur Bezeichnung. Nimmt man das als neutral eingestufte Wortfeld hinzu, so kommt man auf einen Wert von nahezu 90% von Bezeichnungen, die nicht herabwürdigend sind.

Betrachtet man die einzelnen Gruppen von Aussageträger(inne)n so fällt auf, dass Menschen mit Behinderung sich fast ausschließlich würdigend oder neutral über sich selbst äußern (in 96,2% der Aussagen), gleichzeitig werden aber auch in 13,9% dieser O-Töne herabwürdigende Eigenbezeichnungen gewählt, was bedeutet, dass zahlreiche behinderte Personen für sich selbst sowohl würdigende als auch herabwürdigende Begriffe verwenden. Für die Gruppe der Angehörigen sind diese Werte nahezu identisch. Die als »Profis« eingestufte Gruppe der Ärzte, Therapeut(inn)en, Pädagog(inn)en, etc. hingegen benutzt etwas seltener diskriminierende Bezeichnungen. Ihre Wortwahl ist zu 98,3% neutral oder würdigend und zu 4,2% herabwürdigend.

		HÄUFIGKEIT	PROZENT
Gültig	0 nicht codierbar	3	2,5
	1 würdigend	36	30,3
	2 neutral	52	43,7
	3 implizit herabwürdigend	13	10,9
	4 explizit herabwürdigend	11	9,2
	5 Umgangssprache	3	2,5
	Gesamt	118	99,2
Fehlend	System	1	0,8
Gesamt		119	100,0

Tabelle 42: Sprachgebrauch: O-Töne

Die Sprache der O-Töne weist in ihrer Gesamtheit insgesamt ebenfalls wenig diskriminierende Elemente auf. Allerdings ist der Anteil herabwürdigender Wortwahl wesentlich höher, als wenn man ausschließlich die Bezeichnungen für Menschen mit Behinderung betrachtet. In 88 der 119 untersuchten Beiträge sind die O-Töne mehrheitlich neutral oder würdigend.

Im Vergleich zu den Off-Tönen ist der Anteil würdigender Sprache bei O-Tönen insgesamt wesentlich höher, herabwürdigende Wortwahl kommt deutlich seltener vor.

Die gesondert untersuchte Frage, ob herabwürdigende Sprache in O-Tönen von den Redakteuren kritisch gesehen wird, kann eindeutig verneint werden. Nur in zwei Beiträgen ist dies der Fall. Anwaltschaftlicher Journalismus (siehe Meyn 1994), der stigmatisierende Formulierungen aufgreift und versucht, diese durch positive zu ersetzen, ist die absolute Ausnahme. Die entsprechenden Aussagen stehen für sich.

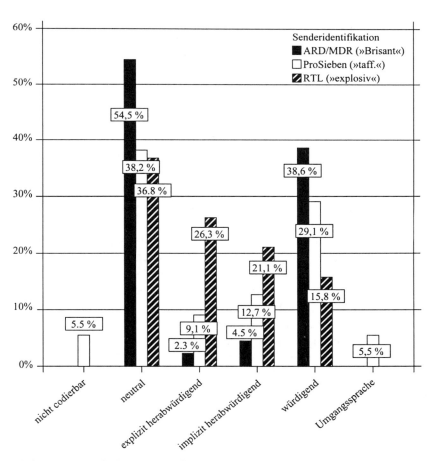

Abbildung 12: Sprache in O-Tönen nach Sendungen

Offensichtlich haben die Protagonist(inn)en ein deutlich sensibleres Gespür für die Sprache als die Sprecher(innen) und Moderator(inn)en. Sie vermeiden es, diskriminierende Elemente zu verwenden: Auf Grund des hohen Anteils von Aussageträger(inne)n, die selbst mit einer Behinderung leben, ist dies allerdings auch zu erwarten gewesen. Das schließt allerdings nicht aus, dass sie selbst und ihnen nahe stehende Personen herabwürdigende Sprache verwenden. Hier einige Beispiele für besonders expressive Stilblüten aus den O-Tönen von Menschen mit als auch ohne Behinderung:

- Das macht ein *normaler* Mensch nicht. (»Brisant« 13.12.01)
- Entstellung; Missbildungen; Pferdefüße; (»taff.« 07.08.01)
- Ich fühlte mich wie ein Monster. Mein Leben ist zerstört. (»Explosiv« 30.10.01)
- Ist das noch meine Frau? Wie sieht *die* denn aus? (»Explosiv« 16.04.01)
- Nur Gott kann mir helfen. (»taff.« 21.11.01)
- Psychopath; Schicksal; Pfusch (»taff.« 16.01.02)
- Als wär' ich normal, obwohl ich behindert bin. (»taff.« 24.10.01)

Wenngleich die Aussageträger(inn)en wesentlich seltener herabwürdigende Formulierungen wählen als die Sprecher(innen) so lohnt auch hier ein differenzierender Blick auf die drei Magazine. Es zeigt sich die selbe Tendenz wie bei den senderspezifischen Ergebnissen zu den Off-Tönen. Die »Brisant« Redaktion hat nur in drei Fällen O-Töne ausgewählt, die implizit oder explizit herabwürdigend sind (zusammen 6,8%). Eine große Mehrheit der Aussageträger(innen) äußert sich neutral oder würdigend. Allerdings sind die O-Töne auch beim Boulevardmagazin der ARD wesentlich häufiger würdigend als die entsprechenden Off-Töne.

Andere Schwerpunkte bei der Auswahl der O-Töne scheint die »Explosiv« Redaktion zu setzen. 47,4% der gezeigten Aussageträger(innen) äußert sich in irgendeiner Form herabwürdigend. Dabei ist allerdings zu bedenken, dass vom Boulevardmagazin des Kölner Senders auch deutlich weniger Beiträge in die Analyse eingeflossen sind als für die beiden anderen Anbieter.

Die Ergebnisse für »taff.« weichen hingegen deutlich von denen der Analyse der Off-Töne ab. Wurden nur rund zwei Fünftel der Off-Töne als neutral oder würdigend eingestuft, so liegt dieser Wert für die O-Töne bei über zwei Dritteln. Identisch ist hingegen die Tendenz bezüglich der Verwendung von Umgangssprache. Das Pro Sieben Magazin ist die einzige Sendung, für die dieser Sprachtypus als dominierender Stil in O-Tönen ermittelt wurde.

Insgesamt werden weniger O-Töne von Menschen dargestellt, die sich ohne Sprache äußern, da 135 der 141 Einzelakteure verbal kommunizieren und 6 nonverbal. Von den sprechenden Protagonist(inn)en äußern sich 102 Personen (76%), von den nicht sprechenden zwei (33%). Die Ursachen hierfür sind auf Grund der geringen Anzahl in dieser Personengruppe nur zu vermuten. Sie liegen wohl in der vermeintlich schwierigen Vermittelbarkeit dieser Aussagen für die Rezipienten.

		HÄUFIGKEIT	PROZENT	GÜLTIGE PROZENTE
Gültig	gar nicht	74	52,5	77,1
	teilweise	9	6,4	9,4
	mehrfach	7	5,0	7,3
	durchgängig	6	4,3	6,3
	Gesamt	96	68,1	100,0
Fehlend	System	45	31,9	
Gesamt		141	100,0	

Tabelle 43: Kommentierung von Aussagen von MmB

Die Aussagen behinderter Menschen werden zu knapp vier Fünfteln nicht kommentiert oder interpretiert. Wenn Sprecher(innen) oder andere Akteure der Auffassung sind, es bedarf Interpretationen des Gesagten, so sehen sie diese Aussageträger(innen) nicht gleichberechtigt.

Insgesamt wird gleichberechtigte Teilhabe aber häufig angesprochen. Einstellungen und soziale Reaktionen, die dazu führen, dass Menschen mit Behinderung nicht immer auf gleicher Augenhöhe mit ihren Mitmenschen leben können, werden in über der Hälfte der Beiträge zur Sprache gebracht.

Das Problem der Beeinträchtigung von Teilhabe auf Grund negativer Einstellungen wird am häufigsten und auch am ausführlichsten bei »Explosiv« thematisiert. Dieses Ergebnis steht im Widerspruch zu den Ergebnissen der Analyse der Off- und O-Töne, die zeigen, dass diese besonders häufig herabwürdigende Sprache beinhalten. Betrachtet man die absoluten Zahlen, so wird die Beeinträchtigung von Teilhabe auf Grund negativer Einstellungen am häufigsten im Pro Sieben Magazin »taff.« angesprochen.

Abrunden lässt sich die Skizzierung des sprachlichen Bildes durch die Ergebnisse zu den benutzen Eigenschaftswörtern für behinderte Charaktere. Die den behinderten Akteur(inn)en zugeschriebenen Eigenschaften entsprechen der Verwendung der Sprache insgesamt. In rund 70% der Beiträge werden die behinderten Protagonist(inn)en vor allem mit positiven Adjektiven beschrieben, ausführlich negativ wird niemand bezeichnet. Es werden also vor allem positive Eigenschaften genannt, ohne ein einseitiges Bild zu zeichnen.

14.3.3 Zusammenfassung und Bewertung der Dimension Sprache

Aus der Perspektive der Prüfgröße gleichberechtigte Teilhabe zeigt die Analyse der Dimension Sprache ein insgesamt positives Bild, wenngleich sich unterschiedliche Tendenzen offenbaren. Mehrheitlich wird in den Off- wie auch in den O-Tönen angemessene Sprache verwendet. Behinderten Menschen wird sprachlich Respekt entgegengebracht und die sprachliche Charakterisierung bildet sie in unterschiedlichen sozialen Rollen ab. Dabei zeigen sich zum Teil aber erhebliche Unterschiede.

Spielt die Verwendung herabwürdigender Sprache durch die Protagonistinnen keine entscheidende Rolle, so wurde sie für fast die Hälfte der Sprechertexte festgestellt. Der relativ häufige Gebrauch implizit herabwürdigender Sprache ist dabei kein Phänomen, welches in Boulevardmagazinen ausschließlich für die Darstellung behinderter Menschen gilt. Gute Unterhaltung arbeitet häufig mit stereotypen Formulierungen, die sprachliche Verkürzungen und Zuspitzungen mit sich bringen.

Grundsätzlich abzulehnen sind hingegen die rund ein Sechstel der Beiträge prägenden explizit herabwürdigenden Formulierungen. Sie drücken eine Abqualifizierung von Menschen mit Behinderung aus. Hier zeigt sich Sprache als Ausdruck fehlender Integration von Menschen mit Behinderung in die Gesellschaft (vgl. Bonfranchi 1997, 170). Diese Integrationsdefizite zeigen, dass auf dem Weg zu gleichberechtigter Teilhabe auch der bewusste Sprachgebrauch noch erhebliches Handlungspotenzial aufweist.

14.4 Ästhetik und Gestaltung

Eine weitere Ebene des »Wie« der Darstellung behinderter Menschen in Boulevardmagazinen in den Blick nehmend, werden in diesem Kapitel die Analyseergebnisse zur Ästhetik und Gestaltung der untersuchten Fernsehbeiträge vorgestellt und interpretiert, um in Verbindung mit den anderen Untersuchungsdimensionen ihre Funktion für das Gesamtbild darzulegen. Eine weitere Frage, die bisher nur rudimentär beantwortet wurde, ist die des »Wo«. Sie wird hier auf Grund der Untersuchungsdaten zu den Darstellungsorten beantwortet. Die Ergebnisse der Analyse der qualitativ angelegten Kategorien lassen darüber hinaus Rückschlüsse auf das »Warum« bestimmter ästhetischer Gestaltungsprinzipien zu.

14.4.1 Evidenz der Beeinträchtigung

Bei der quantitativen Untersuchung wurde zwischen Beiträgen mit »Behinderung als Hauptaspekt« (24 %) und »Behinderung als zentrales Thema« (76 %) unterschieden (siehe 14.1). In den letztgenannten Fällen wissen die Zuschauer zumeist bereits durch den Teaser oder die Anmoderation, dass ein Beitrag zum Thema »Behinderung« folgen wird. In der erstgenannten Art von Beiträgen wissen sie dies nicht. Doch wann wird für den Zuschauenden offensichtlich, wer der Agierenden mit und wer ohne Beeinträchtigung lebt oder spielt dies keine Rolle?

	HÄUFIGKEIT	PROZENT
gar nicht	25	17,7
unmittelbar	77	54,6
zu einem späteren Zeitpunkt	23	16,3
nach sprachlichem Hinweis	16	11,3
Gesamt	141	100,0

Tabelle 44: Visibilität und Evidenz der Beeinträchtigung (Einzelakteure)

Die Analyse zeigt, dass in über der Hälfte der Berichte unmittelbar evident wird, welche Protagonist(inn)en die sogenannten »Behinderten« sind. Die Bilder transportieren also schnell und eindeutig den Behindertenstatus. Bei rund 18 % der behinderten Akteure sind ihre außergewöhnlichen körperlichen oder mentalen Eigenschaften hingegen visuell nicht zu erkennen.

Ob die Kamera aus der Vielfalt des zu Sehenden die Beeinträchtigung einer Person auswählt oder nicht, hängt stark von den Themen der Beiträge ab. Geht es um Berichte aus dem Bereich »Sensation bzw. Kuriosität«, so ist die Beeinträchtigung der entsprechenden Hauptakteure zumeist unmittelbar erkennbar (rund 70% dieser Beiträge). Wird über gehandicapte Prominente berichtet, so ist deren Beeinträchtigung nur bei rund jeder fünften Person auch sofort offensichtlich. Der geringe Wert für diesen Themenbereich hängt wiederum mit der Art der dargestellten Funktionsstörungen zusammen. Ein Großteil der dargestellten Prominenten haben psychische Beeinträchtigungen, die äußerlich nicht zu erkennen sind.

		EVIDENZ DER BEEINTRÄCHTIGUNG				GESAMT
		gar nicht	unmittelbar	zu einem späteren Zeitpunkt	nach sprachlichem Hinweis	
körperliche Funktionen	Anzahl	4	54	12	9	79
	% von	5,1%	68,4%	15,2%	11,4%	100,0%
kognitive Funktionen	Anzahl	6	4	0	0	10
	% von	60,0%	40,0%	0%	0%	100,0%
psychische Funktionen	Anzahl	10	2	3	2	17
	% von	58,8%	11,8%	17,6%	11,8%	100,0%
sensorische Funktionen	Anzahl	2	2	3	1	8
	% von	25,0%	25,0%	37,5%	12,5%	100,0%
chronische Krankheiten	Anzahl	0	3	3	0	6
	% von	0%	50, 0%	50, 0%	0%	100, 0%
Mehrfachbehinderungen	Anzahl	1	11	2	4	18
	% von	5,6%	61,1%	11,1%	22,2%	100,0%
sonstiges	Anzahl	2	1	0	0	3
	% von	66,7%	33,3%	0%	0%	100,0%
Gesamt	Anzahl	25	77	23	16	141
	% von	17,7%	54,6%	16,3%	11,3%	100,0%

Tabelle 45: Evidenz nach Arten von Funktionsstörungen: einzelne Akteure

Sichtbarkeit und Darstellbarkeit sind für Fernsehproduzenten entscheidende Kriterien und einer der Gründe, warum über Menschen mit körperlichen Funktionsstörungen am häufigsten berichtet wird. Ihre körperlichen Beeinträchtigungen werden bei fast 95% dieser Akteure offensichtlich gemacht. Die Konstruktion »Behinderung« macht sich zumeist an visuellen Auffälligkeiten fest. Da Beeinträchtigungen von Akteuren mit kognitiven bzw. psychischen Funktionsstörungen zumeist äußerlich nicht erkennbar sind, werden sie erst durch den Kommentar des Sprechers/der

Sprecherin evident. Jeweils ca. 60% dieser Akteure sehen aus wie Personen ohne Behinderung. Am häufigsten wird bei der Gruppe der Menschen mit mehrfachen Behinderungen sprachlich auf die Beeinträchtigung hingewiesen, um sie evident zu machen (22,2%). Diese werden dadurch zum Teil erst als behindert klassifiziert, da eigentlich über Akuterkrankungen wie z.B. Schlaganfall oder Brandverletzungen berichtet wird.

Bei 23 der 141 vorgestellten Einzelakteure wird die Beeinträchtigung erst zu einem späteren Zeitpunkt wahrnehmbar. Dies kann einerseits in dem Wunsch behinderter Menschen begründet sein, ihre Beeinträchtigung nicht unmittelbar zu offenbaren. Andererseits wird es durchaus als dramaturgisches Moment eingesetzt. *Ein Beispiel*: Ein neuer Fernsehfilm, in der die Entführung von Richard Oetker inszeniert wird, wird vorgestellt (»taff.« 9.11.2001). Der Ablauf der Entführung und die Dreharbeiten bilden den Plot der Handlung. Die Beeinträchtigungen, mit denen Oetker als Folge von Misshandlungen heute lebt, werden erst ganz am Ende des Berichts erwähnt und machen so das Kriminalstück besonders dramatisch. Zuvor wird er ausschließlich als Student und Sohn eines reichen Industriellen charakterisiert. Sein jetziger Status als Behinderter ist kein wesentlicher Aspekt der Berichterstattung und spielt bei der Bewertung seiner Person keine Rolle.

Oetker ist einer von 24 Rollstuhlbenutzer(inne)n der untersuchten Beiträge. Wie bei ihm wird auch bei neun weiteren Personen das Fortbewegungsmittel nicht unmittelbar, sondern erst später gezeigt. Bei diesen Akteuren steht der Rollstuhl nicht im Vordergrund. Er wird nicht als Symbol für »Behinderung« in Szene gesetzt.

	MAGAZINE			GESAMT
	»BRISANT«	»taff.«	»EXPLOSIV«	
gar nicht	9	14	2	25
	20,5%	25,0%	10,5%	21,0%
unmittelbar	24	24	14	62
	54,5%	42,9%	73,7%	52,1%
späterer Zeitpunkt	4	10	1	15
	9,1%	17,9%	5,3%	12,6%
nach Hinweis	7	8	2	17
	15,9%	14,3%	10,5%	14,3%
Gesamt	44	56	19	119
	100,0%	100,0%	100,0%	100,0%

Tabelle 46: Evidenz nach Sendern

Die Evidenz ist aber nicht nur von der Art der Beeinträchtigung abhängig. Sie sind ebenso magazinspezifisch. »Explosiv« zeigt die Beeinträchtigungen der Protagonisten in rund drei Vierteln der Beiträge unmittelbar. Die Werte für die beiden anderen Sendungen liegen deutlich darunter. Ob und wann eine Beeinträchtigung ins Bild gesetzt wird, sagt allerdings noch nichts über die Funktion der Darstellung aus.

14.4.2 Hilfsmittel

	ANZAHL	PROZENT DER ANTWORTEN	FÄLLE
nicht gezeigt	55	42,6	46,6
spezielle Lern- und Arbeitshilfen	4	3,1	3,4
Langstock	1	0,8	0,8
Rollstuhl	19	14,7	16,1
Prothesen	8	6,2	6,8
Gehhilfen	7	5,4	5,9
Orthesen	4	3,1	3,4
(Skoliose) Korsetts	1	0,8	0,8
Kommunikationshilfen	3	2,3	2,5
Umweltkontrollen	4	3,1	3,4
rein attributive Gegenstände	2	1,6	1,7
medizinische Geräte	10	7,8	8,5
Sonnenbrille	8	6,2	6,8
Sonstiges	3	2,3	2,5
Gesamt	129	100,0	109,3
1 fehlend, 118 gültig; Mehrfachnennungen			

Tabelle 47: Hilfsmittel

In 46,6% der Beiträge spielen Hilfsmittel überhaupt keine Rolle. Ist eines zu sehen, dann ist es zumeist der Rollstuhl, absolut aber nur in 19 von 119 Beiträgen. Dies ist auf die hohe Zahl von körperbehinderten Protagonist(inn)en zurückzuführen. Häufig wird der Rollstuhl als *das Symbol* für Behinderung benutzt (siehe z.B. Huainigg 1996, 60), dies scheint aber bei den untersuchten Beiträgen nicht der Fall zu sein. Die gezeigten Hilfsmittel werden zu 93% in ihrer Funktion gezeigt. Lediglich vier der gezeigten Gegenstände dienen als Synonym für Behinderung (5,6%), darunter der Rollstuhl wie auch eine Prothese. In einem Beitrag wird ein Rollstuhl ohne jeglichen Bezug zu Akteuren gezeigt. Vor allem sind Hilfsmittel also zu sehen, da sie benutzt werden, das schließt eine attributive Funktion, die den Behindertenstatus der Akteure illustriert, allerdings nicht aus.

Neben der überwiegenden Zahl der Beiträge, die kompensierende Hilfen nur zurückhaltend zur Kategorisierung behinderter Menschen einsetzen, drängt sich die Darstellung von Hilfsmitteln in einigen Beiträgen in simpler Machart in den Vordergrund. Besonders augenfällig ist solch vordergründige Symbolik bei dem seltenen rein attributiven Einsatz von Gegenständen, wie folgendes Beispiel verdeutlicht: Am 2.10.2001 ist bei »taff.« ein Beitrag mit dem Titel »Meerjungfrauensyndrom« ausgestrahlt worden. Es ist ein Porträt des Mädchens Tiffany, die mit zusammengewachsenen Beinen geboren wurde. Als Synonym für ihre Beeinträchtigung ist während der O-Töne der Hauptakteurin ständig eine als Meerjungfrau gekleidete Barbiepuppe im Bild. Solch vordergründige Symbolik bleibt aber die Ausnahme.

Neben Rollstühlen sind medizinische Geräte, Prothesen, Sonnenbrillen und Gehhilfen häufig zu sehende Hilfsmittel. Damit wird die Liste der am häufigsten zu sehenden Gegenstände insgesamt von sehr eindeutig kategorisierenden Hilfsmitteln angeführt, die eine Person schnell und eindeutig als »behindert« identifizierbar machen. Nicht codiert wurde die Hilfe durch Tiere. In den Beiträgen ist sie aber immer wieder Thema. Es wird ausführlich über Therapiehunde (»Brisant« 01.03.02, »taff.« 13.02.02) und Blindenpferde (»taff.« 07.08.01) berichtet.

14.4.3 Darstellungsorte

	ANZAHL	PROZENT DER	
		ANTWORTEN	FÄLLE
nicht codierbar	3	1,4	2,5
Institution	6	2,8	5,1
fremde Privatwohnung	4	1,9	3,4
eigene Privatwohnung	72	33,3	61,0
öffentlicher Ort	50	23,1	42,4
Studio	1	0,5	0,8
allgemeine Freizeiteinrichtung	6	2,8	5,1
allgemeine Schule	9	4,2	7,6
alltägliche Situation	9	4,2	7,6
Arbeitsstätte	8	3,7	6,8

Heil-/Pflegeeinrichtung	36	16,7	30,5
Therapieeinrichtung	8	3,7	6,8
Gericht	4	1,9	3,4
Gesamt	216	100,0	183,1
1 fehlend, 118 gültig; Mehrfachnennungen			

Tabelle 48: Darstellungsorte

Die Orte, an denen Menschen mit Behinderung gezeigt werden, spiegeln vor allem Normalität wider. Häufigster Darstellungsort ist die eigene Privatwohnung, bei Minderjährigen schließt dies die Wohnung der Eltern mit ein. Öffentliche Orte machen 23,1% des »Wo« der Beiträge aus. Auffällig ist der hohe Anteil von Heil-, Pflege- sowie Therapieeinrichtungen als Folge der zahlreichen Themen aus dem Bereich Soziales/Gesundheit/Umwelt. Daraus kann nicht abgeleitet werden, dass Menschen mit Behinderung häufig separiert gezeigt werden. Nur sechs Beiträge wählen Heil- und Pflegeeinrichtungen als *ausschließliche* Darstellungsorte, in den übrigen Fällen werden die Personen außerdem in ihren Privatwohnungen oder an öffentlichen Orten gezeigt. Therapieeinrichtungen sind nur in zwei Beiträgen der einzige dargestellte Lebensbereich.

14.4.4 Kameratechnische Gestaltung

		HÄUFIGKEIT	PROZENT	GÜLTIGE PROZENTE
Gültig	Detail	40	34,5	36,4
	Groß	43	37,1	39,1
	Nah	27	23,3	24,5
	Gesamt	110	94,8	100,0
Fehlend	System	6	5,2	
Gesamt		116	100,0	

Tabelle 49: Kameraeinstellungen Einzelakteure

Bei 110 von 141 Einzelakteur(inn)en wird eine körperliche oder intellektuelle Beeinträchtigung ins Bild gesetzt. Bei 25 Akteur(inn)en spielen äußerliche Auffälligkeiten hingegen keine Rolle. Bei der Codierung standen insgesamt fünf Kameraeinstellungen zur Auswahl. »Totale« und »Weit« kommen bei der Darstellung von Funktionsstörungen aber nie zum Einsatz. Die körperlichen Auffälligkeiten werden am häufigsten in Großaufnahmen gezeigt (39,1%), gefolgt von Detaileinstellungen.

In einem Viertel der Beiträge ist die Nahaufnahme die dominierende Kameraeinstellung.

		EINSTELLUNGSGRÖSSEN DARSTELLUNG BEEINTRÄCHTIGUNG			GESAMT
		DETAIL	GROSS	NAH	
»Brisant«	Anzahl	12	11	14	37
	% von	32,4%	29,7%	37,8%	100,0%
»taff.«	Anzahl	18	23	11	52
	% von	34,6%	44,2%	21,2%	100,0%
»Explosiv«	Anzahl	10	9	2	21
	% von	47,6%	42,9%	9,5%	100,0%
Gesamt	Anzahl	40	43	27	110
	% von	36,4%	39,1%	24,5%	100,0%

Tabelle 50: Einstellungsgrößen nach Sendungen

Betrachtet man die einzelnen Sender, dann ist die prozentuale Verteilung der Kameraeinstellungen nicht mehr so gleichmäßig verteilt. RTL nutzt in »Explosiv« für fast jeden zweiten Beitrag »Detail« als dominierende Kameraeinstellung, während sie bei »Brisant« (MDR) nur bei knapp einem Drittel der Darstellung von Beeinträchtigungen dominant ist. »taff.« liegt mit rund 35% etwas über diesem Wert. Nahaufnahmen sind bei RTL nur bei 10% der Akteure die dominierende Kameraeinstellung zur Darstellung einer Beeinträchtigung. Vor allem die Magazine der Privatsender betonen durch häufig wiederkehrende Detailaufnahmen visuelle Auffälligkeiten von Protagonist(inn)en. Ihre visuelle Hervorhebung wird dabei häufig durch die entsprechenden Off-Töne wie auch O-Töne verstärkt.

Kameraperspektive

	ANZAHL	PROZENT DER ANTWORTEN
Obersicht	2	1,4
Normalsicht	123	84,2
Untersicht	21	14,4
Antworten gesamt	146	100,0
5 fehlend, 114 gültige Fälle; Mehrfachnennungen		

Tabelle 51: Kameraperspektive

Die relativ häufige Verwendung der Obersicht hängt mit der großen Anzahl der Akteure im Kleinkind- und Grundschulalter und so mit den natürlichen Größenverhältnissen zusammen. Diese Altersgruppen werden zu 30% aus der Obersicht gezeigt, ältere Protagonist(inn)en hingegen wesentlich seltener. Mitleid und Beschützen sind die häufigsten Reaktionen auf behinderte Kinder. Diese werden durch eine von oben eingenommene Kameraperspektive veranschaulicht und verstärkt. Besonders häufig werden Menschen mit besonderen Auffälligkeiten wie Hautstörungen oder Wachkoma aus dieser Perspektive gezeigt. Sie findet sich bei Frauen weniger häufig (9,7% der Einzelakteurinnen) als bei Männern (15,4% der Einzelakteure). Frauen werden also seltener in unterlegenen Positionen dargestellt als männliche Protagonisten.

Sehr eindeutig kann die seltene Verwendung der Untersicht interpretiert werden. Sie findet nur zwei Mal Verwendung. Ein Beitrag trägt den Titel: »Das Riesenbein« (24.10.01, »Explosiv«), der andere Bericht handelt von einer stark übergewichtigen Frau (21.11.01, »taff.«). In beiden Berichten sind Frauen die Hauptakteurinnen. Durch die Wahl einer extremen Untersicht (Froschperspektive) erscheinen die Protagonistinnen noch voluminöser. Die entsprechenden »Off-Kommentare«: »Mit Abscheu und Ekel sieht sie ihr Bein.« (24.10.01, »Explosiv«) und »Fresssucht« (21.11.01, »taff.«).

Trotz dieser Kameraperspektiven, die auf Grund der genannten Gestaltungsgründe gewählt werden, ist die Normalsicht, d.h. das Filmen von behinderten Akteuren auf Augenhöhe dominierend (84,2%). Diese vorherrschende Kameraperspektive drückt damit Gleichberechtigung gegenüber den Interaktionspartnern und auch gegenüber den Rezipient(inn)en aus.

		HÄUFIGKEIT	PROZENT	GÜLTIGE PROZENTE
Gültig	nicht codierbar	4	3,4	3,4
	behinderte Person(en) in der Bildmitte	100	84,0	85,5
	behinderte Person(en) am Bildrand	13	10,9	11,1
	Gesamt	117	98,3	100,0
Fehlend	System	2	1,7	
Gesamt		119	100,0	

Tabelle 52: Bildkomposition

Die Bildkomposition spiegelt ebenfalls vor allem einen gleichberechtigten Umgang zwischen Menschen mit und ohne Behinderung wider. Die behinderten Personen, zumeist Hauptakteure der Berichterstattung, sind in rund 85% der Beiträge auch in der Bildmitte zu sehen. Wenn Menschen mit Behinderung am Bildrand zu sehen sind, haben sie eine illustrierende Funktion. Sie rücken in den Hintergrund, da andere Experten über sie sprechen. Diese Art der Berichterstattung betrifft alle Altersgruppen.

14.4.5 Verhältnis von Sprache und Bild

		HÄUFIGKEIT	PROZENT	GÜLTIGE PROZENTE
Gültig	Potenzierung	12	10,1	10,2
	Modifikation	1	0,8	0,8
	Parallelität	4	3,4	3,4
	Divergenz	101	84,9	85,6
	Gesamt	118	99,2	100,0
Fehlend	System	1	0,8	
Gesamt		119	100,0	

Tabelle 53: Koinzidenz von Sprache und Bild

Für das Verhältnis von Sprache und Bild in audiovisuellen Medien ergeben sich grundsätzlich zwei Möglichkeiten. Entweder beide vermitteln die selbe Aussage, sind also koinzident, oder die Aussagen sind unterschiedlich, dann ergibt sich eine Text-Bild-Schere. Die Bildsprache kann also der verbalen Aussage eines Beitrages eine andere Bedeutung geben. Dies scheint in den untersuchten Beiträgen sehr häufig der Fall zu sein. Sprache und Bild stehen in rund 85% der Beiträge in einem widersprüchlichen Verhältnis zueinander. Das heißt, die visuellen Aussagen und die entsprechenden O- wie auch Off-Töne sind unabhängig voneinander zu sehen.

		HÄUFIGKEIT	PROZENT	GÜLTIGE PROZENTE
Gültig	kein Musikeinsatz	51	42,9	44,3
	die sprachlichen Aussagen	25	21,0	21,7
	die visuellen Aussagen	9	7,6	7,8
	Sprache und Bild	23	19,3	20,0
	asynchroner Musikeinsatz	7	5,9	6,1
	Gesamt	115	96,6	100,0
Fehlend	System	4	3,4	
Gesamt		119	100,0	

Tabelle 54: Musikeinsatz

Der Einsatz von Musik ist in gut der Hälfte (55,6%) der Beiträge von Bedeutung. Er unterstützt dabei die Emotionalität von Wort und Bild. — Die Verstärkung der sprachlichen Aussagen spielt dabei eine größere Rolle als die der Bildbotschaften. In sieben Beiträgen findet sich hingegen Musik, die dem Gesagten und Gezeigten entgegensteht.

Betrachtet man den Musikeinsatz getrennt nach Sendern, fällt ins Auge, dass über 70% der »Brisant« Beiträge nicht mit Musik unterlegt sind. Dies trifft auch für 60% der Berichte bei »Explosiv-das Magazin« zu. »taff.« hingegen unterlegt über 80% der Beiträge mit Musik. Damit soll vermutlich vor allem die Zielgruppe der 14–29 jährigen angesprochen werden.

		HÄUFIGKEIT	PROZENT	GÜLTIGE PROZENTE
Gültig	sachlicher Beitrag	28	23,5	23,7
	emotionalisierender Beitrag	90	75,6	76,3
	Gesamt	118	99,2	100,0
Fehlend	System	1	0,8	
Gesamt		119	100,0	

Tabelle 55: Emotion

Der Nachrichtenfaktor Emotion spielt insgesamt in der Berichterstattung eine bedeutende Rolle. Musik ist dabei in 60% der emotionalisierenden Beiträge ein wichtiges Gestaltungselement. Wird auf sachlicher Ebene berichtet, kommt Musik nur in 37% der Beiträge zum Einsatz.

14.4.6 Zusammenfassung und Bewertung der Dimension Ästhetik und Gestaltung

Insgesamt zeigt die Analyse der Dimension Ästhetik und Gestaltung uneinheitliche Ergebnisse. Es ist deutlich geworden, dass die Behinderung einer Person in der überwiegenden Zahl der Beiträge kein selbstverständlicher Teil der Bilder ist. Sie wird in über der Hälfte der Berichte unmittelbar ins Bild gesetzt, und dabei bei etwa jeder dritten Person durch häufige Detailaufnahmen besonders unterstrichen.

Sie steht aber nicht immer im Vordergrund. Rund ein Fünftel der Beiträge zeigt alternative Bildgestaltungsmuster: Der visuelle Fokus richtet sich nur auf die Behinderung, wenn dies für die Narration von Bedeutung ist. Sie wird als selbstverständlicher Teil der Persönlichkeit gezeigt, der somit auch erst zu einem späteren Zeitpunkt evident werden kann.

Der Einsatz von Hilfs- bzw. Kompensationsmitteln ist dabei kein generelles Charakteristikum. Sie sind in weniger als der Hälfte der Beiträge zu sehen und werden fast immer in ihrer Funktion gezeigt. Sie sind also im Bild, da sie benutzt werden.

Ein integratives Bild vermitteln die ausgewählten Darstellungsorte. Institutionen der Behindertenhilfe spielen kaum eine Rolle, während die eigene Privatwohnung als Drehort fast die Regel zu sein scheint.[46] Es werden Alternativen zum »Leben im Heim« (Wacker et. al. 1998, Buchtitel) aufgezeigt, die gleichberechtigte Teilhabe lebendig werden lassen.

Insgesamt trägt die Bildästhetik und Gestaltung dazu bei, den Unterhaltungswert der Beiträge zu steigern, was sie für eine größere Zuschauergruppe attraktiv macht. Also auch für Zuschauer mit Handicap, die wie alle anderen in erster Linie gutes Fernsehen und aufregende Unterhaltung sehen wollen (vgl. Shakespeare 1997, 77; Degenhardt 1999, 85). Absolute »political correctness« in der visuellen Darstellung wird auch von Betroffenen nicht erwartet.

14.5 Charakterisierung behinderter Akteure

Menschen mit Behinderung sind die dominanten Gruppen der Handlungs- wie auch der Aussageträger(innen). Doch »dabei sein ist nicht alles« (Bundesvereinigung Lebenshilfe 2003, 1). Welche Qualität hat die Darstellung? Das ist die Leitfrage dieses Kapitels.

Entscheidend sind dabei die Charakterisierung von und der Umgang mit behinderten Menschen. Die vorangehenden Analysedimensionen liefern dazu bereits einige Hinweise, die hier noch einmal im Zusammenhang mit weiteren Indikatoren betrachtet werden.

14.5.1 Status von Akteurinnen und Akteuren

Von den 141 Einzelpersonen der Stichprobe bleiben nur drei anonym, von den zehn vorgestellten Gruppen ebenfalls nur drei. Bei sieben Gruppen wird mindestens ein Mitglied näher vorgestellt. Der Nachrichtenfaktor Personalisierung spielt in den Beiträgen eine große Rolle.

Bei 30% der Menschen wird ihre Funktion oder ihr Beruf nicht genannt. Dies entspricht 41 Akteuren. Ein Hinweis darauf, dass sich die untersuchten Boulevardmagazine stark an der Privatwelt ihrer Rezipient(inn)en ausrichten. Addiert man dazu die Gruppe der Akteure im Kleinkindalter (20 Personen), so werden Funktion und Beruf bei über 40% der Protagonist(inn)en nicht genannt.

	SENDUNGEN			GESAMT
	»BRISANT«	»taff.«	»EXPLOSIV«	
Funktion: genannt	5	2	1	8
	11,9%	3,5%	4,5%	6,6%
Beruf: genannt	30	29	13	72
	71,4%	50,9%	59,1%	59,5%
nicht genannt	7	26	8	41
	16,7%	45,6%	36,4%	33,9%
Gesamt	42	57	22	121
	100,0%	100,0%	100,0%	100,0%

Tabelle 56: Status von behinderten Einzelakteur(inn)en nach Magazinen

Der Anteil von Funktionsträger(inne)n ist mit 6,6% sehr gering. Bezogen auf die soziale Realität ein Indiz dafür, dass Menschen mit Behinderung nur selten in verantwortungsvollen Funktionen arbeiten. Über Bereiche, in denen behinderte Funktionsträger(innen) häufig anzutreffen sind, wie z.B. Selbsthilfegruppen, wird nur in vier Beiträgen berichtet (davon zwei Wiederholungen).

Auffällig ist, dass fast 60% der behinderten Protagonist(inn)en einen Beruf ausüben. Unter den Berufen wurden auch Schüler(innen), Student(inn)en und Arbeitslose subsumiert. Wirklich erwerbstätig sind 55 behinderte Akteure, das entspricht 39% der Einzelpersonen. Für die 15–60jährigen (89 Personen) beträgt die Beschäftigungsquote somit rund 62%. Damit liegt die Erwerbsquote der dargestellten Akteure zwar unter der allgemeinen Erwerbsquote von 72%, aber deutlich über der Erwerbsquote schwerbehinderter Arbeitnehmer(innen), die zur Zeit bei etwa 48% liegt (vgl. BA 2004, 154 und 27). Die Zahlen sind allerdings nicht direkt vergleichbar, da keine Informationen über den Schwerbehindertenstatus der Protagonist(inne)n vorliegen. Das Thema Arbeitslosigkeit, dass realiter bei Menschen mit Behinderung eine wichtige Rolle spielt, wurde kein einziges Mal erwähnt. Auffällig ist, dass bei den 55 Akteur(inn)en, die berufstätig sind, die Zahl der Frauen überwiegt. 58% der Erwerbstätigen sind Frauen, 38% Männer, eine Person (4%) ist intersexuell. In der Realität ist die Erwerbstätigkeit behinderter Frauen weitaus niedriger als die von Männern (vgl. BA 2004a).

14.5.2 Beziehungen

Bei einem Großteil der Akteure wird der Familienstand nicht thematisiert. Er konnte aus unterschiedlichen Gründen nur für 52 der 91 dargestellten Erwachsenen (ab 21 Jahre) ermittelt werden. Entweder haben die Personen keine familiären Bindungen oder sie sind für die Berichterstattung irrelevant. Die Analyse zeigt folgendes Bild:

	HÄUFIGKEIT	PROZENT
in Paarbeziehung lebend	8	8,8
verheiratet	13	14,3
verheiratet mit Kind	18	19,8
Gesamt	91	100,0

Tabelle 57: Familienstand, Akteure ab 21 Jahren

Rund 40% der erwachsenen Akteure lebt in Paarbeziehungen, über ein Fünftel ist verheiratet, ein Großteil hat Kinder. Damit wird Normalität signalisiert. Selbstverständlich führen Menschen mit Behinderung ein Familienleben.

FUNKTIONSBEEINTRÄCHTIGUNGEN	FAMILIENSTAND			
		PAARBEZIEHUNG	VERHEIRATET	VERHEIRATET MIT KIND
körperlich	Anzahl	4	3	9
	% von	7,1%	5,4%	16,1%
kognitiv	Anzahl	2	2	2
	% von	22,2%	22,2%	22,2%
psychisch	Anzahl	1	6	2
	% von	8,3%	50,0%	16,7%
sensorisch	Anzahl	0	1	0
	% von	0%	25,0%	0%
chronische Krankheiten	Anzahl	0	0	4
	% von	0%	0%	80,0%
Mehrfachbehinderungen	Anzahl	2	1	1
	% von	14,3%	7,1%	7,1%
Sonstiges	Anzahl	0	0	0
	% von	0%	0%	0%
Gesamt	Anzahl	9	13	18

Tabelle 58: Familienstand nach Behinderungsarten

In absoluten Zahlen stellen Menschen mit körperlichen Funktionsstörungen die größte Gruppe von Ehepaaren mit Kindern. Prozentual trifft dies auf die Gruppe der chronisch kranken Personen zu. Auf Grund der geringen Anzahl von Akteur(inn)en mit kognitiven, psychischen und sensorischen Funktionsstörungen sind die Prozentwerte für diese Personengruppen nur bedingt aussagekräftig. In der Gruppe der Menschen mit kognitiven Beeinträchtigungen sind es ausschließlich Prominente, die verheiratet sind und als Eltern dargestellt werden.

	ANZAHL	PROZENT DER ANTWORTEN
emotionale Beziehungen	50	31,1
sexuelle Beziehungen	28	17,4
familiäre Beziehungen	82	50,9
keine Beziehungen	1	0,6
Gesamt	161	100,0
Mehrfachnennungen		

Tabelle 59: Umweltbeziehungen

Nimmt man die sozialen Interaktionspartner insgesamt in den Blick, so spielen auch hier die familiären Beziehungen die größte Rolle. Die Hauptbezugspersonen kommen aus der Familie. Andere emotionale Beziehungen, z.B. zu Freunden, Nachbarn oder Kolleg(inn)en, haben eine geringere Bedeutung. Der Hauptbezugspunkt der behinderten Protagonist(inn)en ist die Familie. Völlig isoliert wird nur eine Person dargestellt. Dieser Beitrag macht die stereotypen Einstellungen des Umfeldes eines Studenten mit Down Syndrom zum Thema, welche als Ursache für die Isolation kritisiert werden.

Liebe, Sexualität und Partnerschaft sind im Kapitel »Themen« (14.2) als Tabubereiche identifiziert worden. Auch bei den in Beziehungen lebenden Akteuren spielt ihre Sexualität nur eine geringe Rolle. Sexuelle Beziehungen werden nur bei 28 Personen explizit erwähnt. Sexualität wird dennoch bei 36 Menschen bewertet, davon bei 26 Personen als Normalität und sechs Mal positiv. Aber auch über Abweichung (drei Beiträge) und Gefahr (ein Bericht) durch die Sexualität behinderter Akteure wird berichtet.

	HÄUFIGKEIT	PROZENT
nicht codierbar	12	7,9
bewundert	14	9,3

gleichberechtigt	71	47,0
problembehaftet	20	13,2
misshandelt	4	2,6
verachtet	16	10,6
ambivalent	14	9,3
Gesamt	151	100,0
1 fehlend, 118 gültige Fälle		

Tabelle 60: Verhältnis Bezugspersonen und MmB

Das Verhältnis zu den Bezugspersonen ist zum Großteil ein gleichberechtigtes. Bei den Akteur(inne)n, deren Verhältnis zu ihren Mitmenschen als problembehaftet dargestellt wird, fällt ins Auge, dass diese Beiträge zu 50% dem Themenbereich Sensation/Kuriosität zuzuordnen sind, welcher insgesamt nur rund ein Sechstel der Hauptthemen ausmacht. Die 14 Personen, denen Bewunderung entgegengebracht wird, leben allesamt mit körperlichen oder sensorischen Funktionsstörungen. Menschen mit mentalen Beeinträchtigungen werden hingegen nie von ihren Interaktionspartnern bewundert dargestellt. Verachtung tritt vor allem Personen entgegen, über die im Zusammenhang mit Kriminalität berichtet wird. Das ist sicherlich kein spezifisches Phänomen von Straftätern mit Behinderung. Spezifisch ist hingegen, dass solches Verhalten in engen Zusammenhang mit dem Behindertenstatus gebracht wird.

In vier Fällen wird über Misshandlungen von behinderten Menschen berichtet. Diese sind explizit Thema der Beiträge und werden im Zusammenhang mit Berichten über negative Einstellungen und gesellschaftliche Exklusionsmechanismen dargestellt.

ERWÄHNEN MMB IHRE UNZUFRIEDENHEIT IN DER INTERAKTION MIT MOB AUF GRUND IHRES BEHINDERTENSTATUS?					
		SENDUNGEN			GESAMT
		»BRISANT«	»taff.«	»EXPLOSIV«	
	überhaupt nicht	26	39	9	74
		57,8%	60,0%	42,9%	56,5%
	ansatzweise	8	5	1	14
		17,8%	7,7%	4,8%	10,7%
	in einigen Sequenzen	11	13	6	30
		24,4%	20,0%	28,6%	22,9%

	ausführlich	0	8	5	13
		0%	12,3%	23,8%	9,9%
Gesamt		45	65	21	131
		100,0%	100,0%	100,0%	100,0%
10 fehlend					

Tabelle 61: Interaktion mit Nichtbehinderten

Behinderte Akteure selbst sprechen häufig ihre Unzufriedenheit über die Interaktionen mit Menschen ohne Behinderung (MoB) aus. In unterschiedlicher Ausführlichkeit äußert dies fast die Hälfte der Protagonist(inn)en. Dies ist ein starker Indikator für die unzureichende Inklusion von Menschen mit Behinderung. Im Gegensatz zur Variablen »Einstellung« aus der Dimension Sprache und der Frage, ob die Beeinträchtigung von Teilhabe auf Grund negativer Einstellung überhaupt erwähnt wird, geht es hier um die subjektiven Meinungen der behinderten Protagonist(inn)en. Die Ergebnisse stimmen in der Tendenz mit denen der Untersuchungsdimension »Einstellung« überein (siehe 14.3.2). Am häufigsten und am ausführlichsten werden Probleme im Zusammenleben mit Nichtbehinderten bei »Explosiv« geäußert. Dies hängt mit der großen Anzahl von O-Tönen zusammen. Prozentual am seltensten und im Durchschnitt in kürzerer Form werden diese bei »Brisant« angesprochen.

Soziale Reaktionen

Einstellungen von Kommunikatoren und Rezipienten können anhand einer Analyse der Darstellung von Menschen mit Behinderung in Boulevardmagazinen nicht gemessen werden. Dafür wäre eine Umfrage unter Produzenten oder Zuschauern notwendig. Die sozialen Reaktionen der Interaktionspartner behinderter Menschen zeigen sich hingegen ganz offen.

	ANZAHL	PROZENT DER	
		ANTWORTEN	FÄLLE
nicht codierbar	7	4,4	5,9
Umgang wie mit jeder anderen Person	74	46,5	62,7
Sympathie	20	12,6	16,9
Anziehung	4	2,5	3,4
Unsicherheit	3	1,9	2,5

Angst	6	3,8	5,1
Abscheu	4	2,5	3,4
Mitleid	12	7,5	10,2
Spott	6	3,8	5,1
ausweichen	3	1,9	2,5
beschützen	18	11,3	15,3
Respekt	2	1,3	1,7
Gesamt	159	100,0	134,7
1 fehlend, 118 gültig; Mehrfachnennungen			

Tabelle 62: Soziale Reaktionen

Zwischen Menschen mit Behinderung und ihren Familienmitgliedern, Kolleg(inn)en, Mitschülern, etc. herrscht zumeist ein gleichberechtigter Umgang vor. Das Zusammenleben gestaltet sich als Normalität. Werte über 10% zeigen noch die Reaktionen Sympathie und Beschützen. Bei den sozialen Bezugspartnern handelt es sich vor allem um nahe stehende Personen; ein Grund für die insgesamt positiven Reaktionen, die sich auch in den O-Tönen widerspiegeln. Negatives Verhalten zeigt sich vor allem gegenüber jungen Erwachsenen und weist eine hohe Interdependenz zum Thema Kriminalität auf, welches häufig Reaktionen wie Unsicherheit, Angst und Abscheu hervorruft. Paternalistische Reaktionen wie Mitleid und Beschützen werden vor allem bei Kindern und Jugendlichen gezeigt und erscheinen bei ihnen angemessen. In einzelnen Fällen finden sie sich aber auch bei älteren Erwachsenen und bei Renter(inne)n.

14.5.3 Selbstbestimmung

Das dargestellte Maß an Selbstbestimmung kann an einigen der untersuchten Kategorien bereits abgelesen werden. Beruf und Partnerschaft spielen für einen großen Teil der Protagonist(inn)en eine wichtige Rolle. Dabei treffen sie natürlich selbst ihre Entscheidungen.

	ANZAHL	PROZENT DER ANTWORTEN
nicht codierbar	62	41,6
völlig autonom getroffen	46	30,9
zusammen mit dem Partner	12	8,1
mit Hilfe von Profis	7	4,7

mit Hilfe von Freunden/Familie	6	4,0
keine Wahlmöglichkeiten	2	1,3
von Familie/Freunden	7	4,7
von Profis	7	4,7
Gesamt	149	100,0
2 fehlend		

Tabelle 63: Entscheidungen

Entscheidungen, die ohne Mitsprache von anderen getroffen werden, zeigen sich in den untersuchten Beiträgen nicht als Selbstverständlichkeit. Nur 30,9 % der Akteure treffen ihre Entscheidungen völlig autonom. Sich bei Entscheidungen den Rat von Freunden und Familie wie auch von Profis zu holen, ist bei wichtigen Lebensfragen durchaus üblich. Oft werden Ratschläge aber auch gegeben, ohne dass die Betroffenen darum bitten. Der besondere Status behinderter Menschen zeigt sich deutlich, wenn den Betroffenen keine Wahlmöglichkeiten gegeben werden oder die Entscheidungen ohne ihre Mitsprache getroffen werden. Dies trifft auf 10,7 % der Entscheidungssituationen zu. Die Möglichkeit selbst zu wählen, wird diesen Protagonisten vollkommen genommen.

	ANZAHL	PROZENT DER	
		ANTWORTEN	FÄLLE
nicht feststellbar	54	35,1	45,4
allein lebend ohne Unterstützung	32	20,8	26,9
allein lebend mit Unterstützung	10	6,5	8,4
bei den Eltern/Angehörigen lebend	41	26,6	34,5
in Wohngemeinschaft lebend	1	0,6	0,8
im Wohnheim lebend	7	4,5	5,9
in Psychiatrie lebend	2	1,3	1,7
im Altenheim lebend	2	1,3	1,7
Sonstiges	5	3,2	4,2
Gesamt Antworten	154	100,0	129,4

Tabelle 64: Wohnformen - Einzelpersonen und Gruppen

Ein Großteil der behinderten Protagonist(inn)en wohnt in selbst bestimmten Wohnformen. Als Kind bei den Eltern oder Angehörigen zu leben, wird dabei auch als selbst bestimmt betrachtet. In der Gruppe der Personen, die noch bei den Eltern wohnt, finden sich aber auch neun Erwachsene im Alter zwischen 21 und 30 Jahren und vier Akteur(inne)n, die über 30 Jahre alt sind. Ob sie ihren Wohnraum selbst gewählt haben, kann nicht beurteilt werden. Deutlich wird hingegen, dass diese Erwachsenen nicht eigenständig in einer Wohnung leben.

In der Realität lebt noch immer eine große Anzahl behinderter Personen, vor allem jene, die geistig behindert genannt werden, in Institutionen. Diese Wohnform spielt in Boulevardmagazinen nur selten eine Rolle. Dies hängt mit der verhältnismäßig seltenen Darstellung von Akteur(inn)en mit mentalen Beeinträchtigungen zusammen. Das Wohnen in privaten Räumen oder bei den Eltern wird als Regelfall dargestellt. Dabei werden auch unterschiedliche Assistenzmodelle angesprochen.

14.5.4 Sicht auf das soziale Konstrukt »Behinderung«

		HÄUFIGKEIT	PROZENT
Gültig	überhaupt nicht	16	13,4
	ansatzweise	6	5,0
	in einigen Sequenzen	70	58,8
	ausführlich	26	21,8
	Gesamt	118	99,2
Fehlend	System	1	0,8
Gesamt		119	100,0

Tabelle 65: Soziale Folgen der Beeinträchtigung

Die sozialen Folgen, die Menschen auf Grund einer körperlichen oder mentalen Beeinträchtigung erleben, werden zumeist angesprochen. Vor allem in den O-Tönen werden sie immer wieder thematisiert. In 26 Fällen wird das Thema sogar ausführlich behandelt. Betroffene Akteure machen dabei immer wieder deutlich, dass der medizinische Aspekt nur *ein* Element des Lebens mit einer Behinderung ist. Ebenso wichtig sind persönliche Fähigkeiten und Begrenzungen, sowie Umwelt- und Kontextfaktoren. Zahlreiche behinderte Akteure betonen, dass bestimmte Teilhabemöglichkeiten auf Grund negativer Einstellungen und Reaktionen nicht in vollem Umfang genutzt werden können. Die sozialen Folgen einer Beeinträchtigung werden bei allen drei Magazinen angesprochen. Alle Sendungen thematisieren sie in über 80% der Beiträge, bei »Brisant« ist dies sogar fast durchgängig der Fall.

		Häufigkeit	Prozent
Gültig	überhaupt nicht	78	65,5
	ansatzweise	5	4,2
	in einigen Sequenzen	25	21,0
	ausführlich	8	6,7
	Gesamt	116	97,5
Fehlend	System	3	2,5
Gesamt		119	100,0

Tabelle 66: Beseitigung von Barrieren

Dennoch sind Lösungsvorschläge oder Forderungen, wie die Umwelt behinderter Menschen besser auf ihre Bedürfnisse zugeschnitten werden könnte, nur in rund einem Drittel der Beiträge vorhanden. In acht Berichten steht das Thema Barrierefreiheit im Mittelpunkt, darunter fünf ARD- und drei Pro Sieben-Produktionen.

		Häufigkeit	Prozent	Gültige Prozente
Wird erwähnt, dass MmB spezielle Bedürfnisse haben?				
Gültig	überhaupt nicht	25	21,0	21,2
	ansatzweise	14	11,8	11,9
	in einigen Sequenzen	63	52,9	53,4
	ausführlich	16	13,4	13,6
	Gesamt	118	99,2	100,0
Fehlend	System	1	0,8	
Gesamt		119	100,0	

Tabelle 67: Normalitätserwartungen

Menschen mit Behinderung werden in rund jedem fünften Beitrag an den Normalitätserwartungen von behinderungsunerfahrenen Menschen gemessen, ihre speziellen Bedürfnisse werden nicht erwähnt. Im Umkehrschluss bedeutet das, in rund 79% der Beiträge sind sie Thema (»Brisant«: 90,9%; »taff.«: 70,9%, »Explosiv«: 73,7%). Vor allem jene Berichte, die *ausführlich* über die Bedürfnisse behinderter Menschen berichten, sind dem Themenbereich »Gesundheit« zuzurechnen. Die speziellen Bedürfnisse von Menschen mit Behinderung werden hier vor allem durch Beispiele aus Behandlung, Betreuung und Therapie dargestellt.

14. Zum Bild von Menschen mit Behinderung in Boulevardmagazinen

	SENDUNG			GESAMT
	»BRISANT«	»taff.«	»EXPLOSIV«	
nicht codierbar	2	2	0	4
	4,8%	3,6%	0%	3,5%
Bedrohung	2	11	2	15
	4,8%	20,0%	11,1%	13,0%
Belastung	8	5	2	15
	19,0%	9,1%	11,1%	13,0%
Problem	8	8	6	22
	19,0%	14,5%	33,3%	19,1%
Gleichwertigkeit	5	11	3	19
	11,9%	20,0%	16,7%	16,5%
fehlende Teilhabemöglichkeiten	14	15	4	33
	33,3%	27,3%	22,2%	28,7%
Bereicherung	3	3	1	7
	7,1%	5,5%	5,6%	6,1%
Gesamt	42	55	18	115
	100,0%	100,0%	100,0%	100,0%

Tabelle 68: Valenz behinderter Charaktere nach Sendungen

Die soziale Interaktion zwischen den Akteuren mit und ohne Behinderung ist überwiegend gleichberechtigt. Das ist aus der Analyse der sozialen Reaktionen der engeren Bezugspersonen deutlich geworden.

Die Valenz behinderter Charaktere fällt für die Beiträge in ihrer Gesamtheit etwas negativer aus. Als gleichwertig oder bereichernd werden die Akteure in 21,6% der Beiträge beschrieben. In 33 Fällen werden die Akteure ebenfalls als generell gleichberechtigt charakterisiert, gleichzeitig aber darauf verwiesen, dass tatsächliche Gleichstellung auf Grund fehlender Teilhabemöglichkeiten nicht gegeben ist. In sieben Beiträgen wird deutlich gemacht, welche Bereicherung Menschen mit Behinderung für die Gesellschaft sind. In rund 44% der Beiträge werden behinderte Charaktere insgesamt negativ bewertet. Sie werden zum Teil zwar grundsätzlich akzeptiert, aber dennoch als Problem präsentiert. Erschreckend hoch ist die Anzahl der Beiträge, in denen das Klischee von Menschen mit Behinderung als Belastung oder Bedrohung bedient wird. In den 15 Beiträgen, in denen behinderte

Akteure als Bedrohung dargestellt werden, geht es thematisch häufig um »Verbrechen« wie Geiselnahme (2x), Mord (3x) und Bankraub (1x). So entsteht eine enge Verbindung zwischen Menschen mit Behinderung und dem Thema Kriminalität.

		Häufigkeit	Prozent
Wird behinderten Charakteren die Menschenwürde abgesprochen?			
Gültig	Nein	91	76,5
	ansatzweise von einer behinderten Person	5	4,2
	ansatzweise von einer nichtbehinderten Person	8	6,7
	häufig und stark von einer behinderten Person	9	7,6
	häufig und stark von einer nichtbehinderten Person	5	4,2
	Gesamt	118	99,2
Fehlend	System	1	0,8
Gesamt		119	100,0

Tabelle 69: Menschenwürde

Die geringste Wertschätzung, die man einem Menschen entgegen bringen kann, ist ihm seine Menschenwürde abzuerkennen. In rund 77% der Beiträge wird dies nicht getan. Damit verbleiben über 20% an Beiträgen, in denen sowohl Menschen mit wie auch ohne Behinderung äußern, dass das eigene Ableben oder das eines Mitmenschen wünschenswert ist. Es wird deutlich, dass Suizidgedanken für Menschen mit Behinderung in der Auseinandersetzung mit ihren Beeinträchtigungen eine gewisse Rolle spielen.

	Anzahl	Prozent der Antworten	Fälle
Leistungsfähigkeit	21	14,3	17,8
Überwindung der Behinderung	21	14,3	17,8
abschreckendes Beispiel	8	5,4	6,8
Hinweis auf kriminellen Charakter	8	5,4	6,8
soziale Abnormität	9	6,1	7,6
Emblem für das Böse	4	2,7	3,4
außergewöhnliche Fähigkeiten	1	0,7	0,8
Opfer	6	4,1	5,1

total abhängig	16	10,9	13,6
Objekt von Wohltätigkeit	18	12,2	15,3
Verlust der Menschenwürde	5	3,4	4,2
Objekt der Belustigung	1	0,7	0,8
Couragiertheit	2	1,4	1,7
Freak Show	18	12,2	15,3
kein Stereotyp vorhanden	9	6,1	7,6
Gesamt	147	100,0	124,6
1 fehlender Fall, 118 gültig; Mehrfachnennungen			

Tabelle 70: Stereotype

Bei der Charakterisierung behinderter Menschen bestimmen häufig Stereotype die Beitragsgestaltung. Die Stereotype »Leistungsfähigkeit« und »Überwindung einer Beeinträchtigung« werden am häufigsten verwendet. Die Darstellung behinderter Menschen als Freaks, denen auf Grund ihres ungewöhnlichen Äußeren nicht die übliche Neugierde für Unbekanntes begegnet, sondern die angestarrt werden, findet sich in 18 Beiträgen. Dieser fokussierte Blick auf die körperlichen Schädigungen der Person wird dabei häufig durch eine subjektive Kameraführung nachvollzogen, die immer wieder in Detaileinstellungen auf körperliche Auffälligkeiten zoomt.

In den O-Tönen erwähnen die Betroffenen dabei häufig, dass Anstarren als typische Reaktionsweise auf Menschen mit Behinderung zu Stigmatisierungen führe, die eine gleichberechtigte Teilhabe an der Gesellschaft deutlich erschwere.

14.5.5 Zusammenfassung und Bewertung der Charakterisierung behinderter Akteure

Die Charakterisierung behinderter Akteure lässt sich wie folgt zusammenfassen: gleichberechtigte Teilhabe postulieren, aber dabei das Besondere hervorheben. Sie zielt nicht darauf ab, Menschen mit Behinderung als ganz normale, gleichgestellte Bürger mit lediglich besonders interessanten Geschichten darzustellen, sondern das Gegenteil ist der Fall: Sie spielen in der Berichterstattung eine so große Rolle, eben weil sie nicht den Nichtbehinderten-Normen entsprechen.

Boulevardmagazine stellen mit ihren »human touch«-Geschichten ein großes Forum für Privates dar. Sie eröffnen damit die Möglichkeit, einem breiten Publikum persönliche Informationen über Menschen mit Behinderung zu vermitteln. Dabei ist der Nachrichtenfaktor Personalisierung von entscheidender Bedeutung.

Diese Privatmenschen werden dabei in der Mehrzahl integriert dargestellt.
Dies gilt ebenso für die häufige Berichterstattung über Menschen mit Behinderung, die einen Beruf ausüben. Diese Charakterisierung konnte als ebenso typisch nachgewiesen werden. Das Verhältnis der behinderten Hauptakteure zu ihren Bezugspersonen ist zumeist gleichberechtigt. Dennoch scheinen die meisten Akteur(inn)en nicht völlig zufrieden mit den Beziehungen zu ihren Mitmenschen zu sein. Knapp die Hälfte äußerst ihre Unzufriedenheit auch deutlich.

Menschen mit Behinderung werden zumeist selbstbestimmt dargestellt. Es hat sich gezeigt, dass der überwiegende Teil der Akteure in hohem Maß frei gewählt und selbst verantwortet entscheidet. Dieses hohe Maß an Selbstbestimmung zeigt sich auch darin, dass das selbst gewählte Wohnen in der eigenen Wohnung oder bei den Eltern als Regelfall dargestellt wird.

Insgesamt zeigen die Produzenten der Boulevardmagazine einen modernen Blick auf behinderte Charaktere, wenngleich die gesellschaftliche Dimension von geringerer Bedeutung als die sozialen Folgen für den Einzelnen ist. Einer durchweg positiven Bewertung stehen die fast in jedem Beitrag auftauchenden Stereotype entgegen. Durch sie werden einerseits sehr häufig Bilder von unselbstständigen, zu versorgenden Wesen gezeichnet oder Menschen mit Behinderung werden auf der anderen Seite als Helden porträtiert, die sich besonders bemühen, ihren Behindertenstatus abzulegen oder die Leistungen erbringen, die für die Allgemeinheit kaum erreichbar erscheinen. Besondere Leistungen spielen auch in der Boulevardberichterstattung über Menschen *ohne* Behinderung eine Rolle, es wird aber immer wieder betont, dass die beschriebenen Leistungsträger *trotz* der Behinderung Erfolg haben.

14.6 Zusammenfassender Vergleich der drei Magazine

Die vorangehenden Dimensionen haben aufgezeigt, dass die Darstellung behinderter Menschen im Boulevardfernsehen bei allen drei untersuchten Magazinen grundsätzlich denselben Prinzipien folgt. Zugleich wurden aber auch die speziellen Profile der einzelnen Sender herausgearbeitet. Insgesamt offenbaren sich in allen drei Magazinen sowohl traditionelle als auch moderne Sichtweisen auf das soziale Konstrukt Behinderung, dabei finden sich aber deutlich unterschiedlich Nuancen:

Wie berichtet »taff.« über Menschen mit Behinderung?

Das Magazin »taff.« zeichnet sich zunächst dadurch aus, dass es sowohl absolut als auch prozentual die meisten Beiträge im Programm hat, in denen über Menschen mit

Behinderung berichtet wird. Diese scheinen für das Pro Sieben Magazin auch besonders bedeutsam zu sein, das sie sehr häufig durch Teaser angekündigt werden. Eine Besonderheit von »taff.« zeigt sich in der häufigen Berichterstattung über Justizthemen. Im Mittelpunkt der Berichte stehen dabei oft Menschen mit psychosozialen Auffälligkeiten. Dabei wird kein gelassenes Miteinander gezeigt, es werden vor allem Ängste geschürt. Diese Beiträge folgen häufig stereotypen Mustern: eine Beeinträchtigung liefert Hinweise auf den kriminellen Charakter der Person. In diesem Zusammenhang werden Menschen mit Behinderung bei »taff.« z. T. als Bedrohung charakterisiert. Für das Münchner Magazin wurde aber zugleich ein sehr hoher Anteil von Personen ermittelt, deren Beeinträchtigungen *ausschließlich* als Folge fehlender Teilhabemöglichkeiten beschrieben wird.

Als Magazin für junge Zuschauer ist die Bildsprache von »taff.« insgesamt sehr schnell und direkt. Erstaunlicherweise wird in Bezug auf Menschen mit Behinderung aber eine deutlich zurückhaltende Bildgestaltung gewählt. »taff.« hat auch den höchsten Anteil von Akteuren, deren Behinderung äußerlich nicht erkennbar ist. Gerade bei dieser Gruppe wird die Behinderung nicht zur dominierenden Charaktereigenschaft.

Von erheblicher Bedeutung ist bei »taff.« der Nachrichtenfaktor Emotionalisierung. Das Boulevardmagazin aus München nutzt dazu vor allem Musik. Als Magazin, welches vor allem die 14 bis 29 jährigen ansprechen will, scheint Musik fast unverzichtbar zu sein und begleitet über 80% der Beiträge. Damit werden auch Zuschauergruppen erreicht, die sich durch nüchterne Berichte weniger angesprochen fühlen.

Wie berichtet »Explosiv« über Menschen mit Behinderung?

Für »Explosiv« ist die geringste Zahl von Beiträgen zum Thema Behinderung in die Analyse eingeflossen. Das RTL-Magazin zeigt dabei auch die geringste Bandbreite an Akteuren mit Behinderung. Über intellektuell beeinträchtigte Personen und Akteure mit sensorischen Beeinträchtigungen berichtet Explosiv nie.[42] Offensichtlich bedeutsam scheint hingegen die Visibilität einer Beeinträchtigung zu sein.

Spektakuläre Bilder sind ein entscheidendes Merkmal des Marktführers »Explosiv«. Der Kölner Sender stellt die Beeinträchtigungen der Protagonist(inn)en visuell am deutlichsten dar. Ein Spezialität von »Explosiv« ist dabei der Transport beson-

---

42 Betrachtet man auch Sendungen des Untersuchungszeitraums, die nicht Bestandteil der Stichprobe waren, zeigt sich, dass die Berichterstattung über diesen Personenkreis aber kein grundsätzliches Ausschlusskriterium darstellt.

ders augenfälliger Stereotypen, wie das des Freaks. Auf diese Weise werden Menschen mit Behinderung zwar häufig als grundsätzlich akzeptiert dargestellt, aber dennoch als kurios porträtiert.

Wichtigste Selektoren für die Themenauswahl sind die Kriterien Sensation und Kuriosität, die für insgesamt rund 40% der Hauptthemen nachgewiesen werden konnten.

Der bewusste Umgang mit angemessener Sprache ist bei »Explosiv« deutlich geringer ausgeprägt als bei seinem Marktbegleiter aus Leipzig. Der Anteil herabwürdigender Aussagen der Sprecher ist mit fast 50% deutlich höher als bei »taff.« und »Brisant«. Dementsprechend wählt die »Explosiv«-Redaktion am häufigsten Formulierungen, die vor allem das Sensationelle betonen und zugleich die statusgleiche Teilhabe behinderter Menschen ausklammern. Wenngleich für das RTL Magazin deutlich weniger O-Töne in die Analyse eingeflossen sind als für die anderen beiden Magazine, ist die Interpretation zulässig, dass das Kriterium »diskriminierungsfreie Sprache« bei der Auswahl von O-Tönen für die Macher(innen) eine untergeordnete Rolle spielt. »Explosiv-das Magazin« verzeichnet bei der bewussten Verwendung von Sprache eindeutig ein Defizit.

Trotz dieser sprachlichen Defizite wird die Beeinträchtigung von Teilhabe auf Grund negativer Einstellungen am häufigsten und auch am ausführlichsten bei »Explosiv« thematisiert. Dies ist ein Hinweis darauf, dass das RTL Magazin durchaus versucht, seine Möglichkeiten zu nutzen, das Informationsdefizit über Menschen mit Behinderung zu reduzieren. Exklusionsrisiken und tatsächlich vorhandene Exklusionen werden angesprochen, vor allem durch Betroffene. Möglichkeiten zu gesellschaftlichen Reformprozessen werden hingegen kein einziges Mal genannt, wohl aber die Unzufriedenheit in der Interaktion mit Menschen ohne Behinderung. Ein gelassenes Miteinander in Form von gleichberechtigter Teilhabe erleben die Protagonist(inn)en bei »Explosiv« eher selten. Das liegt u.a. darin begründet, dass Menschen mit Behinderung bei »Explosiv« wesentlich häufiger an den Normalitätserwartungen Nicht-Behinderter gemessen werden als bei »taff.« oder »Brisant«.

Wie berichtet »Brisant« über Menschen mit Behinderung?

Charakteristisch für »Brisant« ist seine Themenauswahl, die anders als bei den Magazinen der Privatsender breiter gestreut ist und Menschen mit Behinderung in vielfältigen thematischen Zusammenhängen zeigt. So scheut sich das MDR Magazin z.B. nicht, über behinderte Prominente zu berichten, bzw. die Beeinträchtigungen bekannter Persönlichkeiten zu thematisieren. Auch in anderen Themenbereichen zeigt sich ein besonderer Blickwinkel. So thematisiert das Magazin aus Leipzig z.B. den gemeinsamen Unterricht von Schülern mit und ohne Behinderung, während die beiden anderen Sendungen dieses Thema trotz der großen Anzahl behinderter Schüler nie erwähnen.

Gleichberechtigte Teilhabe und Inklusion spielen also eine größere Rolle, wie sich auch deutlich an den Daten zum Themenbereich »Gleichstellung« zeigt. »Brisant« weist mit über 11 % den größten Anteil an Beiträgen auf, die sich explizit mit den Themen Inklusion, Selbstbestimmung und Teilhabe beschäftigen. Damit einhergehend werden fast ausschließlich sprachliche Aussagen ausgestrahlt, die angemessen und sinnvoll erscheinen und progressive Formulierungen benutzen. Zugleich ist »Brisant« aber auch das Magazin, welches die Beeinträchtigung von Teilhabe auf Grund negativer Einstellungen am seltensten erwähnt.

Dennoch ist ein hoher Anteil von Personen vorhanden, deren Beeinträchtigungen ausschließlich als Folge fehlender Teilhabemöglichkeiten beschrieben werden. Fast durchgängig zeigt »Brisant«, dass der Umgang mit Menschen mit Behinderung eine Herausforderung an die Inklusionsfähigkeit einer Gesellschaft darstellt. Dem liegt eine bio-psycho-soziale Sichtweise auf »Behinderung« zu Grunde. Möglichkeiten zu notwendigen gesellschaftlichen Reformprozessen werden immerhin in rund 11 % der »Brisant« Beiträge angesprochen.

Das Boulevardmagazin des Ersten charakterisiert Menschen mit Behinderung aber auch zugleich am häufigsten als Belastung.

Auch für das einzige untersuchte Magazin eines öffentlich-rechtlichen Senders offenbaren sich neben Elementen einer modernen Darstellung von Menschen mit Behinderung auch zahlreiche Aspekte, die einer traditionellen Sicht verpflichtet sind.

Exkurs 2: übereinstimmende Berichterstattung

Die vorliegende Studie untersucht die Prinzipien der Berichterstattung in ihrer Gesamtheit, daher werden einzelne Beiträge nicht direkt miteinander verglichen.

Dennoch sollen folgende Beobachtungen nicht verschwiegen werden: Bestimmte Ereignisse sind von mehreren Redaktionen zu Beiträgen verarbeitet worden. Einzelne Beiträge wurden offensichtlich von der selben Produktionsfirma gekauft und von mehreren Magazinen verarbeitet und ausgestrahlt. Hier lassen sich Konvergenzen bzw. Differenzen in der Berichterstattung besonders deutlich ablesen. Diese werden im Folgenden kurz betrachtet.

Das frappierendste Beispiel dafür, dass sich Beiträge bei unterschiedlichen Sendern zum Teil sehr ähneln, liefert ein Porträt über den 6 jährigen Norman. Die Berichterstattung über den Jungen mit einer Fehlbildung der Hand ist sowohl in der

ARD als auch bei Pro Sieben ausgestrahlt worden. Bei »taff.« lief der Beitrag unter dem Titel: »Wasser marsch!« (29.08.2001) und bei »Brisant« unter der Überschrift »Norman mit den Spalthänden« (15.06.2001, außerhalb des Untersuchungszeitraums). In beiden Fällen zeichnet sich Matthias Wolf für den Bericht verantwortlich. Dementsprechend sind sich die Beiträge in zahlreichen Sequenzen sehr ähnlich. Dies gilt sowohl für das Bildmaterial als auch für O- und Off-Töne. Einige Sequenzen sind sogar völlig identisch. Sowohl »taff.« als auch »Brisant« zeichnen ein Bild des Jungen, welches ihn integriert zeigt. Feine Unterschiede in der Berichterstattung sind vor allem der Länge der Beiträge geschuldet. Die ARD sendet mit 4 Minuten 40 fast eine Minute länger als Pro Sieben (3 Minuten 43) und integriert noch einen zusätzlichen O-Ton einer Therapeutin und eine zusätzliche Sequenz, die den Jungen im Kindergarten zeigt. So ist es möglich, auf die Exklusionsrisiken und gleichzeitig auf die gelungene Inklusion des Protagonisten differenzierter einzugehen. Der »taff.«-Beitrag wirkt hingegen kompakter und emotionalisierender, vor allem, da Sprache und Bild hier von Musik unterstützt werden.

Dass zwei unterschiedliche Sender ihr Material bei derselben Produktionsgesellschaft einkaufen und auch beide ausstrahlen, ist ein seltenes Phänomen. Solche Übereinstimmungen konnten ausschließlich bei »Brisant« und »taff.« beobachtet werden.

Weitere Beispiele liefern Berichte über den autistischen Matthias, der mit seinem Therapiehund Doma Spaß und Entspannung erlebt. In der ARD wird unter dem Titel »Matthias und Doma« (01.03.2002, 2'34'') berichtet, »Therapiehund für Autisten« (13.02.02, 5'10'') heißt der Bericht bei »taff.«, der den zweiten Beitrag einer kontinuierlichen Berichterstattung über den Jungen darstellt. Auch die Berichterstattung über die Hochzeit zwischen Heather Mills und Paul McCartney weist bei »taff.« und »Brisant« eine hohe Übereinstimmung auf. Beide Beiträge wurden am selben Tag ausgestrahlt und offensichtlich bei der selben Produktionsgesellschaft eingekauft (»Brisant«: »Paul McCartneys 2. Hochzeit«; »taff.«: »Paul McCartney heiratet«; beide 11.06.02).

Die Redaktion von »Explosiv-das Magazin« legt nach Eigenauskunft sehr viel Wert auf die Exklusivität ihres Materials (vgl. RTL Television 2003, o.S.). Diese Selbsteinschätzung kann durch die Analyseergebnisse bestätigt werden. In den wenigen Fällen, bei denen RTL auch über Ereignisse berichtet, die ebenfalls bei anderen Sendern zu sehen sind, drehen eigene Kamerateams. Auch bei den O-Tönen ist »Explosiv« näher an den Protagonist(inn)en als seine Marktbegleiter, wie folgendes Beispiel zeigt: Im Untersuchungszeitraum stand der Mordprozess gegen das Ehepaar Ruda ganz oben auf der Agenda der Boulevardmedien. Am 16.01.02 wurde sowohl bei »taff.« (»Geständnis«) als auch bei »Explosiv« (»Satanistenmord«) über die Geständnisse der Angeklagten berichtet. Wenngleich sich die Bilder und die entsprechenden Off-Töne aus dem Gerichtssaal bei beiden Sendern ähneln, so zeigt »Explosiv« mehr O-Töne und gestaltet den Beitrag vor allem durch die Aussagen des Vaters des Opfers und durch private Bilder aus der Wohnung der Täter emotionaler. Er zeichnet (auch durch den 1 1/2 Minuten längeren Bericht) ein differenzierteres Bild des Tatvorgangs, der Täter und des Opfers. Das Gesamtbild der Darstellung ist dennoch bei beiden Magazinen sehr ähnlich. Beide bedienen die Klischees von Menschen mit psychischen Beeinträchtigungen als »Emblem für das Böse« und »soziale Abnormität« und als »Hinweis auf einen kriminellen Charakter«.

15. Resümee und Ausblick

Ziel der Studie ist es, die Frage zu beantworten, wie Menschen mit Behinderung im deutschen Boulevardfernsehen dargestellt werden. Als übergeordnetes Bewertungskriterium diente dabei die Teilhabeidee. Die Antwort auf diese Frage ist im vorangehenden Kapitel deutlich geworden: Die quantitative Präsenz behinderter Menschen ist in Boulevardmagazinen erstaunlich hoch und bringt eine Vervielfachung der Informationschancen mit sich. Der unterhaltende Charakter von Boulevardmagazinen und ihre typischen Merkmale, wie Sensationalisierung, Emotionalisierung, Personalisierung und Vereinfachung tragen deutlich zu einem hohen Anteil von Berichten bei, die »traditionelle Behinderten-Bilder« vermitteln. Ansätze zu einer modernen Sichtweise auf das soziale Konstrukt Behinderung spielen aber durchaus eine Rolle.

Folgt man Luhmanns Spiegelmodell kann man aus der Darstellung behinderter Menschen in Boulevardmagazinen ableiten, dass die Teilhabeidee gesellschaftlich noch nicht für tiefgreifende Änderungen gesorgt hat. Doch ein erster Schritt ist bereits vollzogen: Menschen mit Behinderung sind in Boulevardmagazinen von erheblicher Relevanz. Das bedeutet, sie sind an gesellschaftlicher Kommunikation beteiligt, was fernsehhistorisch betrachtet bereits bemerkenswert erscheint, da diese Bevölkerungsgruppe jahrzehntelang aus der Öffentlichkeit ausgeblendet war. Damit ist eine der Grundvoraussetzungen für gleichberechtigte Teilhabe gegeben. Behinderung wird als öffentliches Thema kommuniziert. Nur über Kommunikation lässt sich Inklusion erreichen. Als Teil des Systems Medien erfüllen Boulevardmagazine damit ihre gesellschaftliche und soziale Funktion, Probleme für die Allgemeinheit erkennbar zu machen und so deren Bearbeitung und Lösung anzustoßen.

Die vorliegende Untersuchung macht deutlich, dass in Boulevardmagazinen Hintergründe wie Entstehung, unterschiedliche Ausprägungen und soziale Folgen einer Beeinträchtigung nicht in wünschenswerter Länge reflektiert werden. Ihre typischen Charakteristika führen aber nicht automatisch zu negativen Bildern von Menschen mit Behinderung. Die vorliegende Studie zeigt, dass auch Formate, die von einer Mischung aus Information und Unterhaltung bestimmt werden, Möglichkeiten bieten, selbstironisch und mahnend auf unzureichende Teilhabemöglichkeiten, nicht vollzogene Gleichstellung und auf die daraus resultierenden sozialen Folgen für den Einzelnen hinzuweisen.

Betrachtet man die vorliegenden Ergebnisse aus rehabilitationssoziologischer Sicht, ist deutlich geworden, dass eine mediale Integration auf quantitativer Ebene stattfindet. Die nach wie vor vorhandenen Defizite in der Berichterstattung stehen aber gleichberechtigter Teilhabe weiter entgegen. Die Vereinfachung von Sachverhalten, die einerseits dazu führt Bevölkerungsschichten zu erreichen, die sich von traditionellen Informationsangeboten abwenden, führt andererseits auch zu einer Simplifizierung. Ein Großteil der Berichterstattung besteht aus Beiträgen über Menschen mit Behinderung als »Heilungsbedürftige« oder als reine »Empfänger von Hilfen«. Es gibt aber Ansätze zu einer Berichterstattung, die behinderte Menschen als »Expert(inn)en in eigener Sache« zeigt, die im Sinne der aktuellen WHO Definition selbstbestimmt und gleichberechtigt an den unterschiedlichsten gesellschaftlichen Systemen partizipieren. Die Gleichstellung behinderter Menschen ist zum Teil bereits vollzogen und auch medial abbildbar. Damit bietet die Sozialisationsinstanz Fernsehen dem Teilhabegedanken entsprechende Identifikationsangebote. Den Fernsehzuschauern, die sich oftmals auf Grund mangelnder persönlicher Kontakte zu behinderten Menschen an medialen Darstellungen orientieren, werden alternative Vorstellungen zu traditionellen Rollenzuweisungen geboten, die Anstöße liefern können, ihre eigenen sozialen Reaktionen auf diese Bevölkerungsgruppe zu hinterfragen.

Auch aus kommunikationswissenschaftlicher Sicht zeigt die vorliegende Studie, dass die untersuchten Boulevardmagazine in der Lage sind, gesellschaftliche Minderheiten medial zu integrieren. Die häufige Teilhabe von Menschen mit Behinderung sagt aber noch nichts über die journalistische Qualität der untersuchten Produkte aus. Wenngleich diese nicht explizit untersucht wurde, hat die Untersuchung gezeigt, dass diese auch aus kommunikationswissenschaftlicher Sicht Defizite aufweist. Die Nachrichtenauswahl trägt stark zu einem selektiven Bild behinderter Menschen bei. Die untersuchten Boulevardmagazine, wie auch andere Fernsehformate, orientieren sich bei der Berichterstattung über Menschen mit Behinderung stark an Nachrichtenfaktoren wie Negativismus und Sensationalismus. Daraus ergibt sich, dass die Berichte, auch wenn sie alle Qualitätskriterien des objektiven Journalismus erfüllen, dennoch stets negative Nachrichten sind. Doch die vorherrschenden traditionellen Berichterstattungsmuster, die in Bezug auf die neueren Leitbilder im Zusammenleben mit behinderten Menschen nicht mehr zeitgemäß erscheinen, sind nicht naturwüchsig gegeben und damit unumstößlich. Sie sind vielmehr das Ergebnis eines Selektions- und Gestaltungsprozesses und können damit in der alltäglichen Arbeit der Redaktionen geformt werden.

Ihre Arbeit auf die selbstverständliche Inklusion behinderter Menschen und die Abbildung gleichberechtigter Teilhabe zu orientieren, sind nicht nur die Redaktionen, sondern alle an öffentlichen Kommunikationsprozessen Beteiligten aufgefordert.

15.1 Handlungspotenziale für Institutionen und Kommunikatoren

Die vorliegende Studie zeigt nicht ausschließlich Probleme in der Berichterstattung über Menschen mit Behinderung auf. Chancen und Möglichkeiten für die am Kommunikationsprozess beteiligten Gruppen sind ebenso abzuleiten. Dabei können keine Patentrezepte präsentiert werden, da strukturelle und persönliche Barrieren nicht ohne weiteres zu beseitigen sind. Die folgenden Ausführungen, die Aufgaben und Herausforderungen für die am Kommunikationsprozess Beteiligten beschreiben, sind vielmehr als Handlungsansätze zu verstehen.

Zunächst werden *Handlungsansätze auf institutioneller Ebene* betrachtet.

Im Programmauftrag für den privaten wie auch den öffentlich-rechtlichen Rundfunk ist der Passus enthalten, die Auffassungen von Minderheiten zu berücksichtigen (vgl. LMG NRW 2002, 23; Rundfunkstaatsvertrag 2003, 14). Die vorliegende Arbeit geht nicht der Frage nach, ob die Sender ihrem gesetzlichen Auftrag aus juristischer Sicht gerecht werden. Offensichtlich ist hingegen, dass dieser Auftrag nur erfüllt werden kann, wenn auch Menschen mit Behinderung überhaupt Teil des Programms sind. Diese Grundvoraussetzung wird von Boulevardmagazinen erfüllt, auch insgesamt scheint sich im Fernsehen eine Öffnung hin zur vermehrten Darstellung von Menschen mit Behinderung zu vollziehen (vgl. Radtke 2003, 9; Soll 1998, 51). Von dieser quantitativen Verwirklichung von Teilhabe sind bestimmte Gruppen behinderter Menschen aber nach wie vor ausgeschlossen. Vor allem Menschen mit Lernschwierigkeiten werden nur selten dargestellt. In Zukunft geht es darum, sie ebenfalls in die Medienagenda einzubeziehen. Die Programmaufträge enthalten bisher lediglich die Aufforderung, die Auffassungen von Minderheiten zu berücksichtigen (vgl. LMG NRW 2002, 23; Rundfunkstaatsvertrag 2003, 14) bzw. die Verpflichtung auf ein diskriminierungsfreies Miteinander (siehe z.B. Rundfunkstaatsvertrag 2003, 14). Damit sind lediglich passive Handlungsaufträge verbunden. Einen wirklichen Beitrag zur Gleichstellung würden die Sender eher leisten, wenn sie auch zu einer aktiven Förderung verpflichtet wären, ähnlich wie es in der Neufassung des Landesrundfunkgesetzes NRW für Frauen formuliert wurde (vgl. Werner 2000, 179 f.).

Medienethisch wurde die Anforderung, niemanden auf Grund der Zugehörigkeit zu einer sozialen Gruppe zu diskriminieren, bereits häufig formuliert. Der deutsche Pressekodex enthält explizit die Formulierung niemand wegen einer Behinderung zu diskriminieren (siehe z.B. Deutscher Presserat 2004, Ziffer 12). Selbstkontrollgremien wie der Deutsche Presserat tragen dazu bei, Diskriminierungsmechanismen aufzuzeigen. Einen direkteren Einfluss üben die offiziellen Aufsichtsgremien aus. In den Programmbeiräten der Fernsehanstalten wie auch in den Landesmedienanstalten gibt es bereits vereinzelt Behindertenvertreter. Dies sollte gängige Praxis für alle Rundfunk- und Medienräte werden. Wenn diese sich aktiv um eine verstärkte Umsetzung des Perspektivenwechsels in der Berichterstattung bemühen, besteht die Chance, das Leitbild der Teilhabe in den Massenmedien fest zu verankern.

Gleichberechtigte Teilhabe, verstanden als Gleichstellung, bedeutet auch, Menschen mit Behinderung Erwerbsmöglichkeiten im medialen System zu bieten. Ohne weiter auf die grundsätzlichen Probleme des Arbeitsmarktes für behinderte Menschen eingehen zu wollen, ist deutlich geworden, dass ihre Beschäftigung als Moderator(inn)en und Redakteur(inn)en, als Cutter(inn)en, Webdesigner(inn)en, etc. dazu beitragen würde, den behindertenspezifischen Blick in den Medien zu verstärken. Die Analyse der Boulevardmagazine hat deutlich gemacht, dass Menschen mit Behinderung z.B. deutlich seltener herabwürdigende Formulierungen wählen als Menschen ohne Behinderung. Dass Menschen mit Unterstützungsbedarf nicht automatisch auch für die »Behindertenthemen« zuständig sein müssen, versteht sich von selbst. Förderlich für eine dem Teilhabegedanken verpflichtete Berichterstattung ist es hingegen, in den Redaktionen feste Ansprechpartner für diese Themen zu haben. Denn wie bei anderen Themen ist eine Hintergründe erläuternde und zahlreiche Facetten aufzeigende Berichterstattung nur auf Grund einer tiefgreifenden Auseinandersetzung möglich. Oberflächliche Perspektiven, wie sie in den untersuchten Boulevardmagazine häufig vorkommen, werden damit zumindest unwahrscheinlicher.

Anreizsysteme wie z.B. der Bobby Medienpreis der Lebenshilfe würdigen den Einsatz für Sympathie und Akzeptanz gegenüber Menschen mit Behinderung. Er dient damit dem Zweck, die Qualität von Medienprodukten zu erhöhen und honoriert Initiativen, die sich aktiv um die Gleichstellung behinderter Menschen in den Medien bemühen.

Verfolgt dieser Preis der Bundesvereinigung Lebenshilfe vor allem das Ziel, einzelne Medienprodukte öffentlichkeitswirksam als besonders gelungen herauszustellen, so sind Anreizprogramme wie der Biene-Award (Barrierefreies Internet eröffnet neue Einsichten) der Aktion Mensch und der Stiftung Digitale Chancen auf die adäquate Gestaltung medialer Angebote ausgerichtet. In diesem Fall auf die barrierefreie Gestaltung des Internets. Auf Verbandsebene (wie beispielsweise seitens der Deutschen Diabetes Gesellschaft oder der Deutschen Aids-Stiftung) existieren einige Preise, die mediale Produkte prämieren, die besonders dem Teilhabegedanken verpflichtet sind und sich so an einer aktiven Ausgestaltung der medialen Integration behinderter Menschen beteiligen. Solche Anreize zur aktiven Ausgestaltung des Programmauftrags gilt es auszubauen. Auf Landes- wie auch auf Bundesebene existieren bisher nur einzelne Kampagnen zur medialen Integration, dauerhaft angelegte Anreizsysteme fehlen hingegen. Würden mediale Leistungen zur Inklusion behinderter Menschen auch auf Bundesebene (z.B. angesiedelt beim Beauftragten der Bundesregierung für die Belange behinderter Menschen) prämiert, könnten sie entscheidend dazu beitragen, das Bewusstsein für die Teilhabe behinderter Menschen in den Medien zu erhöhen.

Auch in der Journalisten Aus- und Weiterbildung gilt es, die Probleme behinderter Menschen stärker zu berücksichtigen. Erste Ansätze dazu finden sich bereits in der Auseinandersetzung mit diesem Thema im universitären Lehrgebiet Gender und Journalismus. Wenngleich es den Gender-Studies vor allem um das Einnehmen einer geschlechtsbewussten Perspektive geht, wird dieses Thema auch auf Minderheiten wie z.B. Migrant(inn)en, Lesben und Schwule oder eben Menschen mit Behinderung ausgeweitet, da die Mechanismen der medialen Darstellung in den Grundzügen übereinstimmen. Im vorliegenden Zusammenhang geht es darum, mediale Integration, die medienethisch eingefordert wird, für Menschen mit Behinderung umzusetzen. Dabei erscheint es sinnvoll, Möglichkeiten der persönlichen Begegnung zwischen Menschen mit Behinderung und (angehenden) Journalisten zu schaffen. Untersuchungen wie die vorliegende tragen dazu bei, die Prinzipien der Berichterstattung über Menschen mit Behinderung zu verdeutlichen und auf dieser Grundlage Übungseinheiten zu entwickeln, die Möglichkeiten zu adäquater Berichterstattung aufzeigen und vermitteln. Gerade bei Journalist(inn)en, die wenig persönlichen Kontakt zu Menschen mit Behinderung haben, sollten darüber hinaus spezielle Aspekte der Recherche, wie z.B. Interviewtechniken bei geistig behinderten Menschen in solche Übungseinheiten aufgenommen werden.

Handlungspotenziale für Kommunikatoren

Ein Thema für die journalistische Aus- und Weiterbildung ist es, ein Bewusstsein für eine Berichterstattung zu entwickeln, die Menschen mit Behinderung gleichberechtigt in den Medien teilhaben lässt. Dabei gilt es zu bedenken, dass sich die Medienbedürfnisse von Minderheiten grundsätzlich nicht von denen der sogenannten Mehrheit unterscheiden. Die thematischen, sprachlichen und ästhetischen Erwartungen behinderter Menschen sind ebenso unterschiedlich wie die rund 10% der Bevölkerung, die aus welchen Gründen auch immer als behindert bezeichnet werden. Auch sie wollen vor allem kompetente Information und gute Unterhaltung. Gleichstellung bedeutet zum einen, über Menschen mit Behinderung mit den gleichen Ansprüchen an journalistische Standards wie über andere Gruppen auch zu berichten und zum anderen, ihre Besonderheiten anzuerkennen. Möglichkeiten für gelungene Berichte über das Leben behinderter Menschen und auch Defizite in der Berichterstattung hat die vorliegende Studie aufgezeigt.

Nimmt man den Teilhabegedanken ernst, so kann nur eine Normalisierung stattfinden, wenn behinderte Menschen selbstverständlich in das allgemeine Programm integriert werden. Das bedeutet, sie in allen möglichen thematischen Zusammenhängen zu zeigen und nicht nur, wenn es um eine Berichterstattung im Zusammenhang mit ihrer Behinderung geht. Diese sollte nur erwähnt werden, wenn sie auch für die Berichterstattung relevant ist. Warum sollten Menschen mit Behinderung nicht auch in Straßenumfragen zum Thema Hartz IV, bei Diskussionen zum Bau von Gedenkstätten oder in Unterhaltungsformaten vorkommen? Dabei gelten die selben Qualitätskriterien der journalistischen Arbeit wie für andere Personen.

Doch auch bei allen Bemühungen um eine gleichstellungsadäquate Berichterstattung: die Botschaften von Journalisten entstehen immer erst im Kopf der Konsumenten. Neuere Medienwirkungstheorien haben ergeben, dass Medienrezeption ein aktiver Prozess ist, der stark von der Prädisposition der Rezipienten abhängt. Auch Medienkonsumenten sind in der überwiegenden Mehrheit selbstbestimmt und emanzipiert. Sie denken kritisch über Inhalte nach. Diese intellektuellen Prozesse können entscheidende Impulse erhalten, indem die Medienkompetenz von Rezipient(inn)en gesteigert wird. Die Gestaltung von Beiträgen über Menschen mit Behinderung richtig verstehen, einordnen und bewerten zu können, bilden eine Grundlage, sich mit der aktuellen Berichterstattung kritisch auseinander zu setzen. Ein gelungenes Beispiel für die Steigerung von Medienkompetenz ist das Projekt »OBJEKTIV – Behinderung, Medien und Schule« der Arbeitsgemeinschaft Behinderung und Medien (ABM), welches mit einem lebensnahen Ansatz und aus der Perspektive von Betroffenen Schülern authentische und differenzierte Bilder von Menschen mit Behinderung vermittelt und dazu anregt, mediale Bilder kritisch mit der Wirklichkeit des Lebens behinderter Menschen zu vergleichen (vgl. Kern 2003, 179–182).

15.2 Perspektiven für die Forschung

Untersuchungen dazu, wie einzelne Sender ihrem Integrationsauftrag in Bezug auf Menschen mit Behinderung gerecht werden, stehen bisher noch aus. Ein Beitrag der Journalismusforschung die mediale Integration zu fördern, kann darin bestehen, die in dieser Arbeit vorgestellten Ansätze in die seit Jahren engagiert geführte Diskussion um journalistische Qualitätsstandards einzubetten. Die vorliegende Arbeit hat gezeigt, dass ein Blickwinkel in der Berichterstattung, der behinderte Menschen gleichberechtigt teilhaben lässt, in vorliegende Qualitätsmodelle integriert werden kann. Journalistische Qualitätsstandards wie Aktualität, Richtigkeit, Relevanz und Vermittlung gelten dabei auch für unterhaltende Formate.

Auch im unmittelbaren Kontext der vorliegenden Studie ist weiterer Forschungsbedarf erkennbar. Die Rahmenbedingungen für die Umsetzung der Teilhabeidee sind durch die gesetzlichen Neuerungen der letzten Jahre gelegt. Der Begriff der Teilhabe ist in aller Munde, dennoch verschwinden Aussonderungsprinzipien nur langsam und weichen modernen Leitbildern. Informationen über diesen Prozess, wie auch über Menschen mit Behinderung insgesamt beziehen die meisten Bürger fast ausschließlich über die Medien. In dieser Situation erscheint es besonders wichtig, welches öffentliche Bild von behinderten Menschen gezeichnet wird. Weitere Untersuchungen, die das gesamte Fernsehprogramm in den Blick nehmen, erscheinen notwendig, da das Fernsehen einen erheblichen Anteil daran hat, wie stark diese Sichtweise auf Menschen mit Behinderung von der Öffentlichkeit aufgenommen, akzeptiert und umgesetzt wird. Für die vorliegende Studie wurde ein zuverlässiges Untersuchungsinstrument entwickelt, welches auch auf andere Genres als Boulevardmagazine anwendbar ist. In modifizierter Form lässt es sich auf weitere (Produkte) Medien anwenden, bei denen ebenfalls noch dringender Forschungsbedarf besteht.

Ein weiteres Forschungsfeld, welches dringend bearbeitet werden sollte, betrifft die Wirkung der Berichterstattung auf Rezipienten. Im Rahmen der vorliegenden Untersuchung sind Medienwirkungen nicht gemessen worden, da es um die Darstellung von Menschen mit Behinderung geht. Die Einschätzung, dass die Medien die Vorstellungen und Einstellungen in Bezug auf Menschen mit Behinderung negativ beeinflussen, entspringen bisher vor allem subjektiven Einschätzungen. Zu den wenigen empirischen Untersuchungen, die im deutschsprachigen Raum zur Wirkung der Darstellung von Behinderung auf den Zuschauenden durchgeführt wurde, zählt die vom IMW-Forschungsinstitut vorgenommene Studie zu Medienwirkungen durch das internationale Jahr der Behinderten 1981. Sie liegt damit über 20 Jahre zurück (siehe Holtz 1982a).[43] Um die Effekte beurteilen zu können, welche die aktuelle Berichterstattung auf Konsumenten hat, müsste eine erneute Untersuchung der Wissensveränderung und des Einstellungswandels von Rezipientengruppen vorgenommen werden. Dabei ist auch die Frage von Interesse, welche Art von Medien genutzt werden und ob sozioökonomische Faktoren dabei eine Rolle spielen. Eine solche Untersuchung würde da ansetzen, wo reine Produktanalysen zur Darstellung behinderter Menschen in den Medien – wie diese – aufhören.

---

43 In den USA wurde eine größere Anzahl von Untersuchungen zum Einstellungswandel durch das Medium Fernsehen durchgeführt. Sie führten zu widersprüchlichen Aussagen. Die überwiegende Anzahl der Studien kam aber zu dem Ergebnis, dass Einstellungen gegenüber Menschen mit Behinderung Mittels audiovisueller Medien positiv zu beeinflussen seien (siehe Elliot, Byrd 1984).

16. Literaturverzeichnis

Adolf Grimme Institut; Bundeszentrale für politische Bildung; learn online Scio GmbH (Hg.)(2002): Bildbox für Millionen. Fernseh- und Ideengeschichte der Bundesrepublik Deutschland. Dokumente. Materialien. Analysen. (CD-ROM) Bonn.

Aktion Psychisch Kranke (Hg.)(2001): 25 Jahre Psychiatrie-Enquete. Band 2. Bonn.

ARD (2003): Medien-Basisdaten.
 Über: http://www.ard.de/intern/basisdaten/fernsehnutzung/marktanteile_20der_ 20fernsehprogramme_20nach_20z/-/id=55032/1ow8zll/index.html, 23.11.2003.

ARD (2004): Medien-Basisdaten.
 Über: http://www.ard.de/intern/index_view.phtml?k2 =4&k3=5&k4=1, 24.05.2004.

ARNADE, Siegrid (1994): Das Bild behinderter Menschen in der Öffentlichkeit und in den Medien. Unveröff. Vortragsmanuskript, Marburg.

AUSLANDER, G.K.; GOLD, N. (1999): Disability Terminology in the media. A comparison of newspaper reports in Canada and Israel. In: Social Science and medicine, Vol. 48, Issue 10, 1395–1405.

Axel Springer Verlag (2003): Geschäftsbericht 2002.
 Über: http://www.asv.de/inhalte/pdf/geschber/02/gb_02.pdf, 03.09.2003.

BA – Bundesagentur für Arbeit (2004): Arbeitsmarkt 2003. Arbeitsmarktanalyse für das Bundesgebiet insgesamt, West- und Ostdeutschland. Sonderheft der Amtlichen Nachrichten der Bundesagentur für Arbeit (ANBA). Nürnberg.

— (2004a): Statistik aus dem Anzeigeverfahren gemäß § 80 Abs. 2 SGB IX. Arbeitgeber mit 20 und mehr Arbeitsplätzen im Jahr 2002. Nürnberg. Über: www1.arbeitsamt.de/hst/ services/statistik/200212/iiia5/behinderte/st88_40.xls, 23.11.2004.

BACHMAIR, Ben (1996): Fernsehkultur. Subjektivität in einer Welt bewegter Bilder. Opladen.

BÄCHTOLD, Andreas (1984): Soziale Reaktionen auf behinderte Jugendliche. Einstellungen und gesellschaftliche Hintergründe. In: Geistige Behinderung 23, 30–39.

BARTMANN, Silke (2002): Der behinderte Mensch im Spielfilm. Eine kritische Auseinandersetzung mit Mustern, Legitimationen, Auswirkungen von und dem Umgang mit Darstellungsweisen von behinderten Menschen in Spielfilmen. Münster.

Bayrisches Mediengesetz (2003): Gesetz über die Entwicklung, Förderung und Veranstaltung privater Rundfunkangebote und anderer Mediendienste in Bayern. In der Fassung der Bekanntmachung vom 22. Oktober 2003 – GVBl 799, BayRS 2251-4-S.

BECK, Ulrich (1986): Risikogesellschaft. Auf dem Weg in eine andere Moderne. Frankfurt am Main.

BENZINGER, Josef-Paul (1980): Lokalpresse und die Macht in der Gemeinde. Nürnberg.

BERELSON, Bernard (1952): Content Analysis in Communication Research. New York.

—; LAZARSFELD, Paul Felix (1948): The Analysis of Communication Content. Chicago.

BERGHAUS, Margot (1974): Inhaltsanalyse von Fernsehsendungen. Anmerkungen zu ihrer Bedeutung und Darstellung eines Instruments zur Interaktionsanalyse. In: Rundfunk und Fernsehen, H. 3–4, 330–356.

— (2003): Luhmann leicht gemacht. Köln, Weimar, Wien.
BERNARD, Jeff; HOVORKA, Hans (1987): Ich werde behindert. Von der sozialen Gestaltung der Umwelt über Social Communications zur Bewußtseinsarbeit. In: Medien Journal, H. 2, Salzburg.
—; HOVORKA, Hans (1992): Behinderung: ein gesellschaftliches Phänomen. Befunde, Strukturen, Probleme. Wien.
—; PRIBITZER, Susanne (1988): Diskriminierung behinderter Menschen in Wort und Bild. In: Behinderte, H. 6, 7–37.
BEZOLD, Britta von (1997): Behinderten-Bilder. Zur Berichterstattung über behinderte Menschen im deutschen und schweizerischen Fernsehen. In: Schweizerische Zeitschrift für Heilpädagogik, H. 3, 15–22.
— (1999): Mittendrin oder außen vor? Öffentlichkeitsarbeit von Behinderten-Selbsthilfegruppen zur Artikulation von Selbstdarstellungsinteressen und Fernsehberichterstattung über Menschen mit Behinderungen. Darstellung und Vergleich. Dissertation Pädagogische Hochschule Heidelberg.
BGG — Behindertengleichstellungsgesetz — Gesetz zur Gleichstellung behinderter Menschen und anderer Gesetze – vom 27. April 2002, Bundesgesetzblatt I, 1467.
BIKLEN, Douglas (1987): Framed: Print Journalism's Treatment of Disability issues. In: Gartner, Alan; Joe, Tom (Ed.): Images of the disabled, disabling images. New York, 79–95.
BLEIDICK, Ulrich; HAGEMEISTER, Ursula (1998): Einführung in die Behindertenpädagogik. Band I. Allgemeine Theorie der Behindertenpädagogik. Stuttgart, Berlin, Köln.
BLÖBAUM, Bernd (1994): Journalismus als System. Geschichte, Ausdifferenzierung und Verselbständigung. Opladen.
BOGDAN, Robert; BIKLEN, Douglas; SHAPIRO, Arthur et al (1982): The Disabled: Media's Monster. In: Social Policy 13, 32–35.
BONFADELLI, Heinz (1991): Infotainment. Angebot, Nutzung, Wirkungen. In: Medienwissenschaft Schweiz 2, 11–17.
— (1999): Medienwirkungsforschung I. Grundlagen und theoretische Perspektiven. Konstanz.
BONFRANCHI, Ricardo (1997): Löst sich die Sonderpädagogik auf? Luzern.
BORTZ, Jürgen (Hg.)(1993): Statistik für Sozialwissenschaftler. Berlin u. a.
BOSSE, Ingo (2000): Die Haltung der Nationalsozialisten zu Menschen mit Behinderung im Dritten Reich. Dargelegt am Beispiel des Mediums Film. Examensarbeit am Fachbereich Rehabilitationswissenschaften, Universität Dortmund.
Bundesministerium für soziale Sicherheit und Generationen (Hg.)(2002): Europäisches Jahr der Menschen mit Behinderungen 2003. Österreichisches Arbeitsprogramm. Wien.
Bundesverband evangelische Behindertenhilfe u. a. (Hg.)(2001): Paradigmenwechsel in der Behindertenhilfe? Freiburg im Breisgau.
Bundesvereinigung Lebenshilfe für geistig Behinderte e.V. (Hg.)(1985): Das Recht auf Leben ist unantastbar. Die Lebenshilfe für geistig Behinderte erinnert an die Opfer der NS-Euthanasie. Marburg.
Bundesvereinigung Lebenshilfe für Menschen mit geistiger Behinderung e.V. (Hg.)(1999): Vom Betreuer zum Begleiter. Eine Neuorientierung unter dem Paradigma der Selbstbe-

stimmung. Marburg.
- (Hg.)(2003): Wir wollen mehr als nur dabei sein! Menschen mit Behinderung und ihr Recht auf Teilhabe. Kongressprogramm. Marburg.
- (Hg.)(2003a): Magazin – Die farbigen Seiten der Lebenshilfe Zeitung, Nr. 4; Beilage zur Lebenshilfe Zeitung. Marburg.
- (Hg.)(1997): Selbstbestimmung. Kongressbeiträge. Dokumentation des Kongresses »Ich weiß doch selbst, was ich will!« Menschen mit geistiger Behinderung auf dem Weg zu mehr Selbstbestimmung, vom 27. September bis zum 1. Oktober 1994 in Duisburg. 2. durchgesehene Auflage, Marburg.

CHARLTON, James I. (1998): Nothing about us without us. Disability oppression and empowerment. Berkeley, Los Angeles.
CLOERKES, Günther (1982): Einige Thesen zur Struktur von Einstellungen Nichtbehinderter gegenüber Behinderten und deren Modifikation. In: Heinze, Rolf G.; Runde, Peter (Hg.): Lebensbedingungen Behinderter im Sozialstaat. Opladen, 348–359.
- (1985): Einstellung und Verhalten gegenüber Behinderten. Eine kritische Bestandsaufnahme der Ergebnisse internationaler Forschung. Berlin.
- (2001): Soziologie der Behinderten. Eine Einführung. 2. erweiterte und überarbeitete Auflage, Heidelberg.
CUMBERBATCH, Guy; NEGRINE, Ralph (1992): Images of disability on television. New York.

DAHESH, Keyan (1993): Thema fürs Sommerloch. Behinderte Menschen in Berichten und Reportagen. In: Selbsthilfe, H. 5/6, 20–21.
DAU, Dirk H.; DÜWELL, Franz Josef; HAINES, Hartmut (Hg.)(2002): Rehabilitation und Teilhabe behinderter Menschen. Lehr- und Praxiskommentar (LPK – SGB IX) mit Anhang Verfahren und Rechtsschutz. Baden-Baden.
DAVIES, Chris (1997): Window on the world – almost! In: Pointon, Ann; Davies, Chris (Ed.): Framed. Interrogating Disability in the Media. London, 61–68.
DEDERICH, Markus (2001): Menschen mit Behinderung zwischen Ausschluss und Anerkennung. Bad Heilbrunn.
DEFFNER, George (1982): Erfahrungen eines Redakteurs. Presse-Berichterstattung über Behinderte. In: Kagelmann, Hans Jürgen; Zimmermann, Rosemarie (Hg.): Massenmedien und Behinderte – im besten Falle Mitleid? Weinheim, 47–53.
DEGENHARDT, Sven (1999): Rollenmuster sehgeschädigter Menschen im Spielfilm. In: Warzecha, Birgit (Hg.): Medien und gesellschaftliche Stigmatisierungsprozesse. Band 4: Konflikt – Krise – Sozialisation. Hamburg, 57–87.
Deklaration von Madrid (2002): www.madriddeclaration.org, 14.10.2003.
Deutscher Bildungsrat – Empfehlungen der Bildungskommission (1974): Zur pädagogischen Förderung behinderter und von Behinderung bedrohter Kinder und Jugendlicher. Stuttgart.
Deutscher Presserat (2001): Pressekodex. In der Fassung vom 20. Juni 2001. Über: http://www.presserat.de/pressekodex.html, 12.11.2004.
DICHANZ, Horst (Hg.)(1998): Handbuch Medien: Medienforschung. Konzepte, Themen,

Ergebnisse. Bonn.
DONALDSON; Joy (1981): The visibility and image of handicapped people on television. In: Exceptional Children Vol. 43 No. 6, 413–416.
DUPUIS, Gregor; KERKHOFF, Winfried (Hg.)(1992): Enzyklopädie der Sonderpädagogik, der Heilpädagogik und ihrer Nachbargebiete. Berlin.
EIFERT, Martin (2002): Konkretisierung des Programmauftrags des öffentlich-rechtlichen Rundfunks. Verfassungsrechtliche Verankerung, rechtliche Ausgestaltung und neue Herausforderungen der Selbstregulierung des öffentlich-rechtlichen Rundfunks. Baden-Baden.
EILDERS, Christiane (1997): Nachrichtenfaktoren und Rezeption. Eine empirische Analyse zur Auswahl und Verarbeitung politischer Information. Opladen.
EIMEREN, Birgit van; RIDDER, Christa-Maria (2001): Trends in der Nutzung und Bewertung der Medien 1970 bis 2000. Ergebnisse der ARD/ZDF Langzeitstudie Massenkommunikation. In: Media Perspektiven, H. 1, 538–553.
ELLIOT, Deni (1994): Disability and the Media: The Ethics of the Matter. In: Nelson, Jack A. (Ed.): The disabled, the media and the information age, London, 73–79.
ELLIOTT, T.R.; BYRD, E.K. (1984): Attitude change toward disability through television portrayal. In: Journal of Applied Rehabilitation Counselling, Vol. 14 No. 2, 35–37.
Europäische Gemeinschaften (2000): Charta der Grundrechte der Europäischen Union. Über: www.europaparl.eu.int.charter/pdf/text_de.pdf, 22.02.2005.
Europäische Kommission. Generaldirektion Beschäftigung und Soziales, Referat EMPL/E/4 (Hg.)(2001): Europäer und das Thema Behinderung. Eurobarometer 54.2. Bericht verfasst von: European Opinion Research Group (EORG) im Auftrag der Generaldirektion Bildung und Kultur. Brüssel.
Europäisches Parlament (1996): Entschließung des Europäischen Parlaments zur Rolle der öffentlichen Fernsehdienste in einer multimedialen Gesellschaft vom 17.9.1996. In: Media Perspektiven, H. 12, 62.

FAULSTICH, Werner (2002): Grundkurs Filmanalyse. München.
FISCHER, Achim (1995): Weder Hexenwerk noch Zufallsprodukt. Qualität und Routinen im Wissenschaftsjournalismus. Diplomarbeit am Institut für Journalistik, Universität Dortmund.
FOERSTER, Heinz von (1993): Wissen und Gewissen. Versuch einer Brücke. Frankfurt.
FORNEFELD, Barbara (2000): Selbstbestimmung und Erziehung von Menschen mit geistiger Behinderung. Ein Widerspruch. In: Behinderte in Familie, Schule und Gesellschaft, H. 1.; Über: http://bidok.uibk.ac.at/library/beh1-00selbstbestimmung.html, 23.05.2003.
FREHE, Horst (2003): Europäisches Jahr der Menschen mit Behinderung 2003. In: Geistige Behinderung, H. 1, 1–3.
FRÜH, Werner (1989): Inhaltsanalyse. Theorie und Praxis. 2. Auflage, München.
—; WIRTH, Werner (1997): Positives und negatives Infotainment. Zur Rezeption unterhaltsam aufbereiteter TV-Information. In: Bentele, Günter; Haller, Michael (Hg.): Aktuelle Entstehung von Öffentlichkeit. Akteure – Strukturen – Veränderungen. Konstanz, 367–381.

GALTUNG, Johann; RUGE, Marie H. (1965): The Structure of Foreign News. The Presentation of the Congo, Cuba and Cyprus Crisis in Four Norwegian Newspapers. In Journal of Peace Research 2, 64–91.

GANGLOFF, Tilmann P. (1996): Tränen im Zoom. In: Journalist, 56–73.

GARTNER, Alan; JOE, Tom (Ed.)(1987): Images of the disabled, disabling images. New York.

GERHARDS, Jürgen (1994): Politische Öffentlichkeit. Ein system- und akteurstheoretischer Bestimmungsversuch. In: Neidhardt, Friedhelm (Hg.): Öffentlichkeit, öffentliche Meinung, soziale Bewegungen. Opladen, 75–105.

GfK – Gesellschaft für Konsumforschung (Hg.)(2001): TV-Quoten. Baden-Baden. Über: http://www.tv-quoten.de/g, 24.05.2001.

— (Hg.)(2003): AGF/GfK-Fernsehforschung/PC#TV/Media Control. Baden-Baden.

— (Hg.)(2005): AGF/GfK Fernsehforschung. Fernsehpanel (D) ab 1.1.2003 inkl. digitaler Sendernutzung. Baden-Baden. Über: http://www.ard.de/intern/basisdaten/fernsehnutzung/fernsehnutzung_20nach_20programmen_20_28mo-so_29/-/id=55054/rtg1hm/index.html, 26.02.2005.

GIDDENS, Anthony (1995): Soziologie. Herausgegeben von Fleck, Christian; Zilian, H.G. Graz, Wien.

— (1999): Der dritte Weg. Die Erneuerung der sozialen Demokratie. Frankfurt am Main.

GOFFMAN, Erving (1996): Stigma. Über die Techniken der Bewältigung beschädigter Identität. 12. Auflage, Frankfurt am Main.

GROEBEL, Jo; HOFFMANN-RIEM, Wolfgang; KÖCHER, Renate u. a. (1995): Bericht zur Lage des Fernsehens für den Präsidenten der Bundesrepublik Deutschland. Gütersloh.

GRUBER, Enzo (2003): Alte Bilder, die immer noch laufen. Spielfilme greifen auf unser kulturelles Wissen zurück. In: Heiner, Stefan; Gruber, Enzo (Hg.): Bildstörungen. Kranke und Behinderte im Spielfilm. Frankfurt am Main, 49–53.

HABERMAS, Jürgen (1990): Strukturwandel der Öffentlichkeit. Untersuchungen zu einer Kategorie der bürgerlichen Gesellschaft. Frankfurt am Main.

HACHMEISTER, Sylke (1992): Kinopropaganda gegen Kranke. Die Instrumentalisierung des Spielfilms »Ich klage an« für das nationalsozialistische »Euthanasieprogramm«. Baden-Baden.

HAHN, Martin Th. (1994): Selbstbestimmt im Leben, auch für Menschen mit geistiger Behinderung. In: Geistige Behinderung, H. 33, 81–94.

HÄHNER, Ulrich (2003): Von der Verwahrung über die Förderung zur Selbstbestimmung. Fragmente zur geschichtlichen Entwicklung der Arbeit mit »geistig behinderten Menschen« seit 1945. In: Hähner, Ulrich, Niehoff, Ulrich; Sack. Rudi u. a. Vom Betreuer zum Begleiter. Eine Neuorientierung unter dem Paradigma der Selbstbestimmung, hg. von der Bundesvereinigung Lebenshilfe für Menschen mit geistiger Behinderung e.V., 4. unveränderte Auflage, Marburg, 25–51.

HALL, Stuart (1973): Encoding and decoding in the television. Discourse paper for the Council of Europe Colloquy on »Training in the Critical Reading of Television Language«. Birmingham.

HANEL, Thomas (1994): Naturwissenschaften und Technologie im Fernsehen des deutschsprachigen Raumes. TV-Wissenschaftsmagazine im Vergleich. Dissertation TU München.

HANJOK, Daniel (2004): Jugend und Fernsehinformation. Eine explorativ-deskriptive Studie. Digitale Dissertation FU Berlin. Über: http://www.diss.fu-berlin.de/2004/126/index.html, 12.01.2005.

HÄUSSLER, Monika; WACKER, Elisabeth; WETZLER, Rainer (1996): Lebenssituation von Menschen mit Behinderung in privaten Haushalten. Bericht zu einer bundesweiten Untersuchung im Forschungsprojekt »Möglichkeiten und Grenzen selbständiger Lebensführung«. Im Auftrag des Bundesministeriums für Familie und Senioren (BMFuS), hg. vom Bundesministerium für Gesundheit (BMG). Baden-Baden.

HEILER, Hannes (1982): Almosen für Sorgenkinder? »Aktion Sorgenkind« und ihre Folgen. In: Selbsthilfe, H. 5/6, 14–24.

HEINER, Stefan; GRUBER, Enzo (Hg.)(2003): Bildstörungen. Kranke und Behinderte im Spielfilm. Frankfurt am Main.

HEINZE, Rolf G.; RUNDE, Peter (Hg.)(1982): Lebensbedingungen Behinderter im Sozialstaat. Opladen.

HEPP, Andreas (1998): Fernsehaneignung und Alltagsgespräche. Fernsehnutzung aus der Perspektive der Cultural Studies. Opladen/Wiesbaden.

HICKETHIER, Knut (1988): Magazine im Programm – das Programm ein Magazin. Überlegungen zur Geschichte der politischen Fernsehmagazine. In: Kreuzer, Helmut; Schumacher, Heidemarie (Hg.): Magazine audiovisuell. Politische und Kulturmagazine im Fernsehen der Bundesrepublik Deutschland. Berlin, 91–110.

— (2001): Film- und Fernsehanalyse, 3., überarbeitete Auflage, Stuttgart; Weimar.

HILLENBRAND, Clemens (1999): Paradigmenwechsel in der Sonderpädagogik? Eine wissenschaftstheoretische Kritik. In: Zeitschrift für Heilpädagogik, H. 5, 240–246.

HÖFER, Adolf (1982): Das Gesunde und das Kranke. Eine Untersuchung zentraler Themen der Gegenwartsliteratur am Beispiel von Heinar Kipphardts Roman März. In: Kagelmann, Jürgen H., Zimmermann, Rosemarie (Hg.): Massenmedien und Behinderung. Im besten Falle Mitleid? Weinheim, Basel, 81–93.

HOHMEIER, Jürgen (1975): Stigmatisierung als sozialer Definitionsprozess. In: Brusten, Manfred; Hohmeier, Jürgen: Stigmatisierung. 1. Zur Produktion gesellschaftlicher Randgruppen. Darmstadt, 5–24.

— (1982): Bemerkungen zum gegenwärtigen Stand wissenschaftlicher Begriffe von Behinderung. In: Heinze, Rolf. G.; Runde, Peter (Hg.): Lebensbedingungen Behinderter im Sozialstaat. Opladen, 7–21.

—; MENNEMANN, Hugo (1995): Paradigmenwechsel als reflexive Modernisierungsstrategie in der sozialen Arbeit. In: Neue Praxis, H. 4, 372–382.

HÖLSCHER, Petra; WACKER, Elisabeth; WANSING, Gudrun (2003): Maß nehmen und Maß halten – in einer Gesellschaft für alle (2). Das Persönliche Budget als Chance zum Wandel in der Rehabilitation. In: Geistige Behinderung, H. 3, 198–209.

HOLTZ, Karl-Ludwig (Hg.)(1982): War's das? Eine Bilanz zum Jahr der Behinderten. Heidelberg.

— (1982a): Begleitende Untersuchung zu Wirkungen und Erfolg des »Internationalen Jahres der Behinderten 1981«. Ausgewählte Ergebnisse einer Gesamtanalyse des IMW Forschungsinstituts, Köln. In: Holtz, Karl-Ludwig (Hg.): War's das? Eine Bilanz zum Jahr der Behinderten. Heidelberg, 192–207.

HÖMBERG, Walter; SCHLEMMER, Sabine (1995): Fremde als Objekt. Asylberichterstattung in deutschen Tageszeitungen. In: Media Perspektiven, H. 1, 11–20.

HOVORKA, Hans (1985): Die visuelle Darstellung von Behinderung in den Massenmedien. Gedanken zur Verkaufsstrategie abweichender ästhetischer Normen. In: Handl, Haimo L.: Werbung. Rollenklischee-Produktkultur-Zeichencharakter. Wien, Baden bei Wien, 62–96.

HUAINIGG, Franz Joseph (1993): Was hat'n der? Kinder über Behinderte. Klagenfurt.

— (1996): Schicksal täglich. Zur Darstellung behinderter Menschen im ORF. Innsbruck, Wien.

HUGGER, Kai-Uwe; WEGENER, Claudia (1995): Infotainment: Chancen und Risiken eines TV-Trends. In: Lauffer, Jürgen; Volkmer, Ingrid (Hg.): Kommunikative Kompetenz in einer sich verändernden Medienwelt. Opladen, 120–131.

HUNOLD, Gerfried W. (1994): »Die Einsamkeit außen«. Öffentlichkeit als Thema ethischer Reflektion. In: Wunden, Wolfgang (Hg.): Öffentlichkeit und Kommunikationskultur. Hamburg, Stuttgart, 139–150.

JANSEN, Gerd W. (1976). Die Einstellung der Gesellschaft zu Körperbehinderten. Eine psychologische Analyse zwischenmenschlicher Beziehungen aufgrund empirischer Untersuchungen. Neuburgweier.

JARREN, Otfried (2000): Gesellschaftliche Integration durch Medien? Zur Begründung normativer Anforderungen an die Medien. In: Medien & Kommunikationswissenschaft, H. 1, 22–41.

KAGELMANN, Hans Jürgen (1982): Psychische Störung und psychisch Gestörte in trivialer Unterhaltungsliteratur. In: Kagelmann, Hans Jürgen; Zimmermann, Rosemarie (Hg.): Massenmedien und Behinderte. Im besten Falle Mitleid? Weinheim, 94–116.

—; ZIMMERMANN, Rosemarie (Hg.)(1982a): Massenmedien und Behinderte. Im besten Falle Mitleid? Weinheim.

KARPF, Anne (1997): Crippling images. In: Pointon, Ann; Davies, Chris (Ed.): Framed. Interrogating Disability in the Media. London, 79–83.

KEPPLINGER, Matthias (Hg.)(1987): Darstellungseffekte. Experimentelle Untersuchungen zur Wirkung von Pressefotos und Fernsehfilmen. München.

KERN, Gregor (2003): Ein Stück Lebensgefühl vermitteln. Das Projekt OBJEKTIV – Behinderung, Medien und Schule. In: Heiner, Stefan; Gruber, Enzo (Hg.): Bildstörungen. Kranke und Behinderte im Spielfilm. Frankfurt am Main, 177–182.

KIEFER, Marie-Luise (1998): Massenkommunikation 1995. Ergebnisse der siebten Langzeitstudie zur Mediennutzung und Medienbewertung. In: Dichanz, Horst (Hg.): Handbuch Medien: Medienforschung. Konzepte, Themen, Ergebnisse. Bonn, 20–37.

KLEMM, Michael (2000): Zuschauerkommunikation. Formen und Funktionen der alltäglichen kommunikativen Fernsehaneignung. Frankfurt am Main, Berlin, Bern, u. a.

KMK – Kultusministerkonferenz (Hg.)(2002): Sonderpädagogische Förderung in Schulen

1991 bis 2000. Statistische Veröffentlichungen der Kultusministerkonferenz, Dokumentation Nr. 159. Bonn.

KNAPP, Ilan (1980): Fernsehen und Behinderte. Wien.

KNIGHT, Graham (1989): The Reality Effects of Tabloid Television News. In: Raboy, Marc; Bruck, Peter A. (Ed.): Communication: for and against democracy. Montréal, New York, 111–129.

KOGOJ, Cornelia (2000): Minderheiten und Medien. Beschreibung eines kommunikativen Missverhältnisses. In: Teaching Human Rights. Informationen zur Menschenrechtsbildung, H. 6, Sommer 2000. Über: http://www.humanrights.at/root/images/doku/diskogojminderheitenundmedien.pdf, 01.09.2003.

KOPPOLD, Rupert (1996): Bloß nicht aufgeben! Behinderte in Hollywood-Spielfilmen. In: Gemeinsam leben, H. 4, 162–163.

KOSZYK, Kurt; PRUYS, Karl Hugo (Hg.)(1981): Handbuch der Massenkommunikation. München.

KREIMEIER, Klaus (1997): Kritik des Fernsehens oder Lob des Fernsehens? In: Wessler, Hartmut et. al. (Hg.): Perspektiven der Medienkritik. Die gesellschaftliche Auseinandersetzung mit öffentlicher Kommunikation in der Mediengesellschaft. Dieter Roß zum 60. Geburtstag. Opladen, 47–58.

KREUZER, Helmut (1988): Zur Beschreibung, Kritik und Geschichte bundesdeutscher Fernsehmagazine – und zur Einführung in diesen Band. In: Kreuzer, Helmut; Schumacher, Heidemarie (Hg.): Magazine audiovisuell. Politische und Kulturmagazine im Fernsehen der Bundesrepublik Deutschland. Berlin, 9–19.

KRÜGER, Udo Michael (2001): Programmprofile im dualen Fernsehsystem 1991–2000. Eine Studie der ARD/ZDF-Medienkommission. Baden-Baden.

—; ZAPF-SCHRAMM, Thomas (2002): Öffentlich-rechtliches und privates Fernsehen: Typische Unterschiede bleiben bestehen. Programmanalyse 2001/I. In: Media Perspektiven, H. 4, 178–189.

KUHN, Thomas S. (1988): Die Struktur wissenschaftlicher Revolutionen. Frankfurt am Main.

LAMPRECHT, Stephan (2003): »Welche Kraft, welcher Mut«. Bild des Körperbehinderten in Printmedien am Beispiel von Wolfgang Schäuble. Empirische Analyse der Tageszeitungen »Süddeutsche Zeitung« und »Bild«. Diplomarbeit am Institut für Journalistik, Universität Dortmund.

LIEBERMANN-SMITH, Jacob; ROSEN, Sharon L. (1978): The Presentation of Illness on Television. In: Winick, Charles (Ed.): Deviance and Mass Media. Beverly Hills, London, 79–94.

LIEBERS, Katrin (1997): Sonderpädagogik und Sonderschulwesen der DDR als Ausgangssituation für gemeinsame Erziehung nach der Wende in Brandenburg. In: Heyer, Peter; Preuss-Lausitz, Ulf; Schöler, Jutta (Hg.): »Behinderte sind doch Kinder wie wir!« Gemeinsame Erziehung in einem neuen Bundesland. Berlin, 53–78.

LIPPMANN, Walter (1949): Public Opinion. 12. Auflage (1. Auflage 1922), New York.

— (1990): Die öffentliche Meinung. Reprint des Publizistik Klassikers. 12. Auflage (1. Auflage 1922), Bochum.

LMG NRW (2002): Landesmediengesetz Nordrhein-Westfalen vom 2. Juli 2002, GV NRW 2002, Nr. 20, 2251.

LONGMORE, Paul K. (1987): Screening Stereotypes: Images of disabled people in television and motion pictures. In: Gartner, Alan; Joe, Tom (Ed.): Images of the disabled, disabling images. New York, 65–78.

LOUKIDES, Paul; FULLER, L. K. (Ed.)(1990): Beyond the Stars. Stock Characters in American Popular Film. Bowling Green, Ohio.

LUBLINSKI, Jan (2004): Wissenschaftsjournalismus im Hörfunk. Redaktionsorganisation und Thematisierungsprozesse. Konstanz.

LUHMANN, Niklas (1990): Die Wissenschaft der Gesellschaft. Frankfurt am Main.

— (1994): Der »Radikale Konstruktivismus« als Theorie der Massenmedien? Bemerkungen zu einer irreführenden Diskussion. In: Communicatio Socialis 27, 7–12.

— (1999): Die Gesellschaft der Gesellschaft. 2. Auflage, Frankfurt am Main.

— (2004): Die Realität der Massenmedien. 3. Auflage, Wiesbaden.

MAND, Johannes (2003): Nach dem Paradigmenwechsel. Neue Aufgaben für die Arbeit mit auffälligen Kindern und Jugendlichen. In: Behinderte in Familie, Schule und Gesellschaft, H. 1, 58–65.

MANZ, Wolfgang (1968): Das Stereotyp. Zur Operationalisierung eines sozialwissenschaftlichen Begriffs. Meisenheim am Glan.

MARCINKOWSKI, Frank (1993): Publizistik als autopoietisches System. Politik und Massenmedien. Eine systemtheoretische Analyse. Opladen.

— (1996): Der Staat, die Politik und die Massenmedien. Ein gesellschaftstheoretischer Bezugsrahmen zur Analyse politischer Kommunikation. In: Schatz, Heribert (Hg.)(1996): Fernsehen als Objekt und Moment des sozialen Wandels. Faktoren und Folgen der aktuellen Veränderung des Fernsehens. Opladen, 57–73.

MARKOWETZ, Reinhard (1993): Zehn Thesen zum Bild behinderter Menschen in der Öffentlichkeit. In: Selbsthilfe, H. 5/6, 6–11.

MATTHESIUS, Rolf-Gerd, JOCHHEIM, Kurt-Alphons; BAROLIN, Gerhard S. u. a. (1995): ICIDH – Internationale Klassifikation der Schädigungen, Fähigkeitsstörungen und Beeinträchtigungen. Berlin, Wiesbaden.

MAYRING, Phillipp (1990): Einführung in die qualitative Sozialforschung. Eine Anleitung zum qualitativen Denken. 4. Auflage, Weinheim.

MCCOMBS, Maxwell E.; SHAW, Donald L. (1972): The Agenda-Setting Function of Mass Media. In: Public Opinion Quarterly, H. 36, 176–187.

MDR Staatsvertrag (1991): Staatsvertrag über den Mitteldeutschen Rundfunk (MDR) vom 30. Mai 1991. Über: http://www.mdr.de/DL/114587.pdf, 13.03.2004.

MEAD, George Herbert (1975): Geist, Identität und Gesellschaft. Aus der Sicht des Sozialbehaviorismus. 2. Auflage (Erstausgabe 1934 University of Chicago), Frankfurt am Main.

MERTEN, Klaus (1995): Inhaltsanalyse. Einführung in Theorie, Methode und Praxis. 2. verbesserte Auflage, Opladen.

—; SCHMIDT, Siegfried J.; WEISCHENBERG, Siegfried (Hg.)(1994): Die Wirklichkeit der Medien. Eine Einführung in die Kommunikationswissenschaft. Opladen.

METZLER, Heidrun (1997): Hilfebedarf und Selbstbestimmung. Eckpunkte des Lebens von Menschen mit Behinderung. In: Zeitschrift für Heilpädagogik, H. 48, 406–411.
—; RAUSCHER, Christine (2003): Teilhabe als Alltagserfahrung. Eine ergebnisorientierte Perspektive in der Qualitätsdiskussion. In: Geistige Behinderung, H. 3, 235–243.
—; WACHTEL, Grit; WACKER, Elisabeth (1997): Die Wende in der Behindertenhilfe. Zur Situation behinderter Kinder und Jugendlicher in den neuen Bundesländern. Tübingen.
MEYN, Hermann (1994): Massenmedien in der Bundesrepublik Deutschland. Berlin.
MIKOS, Lothar (1998): Flanieren auf dem Boulevard zwischen Stars und Mordbuben. Themen und Präsentationsformen in Boulevard-Magazinen. In: TV Diskurs, H. 5, 64–71.
— (2003): Film- und Fernsehanalyse. Konstanz.
MILES-PAUL, Omar (1992): Wir sind nicht mehr aufzuhalten. Behinderte auf dem Weg zur Selbstbestimmung. München.

NEIDHARDT, Friedhelm (1994): Öffentlichkeit, öffentliche Meinung, soziale Bewegungen. In: Neidhardt, Friedhelm (Hg.): Öffentlichkeit, öffentliche Meinung, soziale Bewegungen. Opladen, 7–41.
— (1994a): Jenseits des Palavers. Funktionen politischer Öffentlichkeit. In: Wunden, Wolfgang (Hg.): Öffentlichkeit und Kommunikationskultur. Beiträge zur Medienethik. Band 2. Hamburg, Stuttgart, 19–30.
— (Hg.)(1994b): Öffentlichkeit, öffentliche Meinung, soziale Bewegungen. Opladen.
NELSON, Jack A. (Ed.)(1994): The disabled, the media and the information age. London.
NEUBERT, Dieter; CLOERKES, Günther (1987): Behinderung und Behinderte in verschiedenen Kulturen. Eine vergleichende Analyse ethnologischer Studien. Heidelberg.
NEUMANN, Johannes (Hg.)(1997): »Behinderung«. Von der Vielfalt eines Begriffs und dem Umgang damit. 2. Auflage, Tübingen.
— (1997a): Die gesellschaftliche Konstituierung von Begriff und Realität der Behinderung. In: Neumann, Johannes (Hg.): »Behinderung«. Von der Vielfalt eines Begriffs und dem Umgang damit. 2. Auflage, Tübingen, 21–43.
NIEHOFF, Ulrich (2003): Grundbegriff selbstbestimmten Lebens. In: Hähner, Ulrich; Niehoff, Ulrich; Sack, Rudi u. a. Vom Betreuer zum Begleiter. Eine Neuorientierung unter dem Paradigma der Selbstbestimmung, hg. von der Bundesvereinigung Lebenshilfe für Menschen mit geistiger Behinderung e. V., 4. unveränderte Auflage, Marburg, 53–68.
NLM – Niedersächsische Landesanstalt für privaten Rundfunk (Hg.)(1999): Die Tyrannei der öffentlichen Intimität und Tabubrüche im Fernsehen. Boulevardmagazine, Talkshows und Comedy. Dokumentation der Tagung der Niedersächsische Landesmedienanstalt für privaten Rundfunk (NLM) im Mai 1998 in Hannover. Berlin.
NORDEN, Martin F. (1994): The cinema of isolation. A history of physical disability in the movies. New Brunswick, New Jersey.

ÖAR – Österreichische Arbeitsgemeinschaft für Rehabilitation (1985): Zehn Anhaltspunkte zur Darstellung behinderter Menschen in der Öffentlichkeit. Wien.
ÖAR – Österreichische Arbeitsgemeinschaft für Rehabilitation: Dachverband der Behindertenverbände Österreichs (2003): Wunschliste für die Darstellung behinderter Menschen in den Medien. Über: http://www.oear.or.at/index.htm, 02.06.2003.

OCHEL, Friedhelm (1997): Fünf Thesen zum selbstbestimmten Leben. In: Bundesvereinigung Lebenshilfe für Menschen mit geistiger Behinderung e.V. (Hg.): Selbstbestimmung. Kongressbeiträge. Marburg, 86–89.

OSBAHR, Stefan (2000): Selbstbestimmtes Leben von Menschen mit einer geistigen Behinderung. Beitrag zu einer systemtheoretisch-konstruktivistischen Sonderpädagogik. Luzern.

ÖSTERWITZ, Ingolf (1993): Der dekorative Rollstuhlfahrer. Routinefall alltäglicher Diskriminierung. In: Selbsthilfe, H. 5/6, 24–25.

PARSONS, Talcott; WHITE, Winston (1969): The Mass Media and the Structure of American Society. In: Parsons, Talcott (Ed.): Politics and Social Structure. New York, London, 141–151.

PETERS, Bernhard (1994): Der Sinn von Öffentlichkeit. In: Neidhardt, Friedhelm (Hg.): Öffentlichkeit, öffentliche Meinung, soziale Bewegungen. Opladen, 42–76.

PFETSCH, Barbara; WEIß, Hans-Jürgen (2000): Die kritische Rolle der Massenmedien bei der Integration sozialer Minderheiten. Anmerkungen aus einem deutsch-israelischen Forschungsprojekt. In: Schatz, Heribert; Holtz-Bacha, Christina; Nieland, Jörg-Uwe (Hg.): Migranten und Medien. Neue Herausforderungen an die Integrationsfunktion von Presse und Rundfunk. Opladen, 116–126.

POINTON, Ann; DAVIES, Chris (Ed.)(1997): Framed. Interrogating Disability in the Media. London.

PÖTTKER, Horst (1994): »Die niederen Leidenschaften und das Gemeinschaftsleben der Nation«. Zur fortschreitenden Ausdifferenzierung von Öffentlichkeit durch dualen Rundfunk. In: Wunden, Wolfgang (Hg.): Öffentlichkeit und Kommunikationskultur. Hamburg, Stuttgart, 95–112.

— (1997): Buchbesprechung von Andreas Wittwen: »Infotainment« (1995). In: Publizistik, H. 3, 388–389.

— (1999): Initiative Nachrichtenaufklärung. Zwölf Thesen über das öffentliche (Ver-)Schweigen. In: Ludes, Peter; Schanze, Helmut (Hg.): Medienwissenschaften und Medienwertung. Opladen, Wiesbaden, 161–169.

— (Hg.)(2001): Öffentlichkeit als gesellschaftlicher Auftrag. Konstanz.

— (2002): Wann dürfen Journalisten Türken Türken nennen? Zu Aufgaben und Systematik der Berufsethik am Beispiel des Diskriminierungsverbots. In: Publizistik, H. 3, 265–279.

PRILL, Renate (1991): Menschen mit geistiger Behinderung in der neueren Jugendliteratur. In: Geistige Behinderung 1, 44–52.

Pro Sieben (2003) Pro Sieben PR Team: Taff-Folder. Selbstdarstellung. München.

PÜRER, Heinz; RAABE, Johannes (1996): Medien in Deutschland. Band I: Presse. 2. Auflage. München.

RADTKE, Peter (1982): Behinderte Menschen in Werken der Weltliteratur. Literatur – ein Abbild, das Wirklichkeit schafft. In: Kagelmann, Hans Jürgen; Zimmermann, Rosemarie (Hg.): Massenmedien und Behinderte. Im besten Falle Mitleid? Weinheim, 54–80.

— (1993): Behinderte Menschen in der journalistischen Berichterstattung. Unveröffent-

lichtes Manuskript eines Vortrags, München.
— (1993a): Verkannte Chance? Behindertenarbeit und Medien. In: Selbsthilfe, H. 5/6, 12–19.
— (2003): Zum Bilde behinderter Menschen in den Medien. In: Aus Politik und Zeitgeschichte. Beilage zur Wochenzeitung Das Parlament, B 8, 7–12.
RAUH, Reinhold (1987): Sprache im Film. Die Kombination von Wort und Bild im Spielfilm. Münster.
RENGER, Rudi (Hg.)(2000): Populärer Journalismus. Innsbruck.
REUTER, Jürgen (1993): Nicht um jeden Preis! Zur Arbeit der Pressestelle einer Behindertenorganisation. In: Selbsthilfe, H. 5/6, 30–33.
RIDDER, Christa Maria; ENGEL, Bernhard (2001): Massenkommunikation 2000: Images und Funktionen der Massenmedien im Vergleich. Ergebnisse der 8. Welle der ARD/ZDF Langzeitstudie zur Mediennutzung und -bewertung. In: Media Perspektiven, H. 3, 102–125.
RITTMEYER, Christel (2001): Zur Bedeutung von Selbstbestimmung in der Arbeit mit Menschen mit einer geistigen Behinderung. In: Sonderpädagogik, H. 3, 141–150.
ROSENGREN, Karl Eric (1974): International News Methods, Data and Theory. In: Journal of Peace Research 11, 145–156.
ROST, Karl-Ludwig (1987): Sterilisation und Euthanasie im Film des »Dritten Reiches«. Nationalsozialistische Propaganda in ihrer Beziehung zu rassenhygienischen Maßnahmen des NS-Staates. Husum.
RTL Kommunikation (2000): 2000 Mal »EXPLOSIV« im Jahr 2000 mit Barbara Eligmann am Mittwoch, 28. Juni 2000, 19.10 Uhr.
RTL Television (2003): Charakterisierung »Explosiv«. In: Season Guide 2001/2002. Köln, o. S.
RUHRMANN, Georg; DEMREN, Songül (2000): Wie Medien über Migranten berichten. In: Schatz, Heribert; Holtz-Bacha, Christina; Nieland, Jörg-Uwe (Hg.): Migranten und Medien. Neue Herausforderungen an die Integrationsfunktion von Presse und Rundfunk. Opladen, 69–81.
—; KOLLMER, Jochem (1987): Ausländerberichterstattung in der Kommune. Inhaltsanalyse Bielefelder Tageszeitungen unter Berücksichtigung »ausländerfeindlicher« Alltagstheorien. Opladen.
Rundfunkstaatsvertrag (2003): Rundfunkstaatsvertrag vom 31. August 1991. Zuletzt geändert durch den 7. Rundfunkänderungsstaatsvertrag vom 23./26. September 2003 (GVBl. I, 46 f.).

SAFRAN, Stephen P. (1990): Disability Portrayal in Film. Reflecting the Past, Directing the Future. In: Exceptional Children Vol. 64 No. 2, 227–238.
SANDFORT, Lothar (1982): Medien-Manifest. Forderungen Behinderter an die Medien. In: Kagelmann, Hans Jürgen; Zimmermann, Rosemarie (Hg.): Massenmedien und Behinderte – im besten Falle Mitleid? Weinheim, 207–212.
SAVIO, Michaela del (1998): Das journalistische Schicksal einer Krankheit. Analyse der Berichterstattung über Multiple Sklerose von 1986 bis 1996. Diplomarbeit am Institut für Journalistik, Universität Dortmund.

16. Literaturverzeichnis

SAXER, Ulrich (1991): Soziologische Aspekte von Infotainment. In: Medienwissenschaft Schweiz, H. 2, 5–10.

SCHÄDLER, Johannes (2002): Paradigmenwechsel in der Behindertenhilfe unter Bedingungen institutioneller Beharrlichkeit: Strukturelle Vorraussetzungen der Implementation Offener Hilfen für Menschen mit geistiger Behinderung. Dissertation Universität Siegen.

SCHARF, Catrin (1997): Die unerträgliche Leichtigkeit des Seins. In: Sage & Schreibe, H. 3, 10–13.

SCHATZ, Heribert (1996): Fernsehen als Objekt und Moment des sozialen Wandels. Faktoren und Folgen der aktuellen Veränderungen des Fernsehens. Opladen.

—; HOLTZ-BACHA, Christina; NIELAND, Jörg-Uwe (Hg.)(2000): Migranten und Medien. Neue Herausforderungen an die Integrationsfunktion von Presse und Rundfunk. Opladen.

SCHICHA, Christian (2003): Kritische Medientheorien. In: Weber, Stefan (Hg.): Theorien der Medien. Von der Kulturkritik bis zum Konstruktivismus. Konstanz, 108–131.

SCHLEMMER, Sabine (1994): Die Asylberichterstattung in der deutschen Tagespresse. Eine Analyse ausgewählter Zeitungen. Diplomarbeit Studiengang Journalistik. Katholische Universität Eichstätt.

SCHORB, Bernd; THEUNERT, Helga (Hg.)(2000): Ein bisschen wählen dürfen ... Jugend-Politik-Fernsehen. Eine Untersuchung zur Rezeption von Fernsehinformation durch 12- bis 17-Jährige. München.

SCHULTHEISS, Britta Melanie; JENZOWSKY, Stefan A. (2000): Infotainment: Der Einfluss emotionalisierend-affektorientierter Darstellung auf die Glaubwürdigkeit. In: Medien & Kommunikationswissenschaft, H. 1, 63–84.

— (2001): Boulevardmagazine im Spannungsfeld von Quotendruck und Glaubwürdigkeit im Spiegel der Kommunikatoren und Rezipienten. Eine qualitative Analyse. Dissertation Universität Salzburg.

SCHULZ, Winfried (1976): Die Konstruktion von Realität in den Massenmedien. Analyse der aktuellen Berichterstattung. Freiburg, München.

SCHULZ-ZANDER, Renate; FRANKHÄNEL, Kristine; FISCHER, Kerstin u.a. (1999): Informations- und Kommunikationstechnologische Ausbildung im Rahmen des universitären Lehramts-Studiums – Ergebnisse des BLK-Modellversuchs IKARUS. In: Schulz-Zander, Renate (Hg.): Medien und Informationstechnologien in der Lehrerausbildung Lernen mit Multimedia. Dortmund, 15–124.

— (Hg.)(1999a): Medien und Informationstechnologien in der Lehrerausbildung. Lernen mit Multimedia. Dortmund.

SCHUNTERMANN, Michael (2001): Internationale Klassifikation der Funktionsfähigkeit, Behinderung und Gesundheit (ICF) der Weltgesundheitsorganisation (WHO). Entwurf der deutschsprachigen Fassung. März 2001 (Konsensusentwurf). Über: http://ifrr.vdr.de/internet/vdr/reha.nsf/cf75914b648b5001c1256a140069f803/ F4AA8705E0CD7B6FC1256A2A004130C3/$FILE/ICF+deutscher+Entwurf.pdf, 05.04.2002.

— (2002): Internationale Klassifikation der Funktionsfähigkeit, Behinderung und Gesundheit. ICF. Kurzversion zu Ausbildungszwecken. Frankfurt am Main.

Schweizerische Gesellschaft für Kommunikations- und Medienwissenschaft (Hg.)(1991): Thema: Infotainment. Zürich.
SEIDEL, Michael (2003): Die Internationale Klassifikation der Funktionsfähigkeit, Behinderung und Gesundheit. In. Geistige Behinderung, H. 3, 244–254.
SEIFERT, Monika (1997): Lebensqualität und Wohnen bei schwerer geistiger Behinderung. Theorie und Praxis. Reutlingen.
SGB IX – Sozialgesetzbuch Neuntes Buch – Rehabilitation und Teilhabe behinderter Menschen – vom 19. Juni 2001. Bundesgesetzesblatt I, 1046.
SGB XII – Sozialgesetzbuch Zwölftes Buch – Sozialhilfe – vom 9. Dezember 2004, Bundesgesetzblatt I, 3305.
SHAKESSPEARE, Tom (1997): Soaps. The story so far. In: Pointon, Ann; Davies, Chris (Ed.)(1997): Framed. Interrogating Disability in the Media. London, 73–78.
SOLL, Katrin (1998): Die Darstellung von behinderten und chronisch kranken Menschen in den Medien. Eine vergleichende Medienanalyse 1955 – 1975 – 1995. Diplom Arbeit am Psychologischen Institut der Albert-Ludwigs-Universität Freiburg.
—; CHARLTON, Michael; LUCIUS-HOENE, Gabriele (1999): Identitätsangebote für Betroffene. Krankheit und Behinderung in den Medien. Eine vergleichende Analyse der Jahrgänge 1955, 1975 und 1995. In: Medien praktisch, H. 1, 20–24.
SPECK, Otto (1998): Der ökosystemische Ansatz in der Heilpädagogik. Eine Einführung. München.
— (2003): System Heilpädagogik. Eine ökologisch reflexive Grundlegung. 5., neu bearbeitete Auflage, München.
STAAB, Joachim Friedrich (1990): Nachrichtenwert-Theorie. Formale Struktur und empirischer Gehalt. Freiburg.
STADLER, Hans (1998): Rehabilitation bei Körperbehinderung. Eine Einführung in schul-, sozial- und berufspädagogische Aufgaben. Stuttgart, Berlin, Köln.
StBA – Statistisches Bundesamt (Hg.)(2003): Statistik der schwerbehinderten Menschen 2001. Über: http://www.destatis.de/basis/d/solei/soleitab11.htm, 26.05.2003.
STEINMANN, Matthias F. (1991): Die Infotainment-Studien des SRG Forschungsdienstes. In: Medienwissenschaft Schweiz, H. 2, 18–26.
STUIBER, Heinz-Werner (1983): Zur Rolle des Journalismus in de Gesellschaft. In: Rühl, Manfred; Stuiber, Heinz-Werner (Hg.): Kommunikationspolitik in Forschung und Anwendung. Düsseldorf, 65–75.

TERVOOREN, Anja (2002): Freak-Shows und Körperinszenierungen. Kulturelle Konstruktionen von Behinderung. In: Behindertenpädagogik, H. 2, 173–184.
THEUNISSEN, Georg (1996): Enthospitalisierung in Deutschland. In: Bradl, Christian; Steinhart, Ingmar (Hg.): Mehr Selbstbestimmung durch Enthospitalisierung. Kritische Analysen und neue Orientierungen für die Arbeit mit geistig behinderten Menschen. Bonn, 67–92.
THIMM, Walter (1992): Normalisierung in der Bundesrepublik. In: Geistige Behinderung, 283–291.
— (1994): Das Normalisierungsprinzip. Eine Einführung. Marburg.
THOMAS, Alexander (1991): Grundriß der Sozialpsychologie. Band 1. Grundlegende Be-

griffe und Prozesse. Göttingen, Toronto, Zürich.
TRÖSTER, Heinrich (1990): Einstellungen und Verhalten gegenüber Behinderten. Konzepte, Ergebnisse und Perspektiven sozialpsychologischer Forschung. Bern, Stuttgart, Toronto.

UN – United Nations (Ed.)(2002): Human Rights and Disability. The current use and future potential of United Nations human rights instruments in the context of disability. New York, Geneva.
UTHER, Hans-Jörg (1981): Behinderte in populären Erzählungen. Studien zur historischen und vergleichenden Erzählforschung. Berlin, New York.

WACKER, Elisabeth (1997): Wege zur selbständigen Lebensführung als Konsequenz aus einem gewandelten Behinderungsbegriff. In: Neumann, Johannes (Hg.):»Behinderung«. Von der Vielfalt eines Begriffs und dem Umgang damit. 2. Auflage, Tübingen, 75–88.
—; WETZLER, Rainer; METZLER, Heidrun; HORNUNG, Claudia (1998): Leben im Heim. Angebotsstruktur und Chancen selbständiger Lebensführung in Wohneinrichtungen der Behindertenhilfe. Bericht zu einer bundesweiten Untersuchung im Forschungsprojekt»Möglichkeiten und Grenzen selbständiger Lebensführung in Einrichtungen«. Baden-Baden.
— (2001):»Paradigmenwechsel in der Behindertenhilfe?« –»Persönliche Budgets«,»Kundenorientierung«,»Verbraucherschutz«– Chancen zur Stärkung der Selbstbestimmung behinderter Menschen im Sozialleistungsrecht oder Signale zum Ausstieg des Staates aus seiner Verpflichtung zur öffentlichen Daseinsvorsorge? In: Bundesverband evangelische Behindertenhilfe u. a. (Hg.)(2001): Paradigmenwechsel in der Behindertenhilfe? Freiburg im Breisgau, 34–57.
—; WANSING, Gudrun; HÖLSCHER, Petra (2003): Maß nehmen und Maß halten – in einer Gesellschaft für alle (1). Von der Versorgung zur selbstbestimmten Lebensführung. In: Geistige Behinderung, H. 2, 108–118.
— (2003a): Perspektivenwechsel. In: Geistige Behinderung, H. 3, 193–196.
— (2003b): Die Rehabilitation im Wind des Wandels. In: Blätter der Wohlfahrtspflege, H. 150, 45–51.
— (2004): Fit fürs Leben und frei zum Handeln. Elemente der Lebensqualität im System der Rehabilitation und Pädagogik bei Sehschädigung. In: Verband der Blinden- und Sehbehindertenpädagogen und -pädagoginnen e.V. (VBS)(Hg.): XXXIII. Kongress»Qualitäten«. Rehabilitation und Pädagogik bei Blindheit und Sehbehinderung. Kongressbericht. Würzburg, 23–46.
WAHL, Hans-Werner; WETZLER, Rainer (1998): Möglichkeiten und Grenzen einer selbständigen Lebensführung in Privathaushalten. Integrierter Gesamtbericht zum gleichnamigen Forschungsverbundprojekt. Stuttgart.
WALDSCHMIDT, Anne (1999): Selbstbestimmung als Konstruktion. Alltagstheorien behinderter Frauen und Männer. Opladen.
WALTHES, Renate (1997): Behinderung aus konstruktivistischer Sicht dargestellt am Beispiel der Tübinger Untersuchung zur Situation von Familien mit einem Kind mit Seh-

schädigung. In: Neumann, Johannes (Hg.): »Behinderung«. Von der Vielfalt eines Begriffs und dem Umgang damit. 2. Auflage, Tübingen, 89–104.

WANSING, Gudrun; HÖLSCHER, Petra; WACKER, Elisabeth (2003): Maß nehmen und Maß halten – in einer Gesellschaft für alle (3). Personenbezogene Leistungen für alle – Budgetfähigkeit und Klientenklassifikation in der Diskussion. In: Geistige Behinderung, H. 3, 210–221.

— (2005): Teilhabe an der Gesellschaft. Menschen mit Behinderung zwischen Inklusion und Exklusion. Wiesbaden.

WARSCHBURGER, Petra (2000): Chronisch kranke Kinder und Jugendliche. Psychosoziale Belastungen und Bewältigungsanforderungen. Göttingen, Bern, Toronto, u. a.

WARZECHA, Birgit (Hg.)(1999): Medien und gesellschaftliche Stigmatisierungsprozesse. Band 4: Konflikt – Krise – Sozialisation. Hamburg.

WATZLAWICK, Paul (Hg.)(2002): Die erfundene Wirklichkeit. Wie wissen wir, was wir zu wissen glauben? Beiträge zum Konstruktivismus. 15. Auflage, München.

—; BEAVIN, Janet Helmick; JACKSON, Donald de Avila (Hg.)(1969): Menschliche Kommunikation. Formen, Störungen, Paradoxien. Bern.

WEBER, Stefan (Hg.)(2003): Theorien der Medien. Von der Kulturkritik bis zum Konstruktivismus. Konstanz.

— (2003a): Konstruktivistische Medientheorien. In: Weber, Stefan (Hg.): Theorien der Medien. Von der Kulturkritik bis zum Konstruktivismus. Konstanz, 180–201.

WEDEL, Ute (1999): Mädchen und Frauen mit geistiger Behinderung im Film. In: Warzecha, Birgit (Hg.): Medien und gesellschaftliche Stigmatisierungsprozesse, Band 4. Konflikt – Krise – Sozialisation. Hamburg, 113–139.

WERNER, Petra (2000): Gleichstellung »on air«. Ein Leistungsvergleich des privaten und öffentlich-rechtlichen Hörfunksystems in Nordrhein-Westfalen in Hinblick auf § 12 Abs. 2 LRG bzw. §5 Abs. 3 WDR-Gesetz. Dissertation Universität Dortmund. Elektronische Publikation. Über: http://eldorado.uni-dortmund.de:8080/FB15/lg4/forschung/2001/Werner, 28.06.2001.

WERNET, Andreas (2000): Einführung in die Interpretationstechnik der Objektiven Hermeneutik, Opladen.

WHITTINGTON-WALSH, Fiona (2002): From Freaks to Savants: disability and hegemony from The Hunchback of Notre Dame (1939) to Sling Blade (1997). In: Disability & Society, Vol. 17 No.6, 695–707.

WHO – World Health Organisation (1980): International Classification of Impairments, Disabilities and Handicaps (ICIDH), Geneva.

— (1998): Internationale Klassifikation der Schäden, Aktivitäten und Partizipation. Ein Handbuch der Dimensionen von gesundheitlicher Integrität und Behinderung. Beta-1 Entwurf zur Erprobung. Deutschsprachiger Entwurf, Frankfurt.

— (1999): International Classification of Functioning and Disability (ICIDH-2). Beta-2 DRAFT. Full version. July 1999. Geneva.

— (2001): International Classification of Functioning, Disability and Health. ICF Short version. Geneva.

— (2003): International Statistical Classification of Diseases and Related Health Problems. 10th Revision. ICD-10. Version for 2003. Geneva.

WIEDEMANN, Andrea (1993) Taub-stumm-dumm. »Yellow Press« formt Bild gehörloser Menschen in der Öffentlichkeit. In: Selbsthilfe, H. 5/6, 22–23.

WINTER, Rainer (1995): Der produktive Zuschauer. Medienaneignung als kultureller und ästhetischer Prozeß. München.

WITHALM, Gloria (1989): Blind, stumm, taub – in der Welt der »tönenden« Bilder. In: Behinderte in Familie, Schule und Gesellschaft, H. 5, 29–52.

WUNDEN, Wolfgang (1994): Grenzen öffentlichen Zeigens: Privatheit als Element einer Kultur der Öffentlichkeit. In: Wunden, Wolfgang (Hg.): Öffentlichkeit und Kommunikationskultur. Hamburg, Stuttgart, 165–179.

— (Hg.)(1994a): Öffentlichkeit und Kommunikationskultur. Beiträge zur Medienethik. Band 2. Hamburg, Stuttgart.

Zentrum für Türkeistudien (Hg.)(1995): Das Bild der Ausländer in der Öffentlichkeit. Eine theoretische und empirische Analyse zur Fremdenfeindlichkeit. Opladen.

ZIMMERMANN, Rosemarie (1982): Behinderte in der realistischen Kinder- und Jugenderzählung. In: Kagelmann, Hans Jürgen; Zimmermann, Rosemarie (Hg.): Massenmedien und Behinderte. Im besten Falle Mitleid? Weinheim, 177–206.

ZÖRNER, Christopher (1993): Behindertenhilfe »Aktion Sorgenkind«. Immer gut für den guten Zweck. In: Selbsthilfe, H. 5/6, 26–27.

Teil VII – Anhang

A. Variablenliste

LFD. NR.	VAR. NR.	BEZEICHNUNG
	A	**Formale Angaben zur Sendung**
1	A1	Identifikationsnummer der Sendung
2	A2	Datum
3	A3	Wochentag
4	A4	Codiernummer
5	A5	Anzahl der Beiträge
6	A6	Bedeutung des Themas Behinderung in Beiträgen
7	A7	Anzahl der Kurzmeldungen
8	A8	Bedeutung des Themas Behinderung in Kurzmeldungen
	B	**Quantität**
9	B1	Platzierung des Beitrags
10	B2	ID-Nummer des Beitrags
11	B3	Aufmacher/Teaser
12	B4	Titel des Beitrags
13	B5	Aktualität
14	B6	Darstellungsart
15	B7	behinderte Hauptakteure
16	B8	Personenkonstellationen
17	B9	Geschlecht behinderter Akteure
18	B10	Alter der beh. Akteure
19	B11	Arten von Funktionsstörungen/chronischen Erkrankungen
20	B12	unterschiedliche Ausprägungen/Schweregrade
21	B13	Handlungsträger(innen)
22	B14	Aussageträger(innen)
23	B15	Ausführlichkeit der Aussagen der behinderten Aussageträger(innen)
24	B16	persönlicher Einfluss
25	B17	Relevanz
	C	**Themen**
26	C1	Thema
27	C2	Zentralität
28	C3	Kontinuität der Themen
29	C4	Fokus Behinderung
30	C5	Normalität
31	C6	Umwelt-/Kontextfaktoren
32	C7	Gleichberechtigung

33	C8	Nähe
34	C9	Ethnozentrismus
35	C10	Überraschung
	D	**Sprache**
36	D1	Bezeichnung von MmB: Off-Ton
37	D2	Off-Ton
38	D3	Bezeichnung von MmB: O-Töne
39	D4	O-Töne
40	D5	Kritik an herabwürdigender Sprache
41	D6	negative Beschreibung behinderter Charaktere
42	D7	positive Beschreibung behinderter Charaktere
43	D8	Kommunikation behinderter Akteure
44	D9	Einstellungen
45	D10	Wertungen
46	D11	Mitleid/Respekt
47	D12	Ursachen einer Schädigung
	E	**Ästhetik und Gestaltung**
48	E1	Hilfsmittel/attributive Gegenstände
49	E2	ikonografische Funktion der gezeigten Gegenstände
50	E3	Kameraperspektive
51	E4	Darstellungsorte
52	E5	Koinzidenz von Sprache und Bild
53	E6	Musikeinsatz
54	E7	Visibilität und Evidenz der Beeinträchtigung
55	E8	Einstellungsgrößen Darstellung Beeinträchtigung
56	E9	Bildkomposition
57	E10	Emotion
	F	**Charakterisierung**
58	F1	Status von behinderten Akteur(inn)en
59	F2	Familienstand
60	F3	Beziehungen zur Umwelt
61	F4	Bewertung sexueller Beziehungen
62	F5	Wohnformen
63	F6	Entscheidungen
64	F7	soziale Reaktionen
65	F8	Bezugspersonen
66	F9	Valenz behinderter Charaktere
67	F10	Menschenwürde
68	F11	soziale Folgen der Beeinträchtigung

A. Variablenliste

69	F12	Beseitigung von Barrieren
70	F13	Normalitätserwartungen
71	F14	Interaktion mit Nichtbehinderten
72	F15	Stereotype
	x	**besondere Auffälligkeiten**

B. Codeplan

VAR. NR.	CODE	BEZEICHNUNG	AKTEUR(IN)

A		Formale Angaben zur Sendung	
A1	_ _ _ _	Identifikationsnummer der Sendung	
	1	ARD/MDR (»Brisant«)	
	2	Pro Sieben (»taff.«)	
	3	RTL (»Explosiv«)	
A2	_ _ _ _ _ _	Datum	
A3	_	Wochentag (1=Mo, 2=Die; 3= Mi, 4=Do, 5=Fr)	
A4	_ _	Codiernummer	
A5	_ _	Anzahl der Beiträge	
A6		BEDEUTUNG DES THEMAS BEHINDERUNG IN BEITRÄGEN	
	0	keinerlei Bedeutung innerhalb eines Beitrags	
	1,_	Behinderung als zentrales Thema (Anzahl der Beiträge)	
	2,_	Behinderung als Hauptaspekt (Anzahl der Beiträge)	
	3,_	Behinderung als Nebenaspekt (Anzahl der Beiträge)	
A7		Beginn des Beitrags	
A8	_ _	Anzahl der Kurzmeldungen	
A9		BEDEUTUNG DES THEMAS BEHINDERUNG IN KURZMELDUNGEN	
	0	keinerlei Bedeutung in einer Kurzmeldung	
	1,_	Behinderung als zentrales Thema (Anzahl der Kurzmeldungen)	
	2,_	Behinderung als Hauptaspekt (Anzahl der Kurzmeldungen)	
	3,_	Behinderung als Nebenaspekt (Anzahl der Kurzmeldungen)	

B		Quantität
B1	_ _	Platzierung des Beitrags
B2	_ _ _ _ _ _	ID- Nummer des Beitrags
B3		Aufmacher/Teaser
	1	Ja
	2	Nein
B4		Titel des Beitrags
		(nach Homepageausdruck oder Moderation/Teaser)
B5		Aktualität
	0	Liegt ein aktueller Zeitbezug vor?
	1	Ja

B. Codeplan

	2	Nein
B6		**DARSTELLUNGSART**
	1	Filmbericht
	2	Korrespondent(inn)en – Interview
	3	Studiogespräch
	4	Kommentar/Glosse
	5	Moderation allgemein
	6	Trickfilm
	7	Korrespondent(inn)en – Beitrag
	8	Journalistisches – Interview
B7		**BEHINDERTE HAUPTAKTEURE**
	0	keine Akteure mit Behinderung
	1	Name _____ (notieren)
	2	Name _____ (notieren)
	3	Name _____ (notieren)
	4	Name _____ (notieren)
	5	Namen nicht genannt/Gruppe
	6	Name nicht genannt/Einzelperson
B8		**PERSONENKONSTELLATIONEN**
		In welchen Personenkonstellationen werden MmB gezeigt?
	0	nicht codierbar
	1	allein
	2	mit Profis
	3	mit Angehörigen
	4	Gruppe ausschließlich behinderter Personen
	5	Gruppe von Menschen mit und ohne Behinderung (ohne 2 & 3)
	6	Gruppe von Menschen mit und ohne Behinderung (mit 2 & 3)
	7	Paar: beide mit Behinderung
	8	Paar: mit und ohne Behinderung
	9	gar nicht
B9		**Geschlecht behinderter Akteure**
	0	nicht codierbar
	1	männliche Person
	2	weibliche Person
	3	Gruppe männlicher Personen
	4	Gruppe weiblicher Personen
	5	heterogene Gruppe
B10		**Alter der behinderten Akteure**
	0	nicht codierbar

	1	Kleinkinder/Säuglinge	
	2	Kind(er) (7–14 Jahre)	
	3	Jugendliche (15–21 Jahre)	
	4	junge Erwachsene (bis 30 Jahre)	
	5	ältere Erwachsene (31–59 Jahre)	
	6	Rentner(innen) (ab 60 Jahre)	
	7	gemischte Altersverteilung	
B11		Arten von Funktionsstörungen/chron. Erkrankungen	
	1	körperliche Funktionen	
	10	nicht eindeutig identifizierbare körperliche Funktionsstörung	
	11	Stütz- und Bewegungsapparat	
	12	innere Organe	
	13	Hautstörungen	
	14	kosmetische Probleme des Gesichts	
	15	Mangelernährung	
	16	Kleinwüchsigkeit	
	17	Mondscheinkrankheit	
	18	überschnelle Alterung	
	19	Atemwegserkrankung	
	110	fehlende Gliedmaßen	
	111	Adipositas	
	2	kognitive Funktionen	
	20	nicht eindeutig identifizierbare kognitive Funktionsstörung	
	21	allgemeine Lernschwierigkeiten	
	22	partielle Lernstörungen	
	23	sonstige geistige Behinderung	
	24	Down Syndrom	
	3	psychosoziale Funktionen	
	30	nicht eindeutig identifizierbare psych. Dysfunktion	
	31	Psychosen	
	32	organische einschließlich symptomatische psychische Störungen	
	33	Persönlichkeitsstörungen	
	34	Depressionen	
	35	Autoaggression	
	36	psychosomatische Störung	
	37	Autismus	
	38	Tourette Syndrom	

	4	sensorische Funktionen	
	40	nicht eindeutig identifizierbare sensorische Dysfunktionen	
	41	Hör- und/oder Sprachvermögen	
	42	Blindheit	
	43	Sehbeeinträchtigung	
	44	andere sensorische Funktionen	
	5	chronische Krankheiten	
	50	nicht eindeutig spezifizierbare chronische Krankheit	
	51	Infektionen (z.B. HIV, Hepatitis C)	
	52	chronische Schmerzen	
	53	Multiple Sklerose	
	54	Epilepsie	
	55	Diabetes	
	6	Mehrfachbehinderungen	
	7	Sonstiges	
B12		**unterschiedliche Ausprägungen/Schweregrade**	
	0	gar nicht	
	1	ansatzweise thematisiert	
	2	in einigen Sequenzen	
	3	ausführlich	
B13		HANDLUNGSTRÄGER(INNEN)	
	0	nicht codierbar/keine dominierenden Handlungsträger	
	1	MmB handlungstragend	
	2	Angehörige/Freunde handlungstragend	
	3	Profis handlungstragend	
	4	Behördenvertreter(in) handlungstragend	
	5	Vertreter der Behindertenhilfe handlungstragend	
	6	sonst. Expert(inn)en handlungstragend	
	7	sonst. Nichtbehinderte handlungstragend	
	8	Journalist(in) handlungstragend	
	9	Prominente handlungstragend	
	10	Tiere handlungstragend	
B14		AUSSAGETRÄGER(INNEN)	
	0 _	keine Meinungsäußerung von Akteur(inn)en im Beitrag	

	1_	Menschen mit Behinderung als Aussageträger(innen)
	2_	Angehörige/Freunde aussagetragend
	3_	Profis aussagetragend (Ärzte, Krankenhauspersonal, etc.)
	4_	Behördenvertreter(in) aussagetragend
	5_	Vertreter(in) von sozialen Trägern aussagetragend
	6_	sonst. Expert(inn)en aussagetragend (Umwelt-, Verteidigungsexpert(inn)en)
	7_	sonst. Nichtbehinderte aussagetragend
	8_	Journalist(inn)en aussagetragend (O-Ton)
	9_	Prominente(r) aussagetragend
	10_	MmB ist im Bild, aber Person aus 2 bis 9 spricht »für« ihn
	11_	zu jung, um sich selbst zu äußern
B15		**Ausführlichkeit der Aussagen der beh. Aussageträger(innen)**
	0	nie
	1	kurz/knapp
	2	mit ein paar kurzen Sätzen
	3	ausführlich
B16		**Normalität**
		behinderte Akteure in alltäglichen Situationen
	0	nicht codierbar
	1	gar nicht
	2	ansatzweise thematisiert
	3	in einigen Sequenzen
	4	durchgängig
B17		**Umwelt-/Kontextfaktoren**
		Beeinträchtigung der Teilhabe auf Grund von Umweltfaktoren?
	0	nicht codierbar
	1	gar nicht thematisiert
	2	ansatzweise thematisiert
	3	in einigen Sequenzen thematisiert
	4	durchgängig thematisiert
B18		**persönlicher Einfluss**
	0	spielt keine Rolle
	1	Elite Institution
	2	Institution mit geringem Einfluss
	3	Elite Person
	4	Person mit geringem Einfluss

C		**Themen**

C1		Thema (bis zu 4 Codierungen; 1 Haupt- & 3 Nebenthemen)
	HT	Hauptthema
	-HT	NEBENTHEMEN
	1	Politik/Wirtschaft/Gesellschaft
	11	Politik (Staat, Parteien, Parlament)
	12	Gewaltkonflikt
	13	Behindertenpolitik
	14	Sozialpolitik
	15	Wirtschaft/Finanzen
	16	Arbeitswelt
	161	Regelarbeitsmarkt
	162	Sonderarbeitsmarkt
	2	Soziales/Gesundheit/Umwelt
	21	gemeinsamer Unterricht
	22	Sonderunterricht
	23	Umwelt (Schutz, Politik, etc.)
	24	karitative Aktion
	25	Gesundheitspolitik
	26	Kostenträger (Krankenkassen, Institutionen der Behindertenhilfe)
	27	Operation
	28	Überwindung einer Beeinträchtigung (Operation u.a.)
	29	Rehabilitation/Therapie (Behandlung, Betreuung, Versorgung)
	210	Heil-/Hilfsmittel
	211	Prävention und Aufklärung
	212	medizinische Forschung
	3	Kultur/Wissenschaft/Technik
	31	kulturelle Veranstaltungen *ohne* karitativen Charakter
	32	Religiöses
	33	Unterhaltung
	34	Länder/Kulturen/Brauchtum
	35	Technik
	351	Technik allgemein
	352	Rehabilitationstechnik
	36	Forschung/Wissenschaft
	37	Musik

4	Boulevardthemen/Human Interest
41	Prominente
42	Sensation/Kuriosität
43	Mode/Lifestyle/Schönheit
44	Liebe/Partnerschaft
45	Sex/Erotik
46	Nonsens/Humor/Spaß
47	Katastrophen/Unglücke
48	Tiere
49	Porträt
5	Sport/Freizeit
51	Breitensport
511	inklusiv
512	exklusiv
52	Spitzensport
521	inklusiv
522	exklusiv
53	Freizeit (Musik, Vereinsleben etc.)
531	inklusiv
532	exklusiv
6	Kriminalität/Justiz
61	allgemeine juristische Fragen
62	Kriminalität
7	gleichstellungsrelevante Themen
70	Gewalt gegen Menschen mit Behinderung
71	Vorurteile
72	Alltag/praktische Lebenshilfe
73	Selbsthilfe/Empowerment
74	Exklusion/Streben nach Gleichbehandlung
75	besondere Belange behinderter Frauen
76	Barrierefreiheit
77	selbstbestimmtes Leben
78	Teilhabe als sozialpolitisches Thema
79	Wohnformen
710	Mobilität/Verkehr
711	Hilfsmittel (ohne medizinische Hilfsmittel)

B. Codeplan

	712	Assistenz
	713	Einrichtungen und Institutionen
	714	Inklusion
	715	normale Leistung/Errungenschaft
	716	spezielle Leistung/Errungenschaft
	8	Sonstiges
	81	Hauptthema A
		bitte spezifizieren _____
	82	Nebenthemen B
		bitte spezifizieren _____
		bitte spezifizieren _____
C2		**Zentralität**
	0	nicht genannt
	1	deutsche Städte/Regionen
		bitte notieren
	2	Länder/Städte/Regionen außerhalb Deutschlands
		bitte notieren _____
C3		**Kontinuität der Themen**
	0	nicht feststellbar
	1	kontinuierlich weitergeführte Themen
	2	neue Themen
C4		**Fokus Behinderung**
	0	nicht feststellbar
	1	Ja
	2	Nein
C5		**Gleichberechtigung**
		Mangelnde Gleichberechtigung auf Grund ungleicher Rechte
	0	nicht codierbar
	1	gar nicht thematisiert/irrelevant
	2	ansatzweise thematisiert
	3	kurz angesprochen
	4	ausführlich thematisiert
C6		**NÄHE**
	0	keine Nähe
	1	politische Nähe
	2	räumliche Nähe
	3	kulturelle Nähe

C7		Ethnozentrismus
	0	spielt keine Rolle
	1	Ereignis in Deutschland, nur Deutsche beteiligt
	2	Ereignis in Deutschland mit multinationaler Beteiligung
	3	Ereignis in Deutschland mit ausschl. Beteiligung von Migrant(inn)en
	4	Ereignis im Ausland mit deutscher Beteiligung
	5	Ereignis im Ausland ohne deutsche Beteiligung
C8		ÜBERRASCHUNG
	0	spielt keine Rolle
	1	Zeitpunkt
	2	Verlauf
	3	Resultat
C9		Relevanz
	0	Relevanz wird nicht thematisiert
	1	geringste Relevanz
	2	geringe Relevanz
	3	große Relevanz
	4	größte Relevanz

D		Sprache
D1		BEZEICHNUNG VON MMB: OFF-TON
	0	nicht codierbar
	1	»Behinderte«/»Behinderung«
	2	»behinderte + Nomen« oder Menschen mit Behinderung
	3	Der Behindertenbegriff wird nicht benutzt.
	4	mit Schädigung/Beeinträchtigung bezeichnet
D2		Off-Ton
		Wie ist die Sprache mit der MmB beschrieben werden?
	0	nicht codierbar
	1	würdigend
	2	neutral
	3	implizit herabwürdigend
	4	explizit herabwürdigend
	5	3 und 4 gemischt
	6	Umgangssprache
	3 bis 6	Ausdruck/Ausdrücke _____ notieren
D3		BEZEICHNUNG VON MMB: O-TÖNE
	0	nicht codierbar

B. Codeplan

	1	»Behinderte«/»Behinderung«
	2	»behinderte + Nomen« oder Menschen mit Behinderung
	3	Der Behindertenbegriff wird nicht benutzt
	4	mit Schädigung/Beeinträchtigung bezeichnet
D4		**O-Töne**
		Welche Sprache benutzen Akteure?
	0	nicht codierbar
	1	würdigend
	2	neutral
	3	implizit herabwürdigend
	4	explizit herabwürdigend
	5	3 und 4 gemischt
	6	Umgangssprache
	3 bis 6	Ausdruck/Ausdrücke _____ notieren
D5		**Kritik an herabwürdigender Sprache**
	0	herabwürd. Sprache nicht vorhanden
	1	Ja
	2	Nein
	3	positive Umdeutung stigmatisierender Begriffe
D6		**negative Beschreibung behinderter Charaktere**
	0	nicht codierbar
	1	gar nicht
	2	ansatzweise
	3	in einigen Sequenzen
	4	ausführlich
D7		**positive Beschreibung behinderter Charaktere**
	0	nicht codierbar
	1	gar nicht
	2	ansatzweise
	3	in einigen Sequenzen
	4	ausführlich
D8		**Kommunikation behinderter Akteure**
	0	gar nicht
	1	verbal
	2	non-verbal
	3	keine MmB im Beitrag
D9		**Einstellungen**
		Wird die Beeinträchtigung von Teilhabe auf Grund neg. Einstellungen erwähnt?

	0	gar nicht thematisiert
	1	ansatzweise thematisiert
	2	in einigen Sequenzen thematisiert
	3	ausführlich thematisiert
D10		**Wertungen**
		Interpretieren oder kommentieren MoB die Aussagen von MmB?
	1	gar nicht
	2	teilweise
	3	mehrfach
	4	durchgängig
D11		**Mitleid/Respekt**
		Drückt der Sprecher Mitleid oder Respekt gegenüber MmB aus?
	0	nicht codierbar
	1	mehrheitlich Mitleid (Opfer, Tragödie, Armer…)
	2	mehrheitlich Respekt
	3	sowohl Mitleid als auch Respekt
D12		**Ursachen einer Schädigung**
	0	nicht genannt/für Zusammenhang unbedeutend
	1	mit der richtigen Bezeichnung genannt
	2	mit der falschen Bezeichnung genannt
	3	genannt, aber im Bereich des Mystischen angesiedelt
		Ausdruck bitte notieren _____

E		**Ästhetik und Gestaltung**
E1		**ART DER GEZEIGTEN GEGENSTÄNDE**
	0	nicht gezeigt
	1	spezielle Lern- und Arbeitshilfen
	2	Verkehrsschutzzeichen
	3	Blindenführhund
	4	Langstock
	5	Rollstuhl
	6	Prothesen
	7	Gehhilfen
	8	Orthesen
	9	(Skoliose) Korsetts
	10	Kommunikationshilfen
	11	Umweltkontrollen
	12	rein attributive Gegenstände
	13	medizinische Geräte

B. Codeplan

	14	Sonnenbrille
	15	andere Hilfsmittel (notieren)
E2		**ikonografische Funktion der gezeigten Gegenstände**
	1	als Synonym für Behinderung gezeigt (z. B. Armbinde für Blindheit)
	2	in seiner Funktion gezeigt
	3	ohne erkennbaren Informationswert gezeigt
E3		**Kameraperspektive**
	0	keine MmB zu sehen
	1	Untersicht
	2	Normalsicht (Augenhöhe)
	3	Obersicht
E4		**DARSTELLUNGSORTE**
	0	nicht codierbar/keine Menschen mit Behinderung gezeigt
	1	Institution (Wohnheim, Werkstatt, Altenheim, etc.)
	2	fremde Privatwohnung
	3	eigene Privatwohnung
	4	öffentlicher Ort (Straße, Café, Park)
	5	Studio
	6	allgemeine Freizeiteinrichtung
	7	Freizeiteinrichtung für Menschen mit Assistenzbedarf
	8	allgemeine Schule/Kindergarten
	9	Förderschule/Förderkindergarten
	10	alltägliche Situation (Einkauf, Fahrt, etc.)
	11	Arbeitsstätte
	12	Heil-/Pflegeeinrichtung (Krankenhaus, Kurhaus, etc.)
	13	Therapieeinrichtung (Krankengymnastik, Hippotherapie, etc.)
	14	Gericht
	15	Sonstiges bitte spezifizieren _____
E5		**Koinzidenz von Sprache und Bild**
	0	nicht codierbar
	1	Potenzierung
	2	Modifikation
	3	Parallelität
	4	Divergenz
E6		**Musikeinsatz**
		unterstützt die Musik ...
	0	kein Musikeinsatz
	1	die sprachlichen Aussagen

	2	die visuellen Aussagen
	3	Sprache und Bild
	4	asynchroner Musikeinsatz
	5	den Wiedererkennungswert der Sendung (Titelmusik)
E7		**Visibilität und Evidenz der Beeinträchtigung**
	0	gar nicht
	1	unmittelbar
	2	zu einem späteren Zeitpunkt
	3	nach sprachlichem Hinweis
E8		**Einstellungsgrößen Darstellung Beeinträchtigung**
	1	Detail
	2	Groß
	3	Nah
	4	Totale
	5	Weit
E9		**Bildkomposition**
	0	nicht codierbar
	1	behinderte Person(en) in der Bildmitte
	2	behinderte Person(en) am Bildrand
E10		**Emotion**
	0	nicht codierbar
	1	sachlicher Beitrag
	2	emotionalisierender Beitrag

F		**Charakterisierung**
F1		**Status von behinderten Akteur(inn)en**
	1	Funktion genannt (Politiker(in)/Gewerkschafter(in)/ Kirchenvertreter(in), etc.
	2	Beruf genannt oder gezeigt
	3	Einzelperson: Beruf oder Funktion nicht genannt
	4	pauschal Gruppe von MmB genannt
	5	pauschal Gruppe genannt und Behinderungsart
	6	pauschal Gruppe genannt, aber nicht 4 oder 5 zuzuordnen
	7	Kleinkind
F2		**Familienstand**
	0	nicht codierbar
	1	in Paarbeziehung lebend
	2	verheiratet
	3	verheiratet mit Kind(ern)

B. Codeplan

	4	verpartnert
	5	verpartnert mit Kind(ern)
	6	geschieden
	7	verwitwet
	8	getrennt lebend
	9	Single
	10	Single mit Kind(ern)
F3		**BEZIEHUNGEN ZUR UMWELT**
		Hat die behinderte Person folgende Beziehungen?
	0	nicht codierbar
	1	emotionale Beziehungen (ohne Beziehungen zu Profis)
	2	sexuelle Beziehungen
	3	familiäre Beziehungen
	4	keine Beziehungen
F4		**Bewertung von Sexualität**
	0	irrelevant
	1	Normalität
	2	positiv bewertet
	3	Abweichung
	4	Kontrollverlust
	5	Gefahr
F5		**Wohnformen**
	0	nicht feststellbar
	1	Privatwohnung ohne Assistenz
	2	Privatwohnung mit Assistenz
	3	bei den Eltern/Angehörigen lebend
	4	Außenwohngruppe
	5	Wohngemeinschaft
	6	Institution für MmB
	7	in Psychiatrie
	8	in Altenheim/Pflegeheim
	9	Sonstige
F6		**Entscheidungen**
	0	nicht codierbar
	1	Entscheidung völlig autonom getroffen
	2	Entscheidung zusammen mit dem Partner/der Partnerin getroffen
	3	Entscheidung mit Hilfe von Profis getroffen
	4	Entscheidung mit Hilfe von Freunden/Familie getroffen
	5	Entscheidung selbst getroffen, wird aber ignoriert

	6	Es werden keine Wahlmöglichkeiten gegeben.
	7	Entscheidung von Familie/Freunden getroffen
	8	Entscheidung von Profis getroffen
F7		**SOZIALE REAKTIONEN**
	0	nicht codierbar
	1	Umgang wie mit jeder anderen Person
	2	Sympathie
	3	Anziehung
	4	Unsicherheit
	5	Angst
	6	Abscheu
	7	Mitleid
	8	Spott
	9	Ausweichen
	10	Beschützen
	11	Respekt
	12	Aggression
	13	Trauer
F8		**Bezugspersonen**
		Verhältnis behinderte Akteure - Bezugspersonen
	0	nicht codierbar
	1	bewundert
	2	gleichberechtigt
	3	problembehaftet
	4	misshandelt
	5	verachtet
	6	ambivalent
F9		**Valenz behinderter Charaktere**
	0	nicht erkennbar
	1	Bedrohung
	2	Belastung
	3	Problem
	4	Gleichwertigkeit mit Nichtbehinderten
	5	fehlende Teilhabemöglichkeiten
	6	Bereicherung
F10		**Menschenwürde**
	0	Nein
	1	ansatzweise von einer behinderten Person
	2	ansatzweise von einer nichtbehinderten Person

B. Codeplan

	3	häufig und stark von einer behinderten Person
	4	häufig und stark von einer nichtbehinderten Person
F11		**soziale Folgen der Beeinträchtigung**
		Werden die sozialen Folgen angesprochen?
	0	überhaupt nicht
	1	ansatzweise
	2	in einigen Sequenzen
	3	ausführlich
F12		**Beseitigung von Barrieren**
		Werden konkrete Vorschläge zur Barrierenbeseitigung gemacht?
	0	überhaupt nicht
	1	ansatzweise
	2	in einigen Sequenzen
	3	ausführlich
F13		**Normalitätserwartungen**
		Wird erwähnt, dass MmB spezielle Bedürfnisse haben?
	0	überhaupt nicht
	1	ansatzweise
	2	in einigen Sequenzen
	3	ausführlich
F14		**Interaktion mit Nichtbehinderten**
		Wird implizit oder explizit die Unzufriedenheit von MmB in der Interaktion mit Nichtbehinderten erwähnt?
	0	überhaupt nicht
	1	ansatzweise
	2	in einigen Sequenzen
	3	ausführlich
F15		**SOZIALE STEREOTYPE**
	0	nicht codierbar
	1	Leistungsfähigkeit
	2	Überwindung der Behinderung
	3	abschreckendes Beispiel
	4	Beeinträchtigung als Hinweis auf kriminellen Charakter
	5	Beeinträchtigung als Hinweis auf soziale Abnormität
	6	Beeinträchtigung als Emblem für das Böse
	7	außergewöhnliche Fähigkeiten (Hellsichtigkeit, etc.)
	8	Opfer
	9	total abhängig
	10	Objekt von Wohltätigkeit

	11	Behinderung als Verlust der Menschenwürde
	12	Objekt der Belustigung
	13	besondere Sensibilität für Mitmenschen
	14	Couragiertheit
	15	Freak Show
	16	kein Stereotyp vorhanden
X		**Besondere Auffälligkeiten (bitte notieren)**

C. Codebuch

Codebuch für die Inhaltsanalyse der kompletten Sendungen und der einzelnen Beiträge

Allgemeine Codieranweisung:
Die Untersuchungseinheiten sind zunächst komplette Sendungen. Für alle Elemente einer Sendung (außer Werbung, Gewinnspiele, Wetter und Programmankündigungen wie Trailer, Teaser und Schaltungen zu nachfolgenden Sendungen) werden die Variablen A1–A8 codiert. Beiträge, in denen die Themen Behinderung/chronische Krankheit eine Rolle spielen, werden ausführlich analysiert.

Mit den folgenden Kategorien werden die einzelnen Sendungen verschlüsselt. Für jede Sendung wird ein neuer Satz Codierbögen verwendet. Für jeden relevanten Beitrag (siehe Variable A6) wird ebenfalls ein neuer Codierbogen verwendet. In der Regel sind ausschließlich Einzelnennungen möglich.

Bei doppelt umrandeten Variablen sind Mehrfachcodierungen möglich.

Wenn rechts neben der Variable einzelne Kästchen vorhanden sind, so muss für jeden Hauptakteur einzeln codiert werden.

Analyseeinheit I:

A   **Formale Angaben zur Sendung**

A1   **Identifikationsnummer der Sendung:**
Es werden fortlaufende Nummern für alle untersuchten Sendungen vergeben. Dabei steht die erste Ziffer jeweils für einen Sender. Durch diese Art der Codierung wird zugleich das entsprechende Magazin codiert.

    1   ARD/MDR (»Brisant«)
    2   Pro Sieben (»taff.«)
    3   RTL (»Explosiv-das Magazin«)

Die Nummern werden vierstellig eingetragen. So erhält z.B. die 38. codierte Sendung, in der ARD ausgestrahlt, die Nummer 1038.

A2   **Datum der Sendung**
Das Ausstrahlungsdatum der zu codierenden Sendung wird sechsstellig angegeben. *Beispiel*: Die Sendung wurde am 12. Juli 2001 ausgestrahlt. Codiert wird 12 07 01.

A3 Wochentag
Der Wochentag, an dem die Sendung ausgestrahlt wurde, wird notiert (1 = Montag, 2 = Dienstag, usw.).

A4 Codiernummer
Jeder Codierung wird eine Codiernummer zugeordnet. Diese dokumentiert, ob es sich um die erste oder die zweite Codierung handelt, sowie das Datum des Codiervorgangs. *Zum Beispiel*:
1 281003
2 230404

A5 Anzahl der Beiträge
Die Gesamtanzahl der filmischen Beiträge und Studiobeiträge wird gezählt. Standardelemente wie das Wetter, Programmankündigungen und Kurzmeldungen/Spots sind für diese Zählung irrelevant.

A6 Bedeutung des Themas Behinderung in den Beiträgen
Die Definition des der Auswertung zu Grunde liegenden Behinderungsbegriffs wurde in Kapitel 5 dieser Arbeit ausführlich beschrieben. Er bezieht sich zum einen auf die »Internationale Klassifikation der Funktionsfähigkeit, Behinderung und Gesundheit« (ICF) der WHO, zum anderen wurde ein konstruktivistisches Verständnis von Behinderung zu Grunde gelegt.

Die Bedeutung des Themas Behinderung in den einzelnen Beiträgen wird festgehalten. Ihre jeweilige Anzahl wird in der vorgesehenen Leerstelle angegeben. Behinderung/chronische Krankheit wird nur codiert, wenn es sich in dem Beitrag um Menschen handelt und nicht beispielsweise um blinde Löwen oder filmische Kunstfiguren wie Zwerge, einäugige Piraten oder Comicfiguren.

   0   *keinerlei Bedeutung innerhalb des Beitrags*
Das Thema wird weder in irgendeinem Zusammenhang erwähnt, noch sind erkennbar Menschen mit Behinderung im Bild zu sehen.

   1   *Behinderung als zentrales Thema*
Es geht in dem Beitrag explizit um das Thema Behinderung. Der kommunikative Fokus des Beitrags ist auf dieses Thema gerichtet. Dies ist zumeist bereits aus dem Homepageausdruck, dem Teaser oder der Anmoderation ersichtlich. *Beispiele*: Das Thema ist eine karitative Aktion oder es geht um ein Wohnheim für geistig behinderte Erwachsene.

   2   *Behinderung als Hauptaspekt*
Der kommunikative Fokus des Beitrags ist nicht auf das Thema Behinderung gerichtet, es geht um etwas anderes. Dennoch sind die Aspekte »Behinderung/chronische Krankheit« von großer Bedeutung, da z.B. eine behinderte Hauptakteurin oder ein

behinderter Hauptakteur zu sehen ist. *Beispiel*: Ein Beitrag über die Bayreuther Festspiele, bei denen der Tenor Thomas Quasthoff eine der Hauptrollen singt. Die Beeinträchtigung des Sängers ist ein wichtiger Aspekt. Sie steht aber nicht im kommunikativen Fokus des Beitrags.

3   Behinderung als Nebenaspekt
Es werden Beiträge gezählt, in denen Menschen mit Behinderung/chronischer Krankheit nebenbei zu sehen sind, z. B. als Nebenakteure, oder in denen die Themen Behinderung/chronische Krankheit am Rande erwähnt werden. *Beispiel*: Es wird über einen Justizirrtum berichtet. Die Frau des Opfers sitzt im Rollstuhl und taucht in zwei Sequenzen kurz auf, ohne dass ihre Behinderung weiter thematisiert wird.

A7   Anzahl der Kurzmeldungen
Innerhalb einer Sendung wird die Gesamtzahl der Kurzmeldungen separat ermittelt und notiert. Kurzmeldungen werden in den Sendungen in Blöcken zusammengefasst und enthalten kurze Meldungen, Ankündigungen, etc. Kurzelemente wie das Wetter werden nicht darunter subsumiert.

A8   Bedeutung des Themas Behinderung in Kurzmeldungen
Innerhalb dieser Kategorie wird nicht nur die Bedeutung des Themas Behinderung gezählt, sondern auch, wie viele Kurzmeldungen jeweils zuzuordnen sind.

0   keinerlei Bedeutung in der Kurzmeldung
Das Thema wird weder in irgendeinem Zusammenhang erwähnt, noch sind erkennbar Menschen mit Behinderung im Bild zu sehen.

1   Behinderung als zentrales Thema
Es geht in der Kurzmeldung explizit um das Thema Behinderung. Der kommunikative Fokus ist auf dieses Thema gerichtet. *Beispiele*: Das Thema ist eine karitative Aktion oder es geht um ein Wohnheim für geistig behinderte Erwachsene.

2   Behinderung als Hauptaspekt
Der kommunikative Fokus ist nicht auf das Thema Behinderung gerichtet, es geht um etwas anderes. Dennoch sind die Aspekte »Behinderung/chronische Krankheit« von großer Bedeutung, da z. B. eine behinderte Hauptakteurin oder ein behinderter Hauptakteur zu sehen ist. *Beispiel*: Ein Beitrag über die Bayreuther Festspiele, bei denen der Tenor Thomas Quasthoff eine der Hauptrollen singt. Die Beeinträchtigung des Sängers ist ein wichtiger Aspekt. Sie ist aber nicht der kommunikative Fokus der Kurzmeldung.

3   Behinderung als Nebenaspekt
Es werden Kurzmeldungen gezählt, in denen Menschen mit Behinderung/chronischer Krankheit nebenbei zu sehen sind, z. B. als Nebenakteur(innen). Oder die Themen Behinderung/chronische Krankheit werden erwähnt, obwohl der kommunikative Fokus eigentlich auf etwas anderes gerichtet ist. *Beispiel*: Es wird über einen Justizirrtum berichtet. Die Frau des Opfers sitzt im Rollstuhl und taucht kurz auf, ohne dass ihre Behinderung weiter thematisiert wird.

Achtung: Codierung nur dann fortsetzen, wenn in der Hauptkategorie A6 mindestens einmal der Code 1 oder 2 benutzt wurde (Behinderung als zentrales Thema/als Hauptaspekt).

Im Rahmen der Analyseeinheit II werden nur Beiträge mit den Themen Behinderung/chronische Krankheit codiert. Untersuchungseinheiten sind ganze, in sich abgeschlossene Beiträge, die dabei durchaus mehrere Präsentationsformen aufweisen können. Kennzeichnend ist ein zusammenhängender Sinnkomplex, markiert durch die Fortführung eines bestimmten Themas. Beiträge sind zumeist durch An- bzw. Abmoderrationen gekennzeichnet.

Analyseeinheit II:

B Quantität

B1 Platzierung des Beitrags

Hier wird mit fortlaufender Nummer vercodet, die der Beitrag in der gerade zu codierenden Sendung erhalten hat. Die Nummern werden zweistellig eingetragen. Für jeden Beitrag werden neue Codierbögen verwendet.

01 Erster Beitrag/Aufmacher
02 Zweiter Beitrag
03 Dritter Beitrag
    etc.

B2 ID-Nummer des Beitrags

Die ID-Nummer des Beitrags setzt sich aus der Identifikationsnummer der Sendung und der angehängten Nummer der Platzierung des Beitrags zusammen. *Beispiel*: Ein Beitrag der ARD, der die fortlaufende Nummer 27 hat und dessen relevanter Beitrag als drittes in der Sendung gezeigt wurde, hat die Nummer 102703.

B3 Aufmacher/Teaser

Wurde der Beitrag durch einen Teaser zuvor angekündigt? Ein Teaser ist eine kurze »Sehen sie gleich«-Ankündigung, die zu Beginn der Sendung oder vor bzw. nach der Werbung ausgestrahlt wird.

B4 Titel des Beitrags

Der Titel des Beitrags bei dem Behinderung als zentrales Thema bzw. Behinderung als wichtiger Aspekt codiert wurde, wird notiert. Ist er nicht direkt aus der Anmoderation oder dem Trailer bzw. Teaser ersichtlich, kann der Homepageausdruck der jeweiligen Sendung als Hilfsmittel dienen.

B5 Aktualität

Der Zeitbezug ergibt sich einerseits aus dem Ausstrahlungsdatum der Sendung und andererseits aus Nennungen im Beitrag wie »heute«, »gestern«, »vorgestern«, »letzte Woche«, etc. Für einen Beitrag wird »aktueller Zeitbezug« codiert, wenn das Ereignis zwei Tage in der Zukunft oder in der Vergangenheit liegt.

B6 Darstellungsart

Die häufigste Darstellungsart dürfte der gebaute Bericht sein. Darüber hinaus sind aber auch alle Präsentationsformen wie Reportage, Studiogespräch, Interview und Kommentar/Glosse sowie Trick zu notieren.

1 Filmbericht
Ohne dass ein(e) Journalist(in) ins Bild kommt, wird ein Sachverhalt ausführlich dargestellt.

2 Korrespondent(inn)en – Interview
Die Moderatorin oder der Moderator interviewt eine Journalistin oder einen Journalisten zu einem bestimmten Sachverhalt.

3 Studiogespräch
Studiogespräch wird codiert, wenn die Gesprächspartner(innen)im Studio anwesend sind.

4 Kommentar/Glosse
Es handelt sich nicht um einen neutralen Bericht, sondern die Meinung des Journalisten/der Journalistin kommt deutlich zum Ausdruck.

5 Moderation allgemein
Moderation allgemein wird codiert, wenn der Moderator oder die Moderatorin ohne Bezug zu einem Bericht über ein Thema spricht. Es handelt sich also weder um An- noch um Abmoderation.

6 Trickfilm
Unter Trick werden dabei alle Berichte subsumiert, in denen nicht natürliche Personen Handlungsträger sind.

7 Korrespondent(inn)en – Beitrag
Eine Korrespondentin oder ein Korrespondent berichtet (live) vom Schauplatz des Geschehens.

8 journalistisches – Interview
Ein Interview wird eingespielt, welches eine Journalistin oder ein Moderator geführt hat, wie z.B. in den Tagesthemen üblich.

B7 behinderte Akteure

Im Rahmen dieser Kategorie wird festgehalten, ob und wie viele Menschen mit Behinderung als Akteure in dem Beitrag auftauchen. Wenn keine Akteure mit Behinderung in dem Beitrag eingebunden sind, so treten für die Kategorien B8–10, B15+16, D6–8, D10, E1–3, E7–9, F1–15 fehlende Werte auf, d.h.

sie werden nicht codiert. Gibt es hingegen mehrere Hauptakteure mit Behinderung, so bedeutet dies, dass die dafür vorgesehenen Variablen für jeden Akteur bzw. jede Akteurin einzeln codiert werden müssen. Die Codierung in der Spalte Akteur(in) wird dabei für die jeweilige Variable übernommen. Wenn also eine Variable zutrifft, wird für den ersten Hauptakteur 1 notiert, für die zweite Hauptakteurin 2, usw.

Unter Hauptakteur(in) werden Charaktere verstanden, die näher vorgestellt werden und für die narrative Fortführung des Beitrags von Bedeutung sind. Sie sind in der Regel auch am häufigsten im Bild zu sehen. *Beispiel*: Bei einem Bericht über einen Harfenspieler mit Down Syndrom ist dieser einer der Hauptakteure.

0   keine Akteur(innen) mit Behinderung
1   Name_____ (notieren)
2   Name_____ (notieren)
3   Name_____ (notieren)
4   Name_____ (notieren)
5   Namen nicht genannt/Gruppe
6   Name nicht genannt/Einzelperson

B8   **Personenkonstellationen**

Mit welchen Personen werden die behinderten Akteure überwiegend (Dauer) gezeigt? Im Zweifelsfall sollte die Anzahl der Sequenzen ausgezählt werden. Gibt es mehrere behinderte Hauptakteure, so muss in der Spalte Akteur(in) jeweils einzeln codiert werden.

0   nicht codierbar
1   allein
2   mit Profis (Ärzte, Therapeuten, Pädagogen, etc.)
3   mit Angehörigen
4   Gruppe ausschließlich behinderter Personen
5   Gruppe von Menschen mit und ohne Behinderung (ohne 2 & 3)
6   Gruppe von Menschen mit und ohne Behinderung (mit 2 & 3)
7   Paar: beide mit Behinderung
8   Paar: mit und ohne Behinderung

B9   **Geschlecht**

Das Geschlecht der behinderten Akteure wird codiert. Bei Kleinkindern wird »nicht codierbar« codiert, wenn das Geschlecht nicht ersichtlich ist. Gibt es mehrere behinderte Hauptakteure, so muss in der Spalte Akteur(in) jeweils einzeln codiert werden.

B10 Altersverteilung

Das Alter der behinderten Akteur(innen) wird geschätzt. Bei homogenen Gruppen wird das Durchschnittsalter der Gruppe zu Grunde gelegt. Für Gruppen mit sehr heterogener Altersverteilung wird 7 codiert. Gibt es mehrere behinderte Hauptakteure, muss in der Spalte Akteur(in) jeweils einzeln codiert werden.

0 nicht codierbar
1 Kleinkinder/Säuglinge
2 Kind(er) (7–14 Jahre)
3 Jugendliche (15–21 Jahre)
4 junge Erwachsene (bis 30 Jahre)
5 ältere Erwachsene (31–59 Jahre)
6 Rentner(innen) (ab 60 Jahre)
7 gemischte Altersverteilung

B11 Arten von Beeinträchtigungen/chronischen Erkrankungen

Die in den Variablen angeführten wichtigsten Arten von Beeinträchtigungen sind eindeutig voneinander abgrenzbar. Dennoch gibt es bei mehrfachen Beeinträchtigungen Überschneidungen. In diesen Fällen wird diejenige Beeinträchtigung codiert, auf der in dem jeweiligen Beitrag der Schwerpunkt der Berichterstattung liegt.

Das Untersuchungsmaterial wird zwar aus rehabilitationssoziologischer Sicht analysiert, es wurden aber keine streng medizinischen Kategorien (z.B. nach ICD-10) gebildet. Beeinträchtigungen, die sich nicht eindeutig einer Kategorie zuordnen lassen, werden in der Kategorie »Sonstiges« notiert.

Gibt es mehrere behinderte Hauptakteure, muss in der Spalte Akteur(in) jeweils einzeln codiert werden.

B12 unterschiedliche Ausprägungen/Schweregrade

Wurde die Möglichkeit der unterschiedlichen Ausprägung und Schwere der Beeinträchtigung/chronischen Krankheit angesprochen?

0   gar nicht
    Es wird nicht thematisiert, dass die Beeinträchtigung unterschiedliche Ausprägungen und Schweregrade zeigen kann.

1   ansatzweise thematisiert
    Die Möglichkeit unterschiedlicher Ausprägungen bzw. Schweregrade wird kurz – z.B. in einem Nebensatz angesprochen.

2   in einigen Sequenzen
    Es wird mehrfach darauf hingewiesen, dass die Schädigung nicht immer in der gleichen Form verläuft und unterschiedlich sein kann.

3   ausführlich

Der Beitrag beschäftigt sich ausführlich mit unterschiedlichen Facetten einer Funktionsstörung und thematisiert, welche unterschiedlichen (sozialen) Folgen dies für die Betroffenen haben kann.

B13 Handlungsträger(innen)

Es sind bis zu drei Codierungen möglich.

Handlungsträger(innen) sind diejenigen Personen, die für den narrativen Fortgang des Beitrags von Bedeutung sind. Sie werden innerhalb des Beitrags am häufigsten erwähnt oder kommen am häufigsten zu Wort. Sie sind zumeist im Bild zu sehen, müssen aber nicht automatisch auch zu Wort kommen. Es ist aber auch möglich, dass Länder oder Interessengruppen wie Parteien als Handlungsträger auftreten, z. B. wenn neue Gesetze diskutiert werden oder in Kraft treten. In diesem Fall werden nur natürliche Personen erfasst. So z. B. der Pressesprecher der Bundesregierung, nicht aber die Bundesregierung selbst.

B14 Aussageträger(innen)

Es wird festgehalten, von wem O-Töne zu hören sind, wenn es sich nicht um eine rein journalistische Präsentationsart handelt. Im Rahmen dieser Dimension sind Mehrfachcodierungen möglich. Auch die Anzahl der Aussagen einzelner Aussageträger soll in der Spalte »Code« erfasst werden.

0   keine Meinungsäußerung von Akteur(inn)en im Beitrag
1   Menschen mit Behinderung als Aussageträger(innen)
2   Angehörige/Freunde aussagetragend
3   Profis aussagetragend (Ärzte, Krankenhauspersonal, etc.)
4   Behördenvertreter(in) aussagetragend
5   Vertreter(in) der Behinderten-/Altenhilfe aussagetragend
6   sonst. Expert(inn)en aussagetragend (Umwelt-, Verteidigungsexpert(inn)en)
7   sonstige Nichtbehinderte aussagetragend
8   Journalist(inn)en aussagetragend (O-Ton)
9   Prominente(r) aussagetragend
10 MmB ist im Bild, aber Person aus 2 bis 9 spricht »für« ihn
11 zu jung, um sich selbst äußern zu können

B15 Ausführlichkeit der Aussagen

Wie ausführlich kommen Menschen mit Behinderung zu Wort?

1   kurz/knappe Worte
MmB sagen wenige Worte, die nur die vorangegangenen Off-Töne illustrieren.

2   mit ein paar kurzen Sätzen
Der oder die Betreffende wird zu einem Thema befragt und äußert sich kurz dazu.

3   ausführlich
Es wird ein Interview geführt, bei dem auch einzelne Hintergründe zu einem Thema erläutert werden.

B16 Normalität

Werden in dem Beitrag behinderte Akteure in alltäglichen Situationen gezeigt? Ein Alltag der nicht gezeigt, sondern nur erwähnt wird, wie z.B. Zukunftsträume, fällt nicht in diese Kategorie. Alltägliche Situationen können in der Familie, in der Freizeit, auf der Arbeit etc. stattfinden. Besondere Situationen, die mit einer Fähigkeitsstörung einhergehen wie Krankenhausaufenthalt, Pflege und Therapie werden nicht unter »normale Situationen« subsumiert, wohl aber alltägliche Situationen in Behinderteneinrichtungen wie Kochen in der Wohngruppe, Freizeit in einer Behindertengruppe.

- 0 nicht codierbar
- *1 gar nicht*
   Menschen mit Behinderung werden ausschließlich in Therapieeinrichtungen, Krankenhäusern, etc. gezeigt.
- *2 ansatzweise thematisiert*
   Es wird kurz eine alltägliche Situation gezeigt, z.B. beim Spielen oder beim Einkaufen.
- *3 in einigen Sequenzen*
   Neben den Sondersituationen werden Menschen mit Behinderung mehrfach in ihrem Alltag gezeigt, dabei wechseln sich normale und Sondersituation zumeist ab.
- *4 durchgängig*
   Assistenzbedürftige Charaktere werden durchgängig in ihrem normalen Alltag gezeigt. Dazu kann auch ihre Teilnahme an Therapie und Pflege gehören, die selbstverständlich in den Tagesablauf integriert ist.

B17 Umweltfaktoren

Wird thematisiert, dass Menschen mit bestimmten Schädigungen bzw. Fähigkeitsstörungen eine gleichberechtigte Teilhabe oftmals nur auf Grund der Umweltfaktoren nicht möglich ist, z.B. dadurch, dass etwas nicht barrierefrei gestaltet ist?
Das wäre zum Beispiel der Fall, wenn Gehörlose von einer Veranstaltung ausgeschlossen sind, da es keinen Gebärdendolmetscher gibt.

- 0 nicht codierbar
- *1 gar nicht*
   Die Behinderung wird ausschließlich als individuelles medizinisches Problem gesehen.
- *2 ansatzweise thematisiert*
   Es wird kurz eine Situation gezeigt, die nicht barrierefrei gestaltet ist.
- *3 in einigen Sequenzen*
   Es wird mehrfach thematisiert, dass ein Großteil von Behinderung auch durch die unzureichend gestaltete Umwelt verursacht wird.
- *4 durchgängig*

Behinderung wird nicht medizinisch verstanden, sondern durchgängig im Sinne der ICF als bio-psycho-soziales Phänomen. Dabei kommt häufig zum Ausdruck, dass Teilhabe auf Grund unpassender Umweltfaktoren nicht möglich ist.

B18 persönlicher Einfluss

Der persönliche Einfluss der Aussageträger(innen) wird codiert. Wenn Personen dabei im Auftrag einer Institution sprechen, wird die Institution codiert. *Beispiel*: Äußert sich Bela Anda als Pressesprecher der Bundesregierung, so wird 1 codiert, da er im Namen einer Elite-Institution spricht.

1   Elite Institution
International oder national bedeutsame Gruppen, Verbände, Parteien oder Institutionen, wie z.b. die WHO, die UNO, der deutsche Fußballbund, das Deutsche Rote Kreuz.

2   Institution mit geringem Einfluss
Kommunale oder regionale Parteien, Verbände oder Institutionen wie z.b. der Kreistag, der Landschaftsverband, eine Fußballregionalliga, das Amtsgericht.

3   Elite Person
International oder national einflussreiche Politiker, Vertreter einflussreicher Gruppen Verbände oder Parteien, wie z.B. Minister(innen), Regierungschefs, Religionsführer(innen), Monarch(inn)en.

4   Person mit geringem Einfluss
Bürger ohne besondere Machtbefugnisse, Kommunalpolitiker, einfache Berufsvertreter, einfacher Klerus.

C   Themen
C1   Thema des Beitrags
Bei dieser Variable wird - zusätzlich zu der üblichen Codierung mittels Zahlen - ein alphanumerischer Code benutzt.

HT   Hauptthema
-HT   Nebenthema

Als Hauptthema wird das Thema codiert, auf das sich der kommunikative Fokus des Beitrags bezieht. Zumeist ist es bereits aus dem Titel oder der Anmoderation ersichtlich. Als Nebenthemen werden weitere Themen codiert, die in dem Beitrag angesprochen werden. Hier können bis zu vier Themen codiert werden. Die Überschriften dienen dabei nur der schnelleren Orientierung. Entscheidend ist das tatsächlich präsentierte Thema eines Beitrags. *Beispiel*: Das Hauptthema ist Wirtschaftspolitik. Es wird codiert: HT15. Die Buchstaben HT werden in der Spalte »Code« neben der 15 notiert. Wenn das wirtschaftspolitische Thema z.B. die Brüsseler Behindertenpolitik berührt, wird zusätzlich -HT13 codiert. -HT wird in der Spalte »Code« neben der 13 notiert, da es sich um einen Nebenaspekt des Beitrags handelt.

1 Politik/Wirtschaft/Gesellschaft
Alle Berichte die sich dem politischen, wirtschaftlichen oder gesellschaftlichen Bereich zuordnen lassen, werden hier codiert. Darunter fallen: Beiträge über Parteien, die Regierung, das Parlament, Gewaltkonflikte und alle speziellen Politikbereiche, wie Sozialpolitik, Umweltpolitik. Berichte aus dem gesundheitspolitischen Bereich werden aber unter »Gesundheit« codiert. Wirtschaftliche Themen wie Arbeitsmarkt, Börsennachrichten, Finanzmarkt fallen ebenfalls in diesen Bereich. Das dritte Themengebiet umfasst gesellschaftliche Themen, die aber nicht boulevardesk aufbereitet sind. *Beispiel*: Ein Bericht über den Irak-Krieg.

2 Soziales/Gesundheit/Umwelt
In den Bereich Soziales/Gesundheit/Umwelt fallen alle Berichte zum sozialen Zusammenleben und zur Lebensqualität, die nicht von der ersten Kategorie erfasst werden. Es geht um Fragen der sozialen Grundsicherung, Kostenträger der Versicherungssysteme und um alle Themen, die sich mit den Themenfeldern Gesundheit und Medizin befassen. Dazu gehören auch behinderungsspezifische Fragestellungen wie die Überwindung einer Beeinträchtigung durch eine Operation. *Beispiel*: Die Krankenkassen wollen ihre Beiträge erhöhen.

3 Kultur/Wissenschaft/Technik
Sämtliche Berichte über Kulturveranstaltungen, ausgenommen karitative Veranstaltungen gehören in diese Kategorie. Ebenso die Themen Kirche und Religion wie auch Brauchtum, und Berichte über Unterhaltung wie Fernsehen und Kino sowie Forschung und Wissenschaft sind hier ebenso verortet. Zum Bereich Technik gehört auch die Rehabilitationstechnik. *Beispiel*: Ein neuer Kinofilm wird angekündigt.

4 Boulevard/Human Interest
Prominente, Stars und Sternchen, persönliche Porträts und Schicksale, Berichte mit Tieren, Sex/Erotik, Lifestyle/Mode/Schönheit, Humor, Sensationen und Kuriositäten sowie Katastrophen und Unglücke bilden das Themenspektrum dieser Dimension. *Beispiel*: Jeanette Biedermann privat.

5 Sport/Freizeit
Alle Arten von Freizeitaktivitäten (außer Selbsthilfegruppen behinderter Menschen) wie Spiel und Vereinsleben werden hier codiert. Dazu gehört auch Musik, wenn es nicht um kulturelle Veranstaltungen, sondern um ein Hobby geht. Ebenso gehören Berichte über Breiten- und Spitzensport in diese Kategorie. *Beispiel*: Berichte über die olympischen Spiele.

6 Kriminalität/Justiz
Alle Berichte, die mit Straftaten oder deren Verfolgung, mit Gerichtsurteilen oder allgemeinen juristischen Fragen zu tun haben, werden hier codiert. Ausnahme: Gewalt gegen Menschen mit Behinderung fällt in die 7. Kategorie.
Beispiel: Das Bundesverfassungsgericht hat über die Vermögenssteuer entschieden.

7 gleichstellungsrelevante Themen
Themen, die ausschließlich auf Grund des Behindertenstatus einer Person auf die Agenda gesetzt wurden und in der aktuellen Diskussion um gleichberechtigte Teilhabe eine Rolle spielen, werden hier codiert.

70 Gewalt gegen Menschen mit Behinderung
Verbale oder körperliche Gewalt, einschließlich Raub und Mord.

71 Vorurteile
Stereotype Vorstellungen wie die des »ewigen Kind seins«, »Beeinträchtigung als Hinweis auf einen kriminellen Charakter«, etc.

72 Alltag/praktische Lebenshilfe
Möglichkeiten der selbstständigen Lebensführung, alltägliche Verrichtungen wie Körperpflege, Einkaufen, Kindererziehung, Haushaltsführung.

73 Selbsthilfe/Empowerment
Arbeit von Selbsthilfegruppen, Beratung von peer groups, Formen bürgerschaftlichen Engagements für die Belange von Menschen mit Behinderung, wie z.B. die Organisation gemeinsamer Urlaubsreisen.

74 Streben nach Gleichbehandlung/Darstellung sozialer Missstände
Soziale Missstände, Diskriminierungserfahrungen oder die Forderung nach diskriminierungsfreier Sprache werden dargestellt.

75 besondere Belange behinderter Frauen
Die doppelte Belastung, die besonders schwierige Lage am Arbeitsmarkt, der Kinderwunsch werden mit einem besonderen Fokus auf die Belange behinderter Frauen thematisiert.

76 Barrierefreiheit
Barrierefreies Bauen, barrierefreie Kommunikationsmittel, barrierefreie Informationstechnik, barrierefreie Möglichkeiten zu Wählen, barrierefreie Mobilität, barrierefreie Studiumsmöglichkeiten sind Themen dieser Variablen.

77 selbstbestimmtes Leben
Themen dieser Variablen: Betreuung, persönliches Budget, offene Hilfen, Qualitätsmanagement, Mitsprache im Werkstattrat, Lebensqualität, u.a.

78 Teilhabe als sozialpolitisches Thema
Es geht unmittelbar um das Thema Teilhabe als sozialpolitisches Thema. Dabei kann es sich um die Implementierung des Begriffs in Gesetze handeln oder um Forderungen der Behinderten- bzw. Krüppelbewegung. *Beispiel*: Die Verabschiedung des SBG IX.

79 Wohnformen
Unterschiedliche Arten des Wohnens werden thematisiert.

710 Mobilität/Verkehr
Themen wie die Personenbeförderung im öffentlichen Nahverkehr, mit der Eisenbahn und im Luftverkehr werden behandelt oder auch Finanzhilfen des Bundes für barrierefreie Verkehrsvorhaben.

711 Hilfsmittel
Neue Kompensationsmöglichkeiten für bestimmte Funktionsstörungen werden vorgestellt oder über deren aktuelle oder geschichtliche Entwicklung berichtet.

712 Assistenz
Möglichkeiten und Formen der persönlichen Assistenz werden vorgestellt.

713 Einrichtungen und Institutionen
Es geht um Einrichtungen und Institutionen der Behindertenhilfe. Wohnformen und Barrierefreiheit stehen dabei nicht im Vordergrund.

714 Inklusion

Die tatsächliche und konkrete Teilhabe an gewünschten gesellschaftlichen Bereichen wird dargestellt. Dabei bewegen sich beide Seiten, Personen mit Behinderung und Gesellschaft, aufeinander zu. Bestehende Strukturen werden dahingehend verändert.

715 *normale Leistung/Errungenschaft*
Eine Leistung, die für jeden Menschen außergewöhnlich ist, wird dargestellt.

716 *spezielle Leistung/Errungenschaft*
Eine Leistung, die auf Grund des Behindertenstatus außergewöhnlich ist, wird dargestellt.

C2 Zentralität

1 deutsche Städte/Regionen
Die genannten Städte/Regionen werden notiert. Wenn mehrere Schauplätze in der Berichterstattung vorkommen, wird der Ort codiert, an dem das Hauptereignis stattfindet.

2 Länder/Städte/Regionen außerhalb Deutschlands
Die genannten Städte/Regionen und das jeweilige Land werden notiert. Wenn mehrere Schauplätze in der Berichterstattung vorkommen, wird der Ort codiert, an dem das Hauptereignis stattfindet.
Wenn zwei unterschiedliche Schauplätze gleichermaßen von Bedeutung sind, weil z.B. eine politische Entscheidung in Brüssel getroffen wurde, und dann ein Fallbeispiel aus Mannheim folgt, ist eine Mehrfachcodierung möglich.

C3 Kontinuität der Themen

Der Zeitraum, in dem die Medien über ein bestimmtes Thema berichten wird hier codiert.

1 kontinuierlich weiter geführte Themen
Zumeist tauchen im Beitrag Verweise auf vergangene bzw. zukünftige Berichte auf. Im Zweifelsfall sind die ausgedruckten Homepages mit der Maßgabe zu Rate zu ziehen, ob über das Thema häufiger berichtet wird.

2 neue Themen
Kurzfristig eingeführte Themen, über die in der Regel nur einmal berichtet wird.

C4 Fokus Behinderung

Ist der Beitrag nur auf Grund der Behinderung einer Person oder des Themas Behinderung in das Magazin aufgenommen worden?

1 Ja
Dies ist der Fall, wenn über Dinge berichtet wird, die eigentlich alltäglich sind und die nur auf Grund einer Behinderung ungewöhnlich erscheinen, *wie z.B. Elternschaft oder eine Führerscheinprüfung.*

2 Nein
Es wird ein Ereignis berichtet, über das auch ohne eine Bezug zu »Behinderung« berichtet worden wäre, *wie z.B. die Hochzeit Paul McCartneys, der eine Frau geheiratet hat, die mit einer Beeinträchtigung lebt.*

C5 Gleichberechtigung

Entscheidend ist der rechtliche Charakter der angesprochenen Themen. Es geht um Gleichstellung im juristischen Sinne.

- 0 nicht codierbar
- *1 gar nicht*
  Die rechtliche Benachteiligung wird absolut nicht thematisiert.
- *2 ansatzweise thematisiert*
  Es wird ein kurzes Beispiel für die rechtliche Benachteiligung von MmB genannt.
- *3 kurz angesprochen*
  Ein Beispiel für die rechtliche Benachteiligung wird genauer beschrieben oder mehrere Beispiele werden in knapper Form genannt.
- *4 ausführlich thematisiert*
  Das Thema Gleichberechtigung im gesetzlichen Bereich wird ausführlich diskutiert, da es z.B. um das Gleichstellungsgesetz geht oder um die Aktion 50.000.

C6 Nähe

Dem Nachrichtenfaktor »Nähe« werden drei unterschiedliche Variablen zugeordnet, die aber untereinander in enger Beziehung stehen. Daher ist darauf zu achten, dass sie streng unabhängig voneinander codiert werden. Es sind aber Mehrfachcodierungen möglich.

- 0 keine Nähe
- *1 politische Nähe*
  Politische Nähe wird codiert, wenn ein Ereignis entweder in Deutschland selbst oder in einem Land stattfindet, zu dem Deutschland enge Beziehungen pflegt.
- *2 räumliche Nähe*
  Räumliche Nähe bezieht sich auf die geografische Lage des Ereignisortes. In der Regel finden die berichteten Ereignisse in der BRD statt. In diesem Fall ist »räumliche Nähe« zu codieren; ebenso wenn die Länder in denen das Hauptereignis stattfindet, europäische Länder sind.
- *3 kulturelle Nähe*
  Kulturelle Nähe wird vorausgesetzt, wenn die Länder aus denen berichtet wird, deutschsprachig sind. Dies trifft für Deutschland, Österreich, die Schweiz, Liechtenstein, die ehemalige DDR und Südtirol zu. Codiert wird dies ebenfalls, wenn aus deutschsprachigen Exklaven z.B. in Belgien oder Brasilien berichtet wird. Weiterhin wird diese Variable codiert, wenn das Hauptereignis in einem Land stattfindet, zu dem Deutschland enge kulturelle Beziehungen pflegt.
  Wenn mehrere Schauplätze in der Berichterstattung vorkommen, wird der Ort codiert, an dem das Hauptereignis stattfindet.

C7 Ethnozentrismus

- 1 Das Ereignis findet in Deutschland statt, unter ausschließlicher Beteiligung von Deutschen.

2   Das Ereignis findet in Deutschland statt, es sind Personen unterschiedlicher Herkunft beteiligt.
3   Das Ereignis findet in Deutschland statt, es sind ausschließlich Nichtdeutsche beteiligt.
4   Das Ereignis findet im Ausland mit der Beteiligung von Deutschen statt.
5   Das Ereignis findet im Ausland statt, es sind ausschließlich Nichtdeutsche beteiligt.

C8 Überraschung

Überraschung wird grundsätzlich codiert, wenn sich ein Ereignis entgegen der Erwartung darstellt. Entweder werden im Text Hinweise auf den unsicheren Verlauf des Ereignisses gegeben oder dieser ist durch den Kontext ersichtlich. Überraschung wird nicht codiert, wenn die Erwartungsmäßigkeit angekündigt wird, oder wenn es sich deutlich um ein ankündbares Ereignis handelt (Geburtstage, Feiertage, Jubiläen). Überraschung kommt zum Ausdruck, wenn dies explizit erwähnt wird: Es gab keine Erwartungen, oder die Erwartungen gingen in eine andere Richtung, der Ausgang des Geschehens war offen. Überraschung wird codiert, wenn der überraschende Sachverhalt unmittelbar erwähnt wird. Dies findet seinen Ausdruck in Formulierungen wie normalerweise, anstatt, entgegen des Üblichen, etc.

1   Zeitpunkt
Der Beginn, der Höhepunkt oder das Ende des Ereignisses sind unerwartet.

2   Verlauf
Die Entwicklung, die Abfolge oder der Fortgang des Ereignisses sind nicht vorherzusehen.

3   Resultat
Der Ausgang des Ereignisses, das Ergebnis oder die sich ergebenden Konsequenzen sind ungewöhnlich bzw. kurios.

C9 Relevanz

Unter Relevanz wird codiert, wie viele Personen von dem Ereignis, über das berichtet wird, betroffen sind. Dabei geht es zunächst ausschließlich um Quantitäten. Die Betroffenen können mit den Aussage- bzw. Handlungsträgern zusammenfallen, dies muss aber nicht unbedingt der Fall sein. *Beispiel*: Wenn Bundesinnenminister Schili zum Zuwanderungsgesetz spricht und handelt, ist er nicht selbst betroffen. Es wird aber »3: große Relevanz« codiert, da das Gesetz alle in der Bundesrepublik lebenden Migrant(inn)en betrifft.

0   Relevanz wird nicht thematisiert
Dies kann bei allgemeinen Themen der Fall sein, z.B. wenn es um die allgemeinen Folgen der Wirtschaftsflaute oder um Korruption als generelles Phänomen geht.

1 geringste Relevanz
Es sind Einzelpersonen oder kleine, eng begrenzte Gruppen betroffen, wie z.B. Familien, Paare, Nachbarn.

2 geringe Relevanz
Es ist eine etwas größere, aber begrenzte Personengruppe betroffen, wie z.B. eine Schulklasse, Bewohner eines Wohnheims, Angestellte einer WfbM.

3 große Relevanz
Die Reichweite des Ereignisses betrifft bestimmte soziale Gruppen in ihrer Gesamtheit, wie Gewerkschaftsmitglieder, bestimmte Berufsgruppen, alle Rollstuhlbenutzer(innen), Mitglieder einer Partei.

4 größte Relevanz
Alle Gruppen eines Landes, der Staat insgesamt, eine Staatengemeinschaft oder supranationale Institutionen sind betroffen, wie z.B. alle Deutschen, alle Mitgliedsstaaten der EU, der weltweite Tourismus.

D Sprache

D1 Bezeichnung von Menschen mit Behinderung *OFF-TON (Sprechertext)*

Mit welchen Begriffen werden Menschen mit Behinderung überwiegend bezeichnet? Wenn die Bezeichnungen so stark variieren, dass kein Typus überwiegt, können Mehrfachcodierungen vorgenommen werden.

1 Der Behindertenbegriff wird nicht benutzt (würdigend)
Der Begriff »Behinderung« oder »behindert« taucht gar nicht auf, da z.B. von Teilnehmer(inne)n oder Bewohner(inne)n gesprochen wird.

2 »behinderte + Nomen/Adjektiv« oder Menschen mit Behinderung (neutral)
Bezeichnungen wie behinderte Menschen, behinderte Kolleginnen, behinderte Sportler oder Menschen mit Behinderung überwiegen.

3 »Behinderte«/»Behinderung« (implizit herabwürdigend)
Es werden lediglich Substantive zur Beschreibung von Menschen mit Behinderung gebraucht,, die Schädigungen bzw. Beeinträchtigungen hervorheben.

4 mit Schädigung/Beeinträchtigung bezeichnet (explizit herabwürdigend)
Statt Behinderte oder Menschen mit Behinderung werden Begriffe wie der Blinde, die Autistin, etc. benutzt.

D2 Off-Ton (Journalisten)

Hier wird die Sprache charakterisiert, die abgesehen von der Verwendung des Behindertenbegriffs benutzt wird.

0 nicht codierbar

1 würdigend
Die behinderten Akteur(innen) werden wie alle anderen Protagonist(inn)en bezeichnet, d.h. mit dem Namen oder der Funktion bzw. dem Beruf. Würdigend wird ebenfalls codiert, wenn die Leistungen von Menschen mit Behinderung besonders hervorgehoben werden. Dies äußert sich z.B. in Ausdrücken wie Spitzenleistung, Supersportler, etc. Dabei ist auf ironische Formulierungen zu achten, die nicht in diese Variable fallen.

	2	*neutral*
		Beeinträchtigungen von Akteur(inn)en werden nicht gewertet, aber dennoch als besonders bezeichnet.
	3	*implizit herabwürdigend*
		Implizit herabwürdigende Sprache ist wesentlich subtiler als explizit herabwürdigende Sprache und wird oftmals unbewusst verwendet. *Hinweis*: Sie scheint nach den Ergebnissen der Pretests eher der Normalfall zu sein. *Beispiele*: Zuschauer werden aufgefordert, dankbar zu sein, dass ihr Kind gesund ist. Es wird von der Gesellschaft und den Behinderten gesprochen, um auszudrücken, dass es sich um zwei unterschiedliche Gruppen handelt. Ein Erwachsener wird ohne ersichtlichen Grund durchweg geduzt. Eine Familie mit zwei behinderten Kindern wird als Behinderten-Familie bezeichnet, etc. Menschen ohne Behinderung werden mit Vor- und Familiennamen vorgestellt, Menschen mit Behinderung hingegen nur beim Vornamen genannt.
	4	*explizit herabwürdigend*
		Explizit herabwürdigende Sprache zeigt sich in Ausdrücken wie »Irrer, Elefantenmensch«. Solche Ausdrücke werden notiert.
	5	*herabwürdigend*
		Die Sprache, mit der Menschen mit Behinderung beschrieben werden, ist eindeutig herabwürdigend. Sie lässt sich aber nicht mehrheitlich 3 oder 4 zuordnen.
	6	*Umgangssprache*
		Ausdrücke wie Spasti, Mongo, balla balla, etc. Solche Ausdrücke werden notiert.

D3 Bezeichnung von Menschen mit Behinderung *O-TÖNE (Aussageträger)*

1   *Der Behindertenbegriff wird nicht benutzt (würdigend)*
Der Begriff »Behinderung« oder »behindert« taucht gar nicht auf, da z.B. von Teilnehmer(inne)n oder Bewohner(inne)n gesprochen wird.

2   *»behinderte + Nomen/Adjektiv« oder Menschen mit Behinderung (neutral)*
Bezeichnungen wie behinderte Menschen, behinderte Kolleginnen, behinderte Sportler oder Menschen mit Behinderung überwiegen.

3   *»Behinderte«/»Behinderung« (implizit herabwürdigend)*
Es werden lediglich Substantive zur Beschreibung von Menschen mit Behinderung gebraucht, die Schädigungen bzw. Beeinträchtigungen hervorheben.

4   *mit Schädigung/Beeinträchtigung bezeichnet (explizit herabwürdigend)*
Statt Behinderte oder Menschen mit Behinderung werden Begriffe wie der Blinde, die Autistin, etc. benutzt.

D4 O-Töne

An dieser Stelle interessieren ausschließlich die O-Töne der Aussageträger(innen). Die O-Töne unterschiedlicher Aussageträger(innen) *können* einzeln codiert werden, wenn sie verschiedene Tendenzen enthalten.

    0   nicht codierbar
    1   *würdigend*

Die behinderten Akteur(innen) werden wie alle anderen Protagonist(inn)en bezeichnet, d. h. mit dem Namen oder der Funktion bzw. dem Beruf. Würdigend wird ebenfalls codiert, wenn die Leistungen von Menschen mit Behinderung besonders hervorgehoben werden. Dies äußert sich z.B. in Ausdrücken wie Spitzenleistung, Supersportler, etc. Dabei ist auf ironische Formulierungen zu achten, die nicht in diese Variable fallen.

2 *neutral*
Beeinträchtigungen von Akteur(inn)en werden nicht gewertet, aber dennoch besonders bezeichnet.

3 *implizit herabwürdigend*
Implizit herabwürdigende Sprache ist wesentlich subtiler als explizit herabwürdigende Sprache und wird oftmals unbewusst verwendet. *Hinweis*: Sie scheint nach den Ergebnissen der Pretests eher der Normalfall zu sein. *Beispiele*: Zuschauer werden aufgefordert, dankbar zu sein, dass ihr Kind gesund ist. Es wird von der Gesellschaft und den Behinderten gesprochen, um auszudrücken, dass es sich um zwei unterschiedliche Gruppen handelt. Ein Erwachsener wird ohne ersichtlichen Grund durchweg geduzt. Eine Familie mit zwei behinderten Kindern wird als Behinderten-Familie bezeichnet, etc. Menschen ohne Behinderung werden mit Vor- und Familiennamen vorgestellt, Menschen mit Behinderung hingegen nur beim Vornamen genannt.

4 *explizit herabwürdigend*
Explizit herabwürdigende Sprache zeigt sich in Ausdrücken wie »Irrer, Elefantenmensch«. Solche Ausdrücke werden notiert.

5 *herabwürdigend*
Die Sprache, mit der Menschen mit Behinderung beschrieben werden, ist eindeutig herabwürdigend. Sie lässt sich aber nicht mehrheitlich 3 oder 4 zuordnen.

6 *Umgangssprache*
Ausdrücke wie Spasti, Mongo, balla balla, etc. Solche Ausdrücke werden notiert.

D5 Kritik an herabwürdigender Sprache
Übt der Journalist oder die Journalistin Kritik an explizit oder implizit herabwürdigender Sprache?

0 herabwürdigende Sprache nicht vorhanden
1 ja
2 nein
3 positive Umdeutung stigmatisierender Begriffe

D6 negative Eigenschaften
Dazu gehören negative Beschreibungen wie schwachsinnig, faul, arm, eigensinnig. Aber auch Bezeichnungen wie »taubstumm« statt »gehörlos«.

D7 positive Eigenschaften
Den behinderten Hauptakteurinnen werden positive Eigenschaften zugesprochen wie freundlich, sympathisch, hilfsbereit. Übertriebene Ausdrücke wie

»engelsgleich« oder »brav« fallen in die negative Kategorie, da sie Menschen mit Behinderung nicht als gleichwertige Persönlichkeiten darstellen.
Die Variablen werden nur codiert, wenn die zugesprochenen Eigenschaften erfahrbar in der Person liegen. Im Rahmen dieser Variablen sollen ausschließlich sprachliche Beschreibungen codiert werden.

D8 Kommunikation behinderter Akteure
Wie äußern sich Menschen mit Behinderung - verbal oder nonverbal? Dabei ist es unwichtig, ob es tatsächlich eine Äußerung im Beitrag gibt oder nicht.

D9 Einstellungen
Wird thematisiert, dass Menschen mit bestimmten Schädigungen bzw. Fähigkeitsstörungen gleichberechtigte Teilhabe auf Grund der Einstellungen und sozialen Reaktionen von Mitmenschen nicht möglich ist? *Beispiel*: Eine Schülerin erzählt, dass sie sich nicht auf den Unterricht konzentrieren kann, da sie auf Grund einer Fehlbildung der Haut von ihren Mitschüler(inn)en gehänselt wird.

0   gar nicht
Einstellungen oder soziale Reaktionen werden nicht erwähnt.

1   ansatzweise thematisiert
Es wird kurz, zumeist in einem Nebensatz erwähnt, dass bestimmte soziale Reaktionen unangenehm sind.

2   in einigen Sequenzen
Es wird mehrfach thematisiert, dass negative Einstellungen bzw. soziale Reaktionen auftreten.

3   ausführlich
In dem Beitrag geht es um negative Einstellungen oder negative Reaktionen.

D10 Wertungen
Haben die Aussagen von Menschen mit Behinderung den gleichen Stellenwert wie Aussagen anderer Akteure oder werden die Äußerungen interpretiert bzw. gewertet? Keine Wertungen liegen vor, wenn das Gesagte zur besseren Verständlichkeit untertitelt wird.
Diese Kategorie ist nur zu codieren, wenn Aussagen von Menschen mit Behinderung vorliegen; wenn nicht, bleibt sie offen!!!

D11 Mitleid/Respekt
Drücken der Journalist oder die Journalistin bzw. andere Protagonist(inn)en Mitleid gegenüber behinderten Menschen aus (Behinderung als Tragödie, Behinderte als Opfer) oder werden sie selbstverständlich als gleichberechtigte Partner (Kollege, Freund, etc.) bezeichnet?

D12 Ursachen einer Schädigung

Oftmals spielt die Ursache einer Schädigung für den Bericht keine Rolle. Wird sie aber genannt, wird notiert, ob die Bezeichnung medizinisch richtig oder falsch ist. In Zweifelsfällen werden medizinische Lexika (Pschyrembel, etc.) zu Rate gezogen.

- 1 mit der richtigen Bezeichnung genannt
- 2 mit der falschen Bezeichnung genannt
- 3 *Ursache genannt, aber im mystischen Bereich*
  Die Ursache für die Schädigung oder chronische Krankheit wird als »Wille Gottes«, als »Schicksal«, »Strafe« oder ähnliches bezeichnet. Die Begriffe hierfür sollen exakt aufgezeichnet werden. Gibt es mehrere mystische Begrifflichkeiten, werden alle Ausdrücke notiert.

E Ästhetik und Gestaltung
E1 Art der gezeigten Gegenstände

Der Großteil der Hilfsmittel ist eindeutig zuordbar.

- *0 nicht gezeigt/nicht notwendig*
  Da sich im Zweifelsfall nicht immer unterscheiden lässt, ob keine Hilfsmittel nötig, oder nur nicht gezeigt werden, werden diese Variablen gemeinsam codiert.
- *1 Lern- und Arbeitshilfen*
  Unter Lern- und Arbeitshilfen wird alles verstanden, was der Lernende benötigt, um mit einer Beeinträchtigung lernen oder arbeiten zu können, wie z. B. spezielle Computertastaturen oder besonderes Mobiliar.
- *2 Verkehrsschutzzeichen*
  Verkehrsschutzzeichen sind solche, die keine direkte Funktion für Betroffene haben, sondern andere Verkehrsteilnehmer auf den besonderen Status der Person aufmerksam machen sollen, wie z. B. die gelbe Armbinde für blinde Personen.
- *8 Orthesen*
  Unter Orthesen werden alle stützenden Hilfen verstanden, wie z. B. Schienen. Korsetts hingegen werden in einer weiteren Variable codiert.
- *10 Kommunikationshilfen*
  Kommunikationshilfen sind solche, die eine Verständigung unterstützen bzw. ermöglichen, wie Sprachcomputer oder Symbolsysteme. Sie sind eindeutig von reinen Lern- oder Arbeitshilfen abzugrenzen.
- *11 Umweltkontrollen*
  Unter Umweltkontrollen wird alles verstanden, was dazu dient, die Umwelt zu beherrschen, wie Fernbedienungen, einstellbare Möbel bzw. sanitäre Einrichtungen, etc.
- *12 rein attributive Gegenstände*
  Darunter werden Gegenstände verstanden, die für die Person keine Funktion erfüllen und nur dazu dienen, eine Beeinträchtigung bildlich zu veranschaulichen, wie z. B. eine Meerjungfrauenpuppe bei Frauen mit zusammengewachsenen Beinen.
- *13 medizinische Geräte*

Geräte, die medizinisch notwendig sind, wie z.B. Beatmungsgeräte, Herzfrequenzgeber, etc.

14 Sonnenbrille

E2 ikonografische Funktion der gezeigten Gegenstände

E2 ist nur zu codieren wenn Hilfsmittel gezeigt wurden; wurde unter E1 »0« codiert, bleibt diese KATEGORIE frei!!!

Der Informationswert des Zeigens von typischen Gegenständen wird abgefragt. Darunter werden einerseits Hilfsmittel wie z.B. Gehhilfen verstanden und andererseits Gegenstände, die andere Funktionen erfüllen, wie z.B. die gelbe Armbinde mit den drei Punkten als Verkehrsschutzzeichen für Blinde.

1 als Synonym für Behinderung gezeigt (z.B. Armbinde für Blindheit)
2 in seiner Funktion gezeigt
3 ohne erkennbaren Informationswert gezeigt

E3 Kameraperspektive

Mit Kameraperspektive wird die Stellung der Kamera zum Gefilmten bezeichnet. Es muss die überwiegende Kameraperspektive codiert werden. Dies kann von der ersten Sequenz zum Teil abweichen.

1 Untersicht
Der Blick auf einen Menschen von unten nach schräg oben.

2 Normalsicht (Augenhöhe)
Die Kamera befindet sich in Augenhöhe.

3 Obersicht
Die Kamera befindet sich in einer höheren Position als der dargestellte Mensch, sie filmt von oben auf ihn herab.

E4 Darstellungsorte

Der Ort, an dem ein Großteil der Sequenzen aufgenommen wurde, wird codiert. Wenn mehrere Aufnahmeorte für den Beitrag bedeutend sind, können Mehrfachcodierungen vorgenommen werden. Dabei werden nur die Drehorte codiert, an denen Menschen mit Behinderung zu sehen sind. Wird z.B. ein Arzt als Aussageträger in seiner Praxis interviewt, so ist dies irrelevant.

0 Nicht codierbar/keine Menschen mit Behinderung gezeigt
1 Institution (Wohnheim, Werkstatt, Altenheim, etc.)
2 fremde Privatwohnung
3 eigene Privatwohnung
4 öffentlicher Ort
5 Studio
6 allgemeine Freizeiteinrichtung
7 Freizeiteinrichtung für Menschen mit Assistenzbedarf
8 allgemeine Schule/Kindergarten

9 Förderschule/Förderkindergarten
10 alltägliche Situation (Einkauf, Fahrt, etc.)
11 Arbeitsstätte
12 Heil-/Pflegeeinrichtung (Krankenhaus; Kurhaus, etc.)
13 Therapieeinrichtung (Krankengymnastik, Hippotherapie, etc.)
14 Gericht
15 sonstiges

E5 Koinzidenz von Sprache und Bild

In ihrer qualitativen Beeinflussung werden vier unterschiedliche Grundformen unterschieden:

1 Potenzierung = gegenseitige Steigerung
Wort und Bild ergeben zusammen eine größere Bedeutung als einzeln betrachtet. Die Sprache erläutert die gezeigten Bilder und umgekehrt.

2 Modifikation = gegenseitige Einschränkung
Das Bild enthält Aspekte, die zum Wort im Widerspruch stehen und umgekehrt.

3 Parallelität = Verdopplung
Beide Ebenen bieten dieselben Informationen. Sie ergeben zusammen keine größere Bedeutung als einzeln betrachtet.

4 Divergenz
Die Sprache liefert zusätzliche Informationen, die im Bild nicht zu sehen sind, aber zu dem Zusammenhang gehören.

E6 Musikeinsatz

Die eingesetzte Musik soll nicht einzeln als auditives Element betrachtet werden, sondern in Relation zu Sprache und Bild. Unter Musik werden dabei auditive Elemente verstanden, die elektronisch oder von Instrumenten erzeugt wurden und eine Melodie besitzen. Rhythmische Geräusche zählen nicht dazu. Codiert wird, was der Musikeinsatz unterstützt:

1 die sprachlichen Aussagen
2 die visuellen Aussagen
3 Sprache und Bild
4 asynchroner Musikeinsatz
5 den Wiedererkennungswert der Sendung (Titelmusik)

E7 Visibilität und Evidenz von Beeinträchtigungen

Wann ist für den Zuschauenden durch das äußere Erscheinungsbild ersichtlich, dass es sich bei den Hauptakteur(inn)en des Beitrags um Personen mit oder ohne Behinderung handelt? Ersichtlich bedeutet dabei im Bild zu sehen.

0 gar nicht
1 unmittelbar
2 zu einem späteren Zeitpunkt
3 nach sprachlichem Hinweis

E8 Einstellungsgrößen Darstellung Beeinträchtigung

Variable E8 ist nur zu codieren, wenn bei Variable E7 »1–3« codiert wurde!!!
Gibt es mehrere behinderte Hauptakteure, muss in der Spalte Akteur(in) jeweils einzeln codiert werden.
Mit welchen Einstellungsgrößen werden Schädigungen bzw. Funktionsstörungen mehrheitlich gezeigt?

1 *Detailaufnahme*
   Die Kamera ist auf einen kleinen Teil eines Gegenstandes oder einer Person gerichtet. Die geringe Entfernung macht es möglich, z. b. kleinste mimische Reaktionen auf dem Gesicht einer Person abzulesen (z. B. Stirnrunzeln, Zwinkern).

2 *Großaufnahme*
   Das Gesicht einer Person wird gezeigt.

3 *Nahaufnahme*
   Hier werden der Kopf und der Oberkörper eines Menschen gezeigt. Bei dieser Einstellungsgröße kann man die Gestik einer Person am besten erkennen.

4 *Totale*
   Die Totale gibt einen Überblick über die gesamte Situation.

5 *Weitaufnahme*
   Die Weitaufnahme zeigt Landschaft, Meer, Sonnenauf- und -untergänge.

E9 Bildkomposition

Personen, die in der Mitte des Bildes zu sehen sind, sind bedeutend für die Bildbotschaft, während Menschen am Rand eines Bildes nur eine untergeordnete oder marginale Bedeutung zukommt.

0 nicht codierbar
1 behinderte Person(en) in der Bildmitte
2 behinderte Person (en) am Bildrand

E10 Emotion

Im Rahmen dieser Variablen wird codiert, welche Rolle der Nachrichtenfaktor Emotion für den gesamten Beitrag spielt. Im Gegensatz zu Variable F7 werden Emotionen dabei aber nicht als soziale Reaktionen der Protagonist(inn)en betrachtet, sondern daraufhin, wie der Beitrag in seiner Gesamtheit gestaltet ist.

0 nicht codierbar
1 sachlicher Beitrag
2 emotionalisierender Beitrag

F Charakterisierung
F1 Status von Akteur(inn)en

In welcher Rolle und Funktion werden die behinderten Protagonist(inn)en dargestellt? Gibt es mehrere behinderte Hauptakteure, so muss in der Spalte Akteur(in) jeweils zusätzlich noch einzeln codiert werden.

- *1 Funktion genannt*
  Die Funktion (Politiker(in)/Gewerkschafter(in)/Kirchenvertreter(in)) wird genannt oder eingeblendet.
- *2 Beruf genannt*
  Der Beruf wird genannt, dargestellt oder eingeblendet. Unter den Berufen werden auch Kindergartenkinder, Schüler(innen), Studierende, Rentner(innen) und Arbeitslose subsumiert.
- *3 Beruf oder Funktion nicht genannt*
  Einzig und allein die Person steht im Vordergrund. Diese kann zwar auch Ämter und einen Beruf haben, es wird im Beitrag aber nicht erwähnt.
- *4 pauschal Gruppe von MmB genannt*
  Eine Gruppe von Personen wird als die »Behinderten« bezeichnet.
- *5 pauschal Gruppe genannt und Behinderungsart*
  Eine Personengruppe wird z.B. als »Schüler(innen) mit geistiger Behinderung« bezeichnet oder als »körperbehinderte Basketballspieler«.
- *6 pauschal Gruppe genannt, aber nicht 4 oder 5 zuordbar*
  Bei der Bezeichnung von Personen spielt die Behinderung keine Rolle, es wird einfach von »den Schachspieler(inne)n, Bewohner(inne)n oder Arbeiter(inne)n« gesprochen.

F2 Familienstand

Der Familienstand wird, soweit ersichtlich, codiert. Sonst wird »nicht genannt« angekreuzt. Gibt es mehrere behinderte Hauptakteure, muss in der Spalte Akteur(in) jeweils zusätzlich noch einzeln codiert werden.

Der Familienstand wird nur für Erwachsene ab 21 Jahren codiert, sonst bleibt diese Kategorie leer!!!

F3 Beziehungen zur Umwelt

- *1 emotionale Beziehungen*
  Mit emotionalen Beziehungen sind keine Paarbindungen gemeint, sondern Beziehungen zu Freunden, Mitbewohnern, Kollegen. Beziehungen zu Profis (Ärzte, Therapeuten) werden dabei nicht codiert, auch wenn sie einen emotionalen Charakter haben.
- *4 sich anbahnende sexuelle oder emotionale Beziehungen*
  Solche Beziehungen, die in nächster Zukunft möglich erscheinen, wie z.B. die Aussage »Nächste Woche treffe ich mich mit dem XY, den find ich toll« werden codiert.

F4 Bewertung von Sexualität

Die Bewertung durch Dritte (Angehörige, andere MmB, Profis) kann explizit versprachlicht sein, oder auch implizit, wie z.B. durch ein generelles Kontaktverbot im Wohnheim erfolgen. Gibt es mehrere behinderte Hauptakteure, muss in der Spalte Akteur(in) jeweils zusätzlich noch einzeln codiert werden.

- 0 irrelevant

>
> *1 als Normalität bewertet*
> Die behinderten Hauptakteure haben eine intime Beziehung. Dies wird aber nicht besonders hervorgehoben.
>
> *2 positiv bewertet*
> Eine vorhandene sexuelle Beziehung wird als gut für die behinderte Person bezeichnet.
>
> *3 Abweichung*
> Die sexuelle Beziehung wird nicht als normal angesehen.
>
> *4 Kontrollverlust*
> Es wird die Vermutung geäußert, dass die behinderte Person mit ihrer Sexualität nicht verantwortungsvoll umgehen und sie ausreichend kontrollieren könne.
>
> *5 Gefahr*
> Die Vorstellung der Gefahr sexueller Übergriffe durch Menschen mit Behinderung wird ausgesprochen.

F5 Wohnform

Wo wohnen die Protagonist(inn)en mit Behinderung? Bei mehreren Hauptakteur(inn)en wird in der Spalte Akteur(in) die entsprechende Nummer eingetragen.

0 nicht feststellbar
1 allein lebend ohne Assistenz
2 allein lebend mit Assistenz
3 bei den Eltern/Angehörigen lebend
4 in Außenwohngruppe lebend
5 in Wohngemeinschaft lebend
6 in Institution für MmB lebend
7 in Psychiatrie lebend
8 in Altenheim/Pflegeheim lebend

F6 Entscheidungen

Bei dieser Variable ist darauf zu achten, dass ausschließlich Möglichkeiten zu Entscheidungen codiert werden, die im Beitrag auch wirklich gezeigt bzw. besprochen werden. Können darüber nur Vermutungen angestellt werden, wird »Keine selbstbestimmten Entscheidungen zu treffen« codiert. Unter »Profis« werden Ärzte, Heil- bzw. Sonderpädagogen u. ä. verstanden. Gibt es mehrere behinderte Hauptakteure, muss in der Spalte Akteur(in) jeweils zusätzlich einzeln codiert werden.

F7 soziale Reaktionen

Im Rahmen dieser Variablen werden die Reaktionen anderer Protagonist(inn)en, oder der Journalist(inn)en, soweit sie ins Bild kommen, codiert.

> *0 Anziehung*

Unter Anziehung wird Attraktivität verstanden. Jemand fühlt sich von dem behinderten Akteur oder der behinderten Akteurin angezogen, aber nicht aus Mitleid oder aus Beschützerinstinkt.

1 Unsicherheit
Unsicherheit wird codiert, wenn Personen nicht wissen, wie sie mit MmB umgehen sollen und dies verbal oder visuell ausdrücken.

2 Angst
Angst geht über Unsicherheit deutlich hinaus. Die entsprechenden Personen fürchten den Kontakt zu MmB.

F8 Bezugspersonen

Wie wird das Verhältnis der behinderten Hauptakteure zu ihren Bezugspersonen dargestellt? Gibt es mehrere behinderte Hauptakteure, muss in der Spalte Akteur(in) jeweils zusätzlich noch einzeln codiert werden.

0 nicht codierbar
1 bewundert
2 gleichberechtigt/akzeptiert
3 problembehaftet
4 misshandelt
5 gefürchtet/verachtet
6 ambivalent

F9 Valenz

Welche Wertigkeit wird Menschen mit Behinderung zugesprochen? Dabei müssen sowohl der Off-Ton, als auch O-Töne einbezogen werden.

1 Menschen mit Behinderung als Bedrohung
Konkrete körperliche oder seelische Bedrohung für andere Menschen

2 Menschen mit Behinderung als Belastung
Belastung für die Sozialsysteme, die Arbeitsplätze, Schüler(innen) an Regelschulen, etc.

3 Menschen mit Behinderung als Problem
Grundsätzliche Akzeptanz, gleichberechtigte Teilhabe wird aber als nicht möglich erachtet.

4 Gleichwertigkeit mit Nichtbehinderten
Menschen mit Behinderung werden nicht anders als Menschen ohne Behinderung bewertet.

5 fehlende Teilhabemöglichkeiten
Der Behinderungsbegriff wird ausschließlich aus biopsychosozialer Sichtweise betrachtet.

6 Menschen mit Behinderung als Bereicherung
Es wird zum Ausdruck gebracht, dass die Gesellschaft von behinderten Menschen profitiert.

C. Codebuch

F10 Menschenwürde
Behinderung als Minderung der Menschenwürde:
Welcher Wert wird Menschen mit Behinderung zugesprochen? Wurde erwähnt, dass die behinderte(n) Person(en) besser nicht behindert wäre(n)? Wer hat diese Aussage gemacht?

F11 soziale Folgen der Beeinträchtigung
Art und Schwere einer Behinderung hängt immer sehr stark von den sozialen Folgen ab, die eine bestimmte Beeinträchtigung nach sich zieht. Wird dies thematisiert?

0   irrelevant
1   *gar nicht*
    Es wird in keiner Weise erwähnt, dass eine sich zeigende Behinderung von den jeweiligen sozialen Folgen einer Beeinträchtigung abhängt.
2   *ansatzweise thematisiert*
    Es wird kurz erwähnt, dass eine Beeinträchtigung unterschiedliche soziale Folgen haben kann, z. B. in einem Nebensatz.
3   *in einigen Sequenzen*
    Es wird mehrfach gezeigt und erwähnt, dass eine Beeinträchtigung äußerst unterschiedliche soziale Folgen nach sich ziehen kann.
4   *ausführlich*
    Das Thema des Beitrags sind »soziale Folgen einer Beeinträchtigung«. Es geht z. B. um die verschieden stark ausgeprägte soziale Stigmatisierung von HIV-Positiven in unterschiedlichen Ländern.

F12 Beseitigung von Barrieren
Werden konkrete Vorschläge gemacht, wie Barrieren in der Gesellschaft beseitigt werden können, die bisher noch die gleichberechtigte Teilhabe behinderter Menschen an allen gesellschaftlichen Bereichen verhindern? Mit Barrieren sind dabei nicht ausschließlich bauliche Barrieren gemeint, sondern auch Kommunikationsbarrieren, unpassend gestaltete Arbeitsplätze, etc.

F13 Normalitätserwartungen
Wird erwähnt, dass Menschen mit Behinderung spezielle Bedürfnisse haben, oder werden sie nur als normal akzeptiert, wenn sie die gleichen Leistungen wie Menschen ohne Behinderung erbringen?

F14 Interaktion mit Nichtbehinderten
Erwähnen Personen mit sogenannten Behinderungen explizit oder implizit ihre Unzufriedenheit in der Interaktion mit Menschen ohne Behinderung? Gibt es mehrere behinderte Hauptakteure, so muss in der Spalte Akteur(in) jeweils zusätzlich noch einzeln codiert werden.

F15 Stereotype

Sind Darstellungsmuster zu erkennen, die auf Stereotypen basieren? Welche Position haben behinderte Menschen innerhalb des Beitrags und wie werden sie charakterisiert?

0   nicht codierbar

1   *Leistungsfähigkeit*
»Elitekrüppel« wie z. B. Spitzensportler(innen), Politiker(innen).

2   *Überwindung der Behinderung*
Das »Clara-Syndrom«: Clara aus Spöris literarischem Werk »Heidi« kann am Ende der Geschichte aus dem Rollstuhl aufstehen und wieder laufen.

3   *abschreckendes Beispiel*
»Schluckimpfung ist süß. Kinderlähmung ist grausam«. MmB werden zu erzieherischen Zwecken als abschreckende Beispiele gezeigt.

4   *Beeinträchtigung als Hinweis auf kriminellen Charakter*
Es wird über Straftäter berichtet. Auf deren schlechten Charakter wird mit Hilfe der Eigenschaft »behindert« hingewiesen.

5   *Beeinträchtigung als Hinweis auf soziale Abnormität*
Prominentes Beispiel ist hier der Glöckner von Notre Dâme, bei dem der Zuschauer eine soziale Abnormität geradezu erwartet.

6   *Beeinträchtigung als Emblem für das Böse*
Dies ist z. B. bei pferdefüßigen Teufelsdarstellungen der Fall.

7   *außergewöhnliche Fähigkeiten (Hellsichtigkeit, etc.)*
Dies wird codiert, wenn z. B. Menschen mit Sehbeeinträchtigungen die Fähigkeit zugesprochen wird, außergewöhnlich gut hören zu können.

8   *Opfer*
Opfer von Gewalt, Kriminalität, etc.

9   *total abhängig*
Menschen mit Behinderung sind vollkommen oder zumindest zum größten Teil auf die Hilfe anderer angewiesen.

10   *Objekt von Wohltätigkeit*
Menschen mit Behinderung werden Spenden zugedacht, ohne sich wirklich für sie zu interessieren. Es geht darum, dass man »sich allein mit Geld um sie kümmern kann«.

11   *Behinderung als Verlust der Menschenwürde:*
Mit Formulierungen wie »behindert und trotzdem Mensch« oder »das sind ja auch Menschen« wird die volle Menschenwürde abgesprochen.

12   *Objekt der Belustigung*
Auftritte im Zirkus, Varieté oder auch Spott auf der Straße, dem Schulhof, etc.

13   *besondere Sensibilität für Mitmenschen*
Es werden Menschen mit Behinderung gezeigt, die auf Grund ihrer Behinderung besonders viel Mitgefühl besitzen. Die Probleme anderer werden nur durch sie erkannt.

14   *Couragiertheit*

MmB setzen sich in besonderer Weise und außergewöhnlich für ihre Mitmenschen ein.

15   *Freak Show*
Menschen mit Behinderung werden ins Bild gesetzt, da sie besondere körperliche, zumeist kosmetische Auffälligkeiten besitzen. Sie erscheinen als Skurrilität.

16   kein Stereotyp vorhanden

Deutscher Universitäts-Verlag
Ihr Weg in die Wissenschaft

Der Deutsche Universitäts-Verlag ist ein Unternehmen der GWV Fachverlage, zu denen auch der Gabler Verlag und der Vieweg Verlag gehören. Wir publizieren ein umfangreiches wirtschaftswissenschaftliches Monografien-Programm aus den Fachgebieten

✓ Betriebswirtschaftslehre
✓ Volkswirtschaftslehre
✓ Wirtschaftsrecht
✓ Wirtschaftspädagogik und
✓ Wirtschaftsinformatik

In enger Kooperation mit unseren Schwesterverlagen wird das Programm kontinuierlich ausgebaut und um aktuelle Forschungsarbeiten erweitert. Dabei wollen wir vor allem jüngeren Wissenschaftlern ein Forum bieten, ihre Forschungsergebnisse der interessierten Fachöffentlichkeit vorzustellen. Unser Verlagsprogramm steht solchen Arbeiten offen, deren Qualität durch eine sehr gute Note ausgewiesen ist. Jedes Manuskript wird vom Verlag zusätzlich auf seine Vermarktungschancen hin geprüft.

Durch die umfassenden Vertriebs- und Marketingaktivitäten einer großen Verlagsgruppe erreichen wir die breite Information aller Fachinstitute, -bibliotheken und -zeitschriften. Den Autoren bieten wir dabei attraktive Konditionen, die jeweils individuell vertraglich vereinbart werden.

Besuchen Sie unsere Homepage: *www.duv.de*

Deutscher Universitäts-Verlag
Abraham-Lincoln-Str. 46
D-65189 Wiesbaden